U0960796

山东财政学院学术文丛 2010

中国商业银行利率定价管理

吴　琼　著

中国财政经济出版社

图书在版编目（CIP）数据

中国商业银行利率定价管理/吴琼著．—北京：中国财政经济出版社，2010.6

（山东财政学院学术文丛．2010）

ISBN 978－7－5095－2115－1

Ⅰ．中… Ⅱ．吴… Ⅲ．商业银行－利息率－价格－经济管理－研究－中国 Ⅳ．F832.33

中国版本图书馆 CIP 数据核字（2010）第 046186 号

责任编辑：卢关平　　责任校对：黄亚青

封面设计：郁　佳　　版式设计：汤广才

中国财政经济出版社 出版

URL：http：//www.cfeph.cn

E－mail：cfeph @ cfeph.cn

社址：北京市海淀区阜成路甲 28 号　邮政编码：100142

发行处电话：88190406　财经书店电话：64033436

北京财经印刷厂印刷　　各地新华书店经销

787×960 毫米　16 开　16.25 印张　252 000 字

2010 年 6 月第 1 版　2010 年 6 月北京第 1 次印刷

定价：32.00 元

ISBN 978－7－5095－2115－1/F·1668

（图书出现印装问题，本社负责调换）

本社质量投诉电话：010－88190744

山东财政学院学术文丛 2010

总　序

《山东财政学院学术文丛2010》（以下简称《文丛2010》）是山东财政学院为集中展示山财学人学术研究成果而编辑出版的系列丛书。《文丛2010》的出版，对于落实山东财政学院“学科立校、人才强校、开放兴校、依法治校”的发展战略，繁荣学术研究，加强同学术界的交流等具有十分重要的意义。

始建于1986年、由邓小平同志亲笔题写校名的山东财政学院，是在改革开放的春风中，由财政部和山东省人民政府共同创办、实行以地方管理为主的普通高等财经院校。学校面向全国招生，是国务院学位委员会批准的硕士学位、学士学位授予单位。2009年被立项为博士点规划建设单位。学校目前拥有14个二级学院，43个本科专业，22个硕士学位授权点和MBA、MPA两个专业学位授权点及同等学力申请硕士学位的资格。学校学科门类齐全，已形成以经济学、管理学为主，文、法、理、工等六大学科门类相结合的学科结构。其中财政学、会计学、金融学、企业管理、国际贸易学、管理科学与工程为山东省重点学科，财政学与企业管理为省级重点强化建设学科。在山东省政府确定的“泰山学者”特聘教授设岗学科中，财政学、金融学位列其中。依托于以上优势学科与特色学科，一批批学科带头人与学术骨干脱颖而出，学校也由此成为省内著名、在全国有一定影响的经济学与管理学研究人才高地。

在人才培养方面，山东财政学院广纳全国英才，以“培养基础扎实、知识面宽、业务能力强、综合素质高、具有国际视野的应用型人才”为目标，不断提高教学质量，为社会培养和输送了两万多名优秀毕业生。其中每年都有相当数量的毕业生或被中央机关、国家部委和著名公司录用，或考取名牌高校研究生继续深造。目前山东财政学院的毕业生已得到社会各界的普遍认可，为学校赢得了较高的社会声誉。“学在山财”已成为莘莘学子努力追求的人生目标。

在短短的二十多年间，山东财政学院之所以取得如此辉煌的成就，这既是“求是崇真、博学笃行”的校训与“高标准、严要求、好校风、有特色”办学指导思想得以落实的必然体现，也是学校实施“四大”战略，积极推进以提高教学水平与科研水平为核心的综合改革的必然结果。近年来，为把学校建设成为在国内外有一定影响的多科性高水平特色大学，山东财政学院在启动本科教学质量工程的同时，启动了研究生学位点建设工程，加快推动学科建设与学术研究工作上层次、上水平。围绕这一目标，学校不断优化学术环境，提倡学术民主，创新学术激励机制，遵循“以高制胜、以优立足、以特发展”科研理念，科研工作取得重要突破，并涌现出了一批高水平的学术研究成果。为向外界推介这些学术研究成果，进一步繁荣学术研究事业，学校决定出版《山东财政学院学术文丛2010》。《文丛2010》就是在这一背景下编辑出版的。

为使《文丛2010》反映、代表山东财政学院学科建设与学术研究的最高水平，在书稿的遴选过程中，严格学术标准，规范评审程序，采用了校外专家审稿与校学术委员会评审确定的机制，最终确定入选《文丛2010》的书稿。经此严格的筛选，这一部部书稿以其较高的研究水准与学术价值得以入选。应当指出的是，这些书稿不仅集中反映了山东财政学院学术研究的最新成果，而且展现了山东财政学院学人的时代风采。在入选者中，既有名气较大的知名学者，也有砥柱中流的学术中坚，还有崭露头角的学界新秀。在他们中间，或术业有专攻，或名气有大小，或起点有高低，但有一点是共通的：那就是他们在各自的领域内，瞄准学术前沿，不畏路途艰辛，治学严谨，用力勤苦，最终取得了丰硕的研究成果。可以说，这些书稿凝聚了作者多年来潜心学术研究的心血汗水，展现了山财学人勇攀学术高峰的时代风貌。

我们相信，《文丛2010》的出版不仅在加快学术队伍建设、推动学科建设方面起到重要的作用，而且在加强同学术界的交流、扩大学校的学术影响力等方面也将产生深远的影响。为此，今后我们还将每年遴选10部左右的书稿出版，推动山东财政学院学术研究事业繁荣兴盛，薪传不息。

《文丛2010》的顺利出版，得到中国财政经济出版社的大力支持，张立宪副总编、刘五书先生、林治滨先生等为丛书的出版付出了诸多辛劳，在此我们表示衷心的感谢！在《文丛2010》的出版过程中，山东财政学院校领导高度重视，校科研处精心组织，各位作者积极配合，谨此我们一并表示诚挚的谢意！

《山东财政学院学术文丛2010》编委会

2010年3月22日

摘　要

金融是现代经济的核心，利率又是金融的核心。英国著名经济学家凯恩斯曾说过："把经济体系中任何一个因素单独提出来，都和利率有一定关系。"利率作为资金的价格起着极为重要的作用，大部分经济活动都受货币价格的影响，使利率成为市场经济中最重要的变量之一。西方商业银行对利率管理的研究起源于20世纪70年代，之前市场利率走势比较平稳，波动不大，商业银行在经营中关注的主要是信用风险和流动性风险，对利率管理的研究和实践并不多。20世纪70年代以来，在金融抑制论和金融深化论的影响下，世界范围内掀起了一场利率市场化改革的浪潮，伴之而来的是市场利率波动频繁，商业银行的利率定价面临巨大挑战，利率风险急剧上升，大批金融机构由于利率波动造成的巨大损失而倒闭破产。

自20世纪70年代中期以来，拉丁美洲和亚洲的一些发展中国家纷纷开始了解除利率管制推行利率市场化的改革。美国、日本等发达国家在20世纪80年代也被卷入了这场浪潮中。国外利率市场化改革给我们提供了一些有益的经验与教训：利率市场化改革的方式必须科学选择；引入一些不受利率管制的新金融产品，是利率市场化改革的重要策略；完善的金融市场是利率市场化改革的基础；稳定的宏观经济环境是利率市场化改革的前提条件；充分监管是利率市场化正常进行的重要保证。

党和国家非常重视我国的利率市场化改革，回顾我国1996年以来利率市场化改革的进程，中国人民银行累计放开、归并或取消的本外币利率管理种类为119种，目前中国人民银行尚管理的本外币利率种类有29种。而利率市场化是把双刃剑，它对商业银行经营管理既有正面激励，也有严峻挑战。利率市场化落实了商业银行定价自主权，有利于商业银行对客户实行差别化服务，并且促进了商业银行的资产结构优化调整，有利于商业银行进行公正、公开、公平竞争，促使商业银行开展产品创新，发展中间业务，增加了商业银行主动匹配资产与负债的手段。不可避免的是，利率市场化将使商业银行的传统盈利模式和利润空间受到威胁，随市场波动的利率使商业银行的利率风险骤然增加，潜在的信用风险也逐步增加。

20世纪80年代以来，随着各国利率市场化进程的加快，市场利率水平波动日益剧烈。为了最大限度避免利率波动对银行的净利息收入和资本净值的影响，更好地利用银行在存贷款利率方面的自主定价权，西方商业银行开始采用内部资金转移定价的方法，内部资金转移定价已成为商业银行资产负债管理的一项重要工具，是利率定价管理的核心。经过20多年的发展，商业银行先后采用过平均成本法、边际成本法和内部资金收益曲线法等方法来制定银行的内部资金利率，其中内部资金收益曲线法是近年来西方大型商业银行使用得最多的方法。内部资金收益曲线法是指商业银行根据本行内部资金收益曲线和不同产品现金流的特点，确定内部资金利率的方法。商业银行使用内部资金收益曲线法制定内部资金利率的关键技术是构造本行的内部资金收益曲线和根据产品的现金流特点对银行的资产和负债业务进行分组。目前我国商业银行现行内部资金管理是差额管理，而西方发达商业银行现行的内部资金转移体系是对每笔业务进行全额转移的。由于我国商业银行的本外币资金管理所处的经营环境存在较大差别，对商业银行的资金可以分为三类，分别采用不同的模式制定内部资金转移定价体系：对于外币资金，采用期限匹配模式；对于人民币资金交易类产品，采用期限匹配模式；对于人民币存贷款业务，采用多库模式。

有了内部资金转移价格，商业银行的存贷款利率定价就有了基础，而存贷款利率的市场化正是利率市场化改革的核心内容。就存款利率来说，西方商业银行一般按照本身的营业状态与客户的信用评估，弹性地调整存款利率的定价。本书借鉴了西方银行的组合定价模型，结合我国国情，从可操作性的角度出发，设计出我国实行利率市场化后的存款定价模型——客户关系定价模型。客户关系定价模型是指从市场营销的核心出发，将客户在银行账户中获得的整体收益、该账户管理应支付的除银行存款利息成本外的其他成本，及该账户预计可给银行带来的目标利润，倒推算该账户的银行存款利息成本，确定该客户的存款利率。

在贷款利率定价方面，西方商业银行的现代贷款定价方法主要有运用期权定价理论进行贷款定价和运用资本资产定价模型进行贷款定价。

商业银行的许多产品和投资都具有期权的特征，在这些产品中，有的是作为独立的期权产品可以在金融市场上买卖，是金融期权；另外一类产品其期权是蕴含在产品或借款条约中不能独立交易的，但体现了商业银行管理的灵活性，是实物期权。运用实物期权可以对商业银行贷款的利率风险进行定价。信用期权是针对借款人信用风险而设计的实物期权，它不是独立交易的产品，而是蕴含在商业银行的借款条约中。在西方商业银行管理中，商业银行可以通过贷款销售将贷款的预期现金流的要求权出售给第三方，如机构投资者。同时作为一种信用增强的手段，商业银行以某一价格出售给机构投资者针对该借款人信用等级的信用期权，其中规定了借款人违约或贷款价值发生变化时双方应采取的措施和应履行的义务，这样可以顺利地将中长期贷款变现，提高商业银行资产的流动性，优化期限结构，同时将风险分散给两家以上（含两家）的投资者。这种方法类似于保险。信用期权是针对借款人的违约风险设计的，它的关键在于估算借款人的违约概率，并在违约造成的资产价值损失的基础上设计赔偿金额，我们用这种方法对商业银行贷款的信用风险定价。

运用资本资产定价模型进行贷款定价是另一种重要的贷款定价方法。商业银行面对的风险不仅有单个企业所产生的单个风险，同时还面对商业银行资产负债总体而产生的风险。单个风险可以通过对企业的评估定价，而由于市场的变动给企业带来的风险，只能通过商业银行运用一定的手段进行管理才能达到最优风险收益组合。资产组合理论已由马克维茨（1952）、夏普（1964）和林特纳（1965）等经济学家发展起来了，Plye（1971）、Art 和 Jaffee（1974）把资产组合理论运用于商业银行，得出了一个新的模型。这种思想主要将商业银行的所有资产和负债视同为一种特殊的证券组合，进而把商业银行看成是一个由这些证券构成的规模较大的资产组合。在这种分析方法中，商业银行负债所具有的唯一特点就是它们相似于商业银行资产组合中的空头。

本书继而实证研究了实物期权对商业银行贷款的信用风险定价方法、资本资产定价模型在公司贷款定价中的运用、现代贷款定价方法在公司浮动利率贷款定价中的运用以及现代贷款定价方法在个人贷款定价中的运用，认为商业银行当务之急应该根据其自身经营特点，结合国外先进经验与方法，建立起符合本行特点的科学的贷款定价计量公式。该公式作为系统内统一标准，客户经理在做具体贷款业务时首先要用此公式计算出对该企业贷款的银行定价，然后据此调整做出相应的金融服务方案。根据上述我国商业银行贷款定价存在问题的分析，我们认为商业银行内部应该建立以贷款成本、风险补偿和客户关系价值为基础的科学的贷款定价计量公式，同时强化该贷款定价对商业银行贷款的约束力，以达到商业银行经营的流动性、安全性和盈利性，一个合理的贷款定价计量公式为：

贷款价格＝贷款基准收益率＋贷款期限风险升水＋贷款风险度升水＋非客户因素β＋客户关系价值贴水

当前，我国宏观经济运行状况良好，国有企业改革和发展取得了巨大的进展，金融体制改革取得实质性突破，中央银行的宏观调控日益成熟，监管机构也发挥专业化监管的优势，金融市场建设稳步推进，我国推进存贷款利率市场化的条件日益成熟。也应看到我国的商业银行体制、金融市场体系、中央银行和金融监管等方面还存在一些制度缺陷。因此，我们可以把创造存贷款利率市场化条件与推进存贷款利率市场化改革结合起来，有步骤地稳定地双向推进。存贷款利率市场化改革关键在于相关的制度安排，因此，积极推进商业银行体制改革是存贷款利率市场化改革的重心，完善金融市场体系是推进存贷款利率市场化改革的基础，健全中央银行宏观调控机制是存贷款利率市场化的前提，建设审慎的金融监管制度是存贷款利率市场化的保障。做好相关制度安排工作可以为存贷款利率市场化提供良好的制度环境，存贷款利率市场化的进程就会大大加快。

本书最后一部分分析了2007年以来席卷全球的金融危机对于我国金融监管和利率市场化的影响。由美国次贷危机引发的全球金融危机转化为全面经济危机后，给世界经济带来重大和持续的破坏性影响；它颠覆了过度泛滥的金融创新模式，颠覆了过度放松的市场监管模式，也颠覆了过度消费的经济发展模式。可见金融自由化是一把双刃剑，既有改善金融资源配置，增加金融机构及金融市场的竞争力，促进资本流动等功能，但同时也削弱了一国货币政策的自主性，将金融机构置于高风险的竞争环境之中，加剧了银行乃至金融体系的脆弱性。我国处于利率自由化的进程中，更要严防银行危机的产生及对金融系统安全性的威胁。在金融混业经营的大背景下，我国按照银行、保险和证券划分的分业监管模式显然已不能适应日新月异的金融创新，必须对现有的金融监管体制加以变革，而功能性金融监管体制则是新形势下我国金融监管体制的发展方向。金融危机形势下利率政策的选择凸显其特殊性，我国应抓住机遇彻底推进存贷款利率市场化改革。

关键词： 利率市场化　内部资金转移定价　存贷款利率定价

Abstract

Finance is the core of modern economy, and interest rate is the core of finance. Well – known British economist, John Maynard Keynes once said: "Any separate factor in economy has relation with interest rate." As the price of capital, interest rate plays an extremely important role, for most economic activities are subject to currency prices which make interest rate one of the most important variables in market economy. Research into interest rate management of Western commercial banks can be traced back to the 1970s. Before that time, the market interest rates moved relatively stably, therefore, commercial banks' operation in the main focused in credit risk and liquidity risk while their activities in interest rate management and research were not very often. Since then, under the influence of financial inhibition theory and the impact of financial deepening, a wave of interest rate marketability reform has set off in the whole world which accompanied with the frequent fluctuations of market interest rates. Commercial banks faced tremendous challenge in interest rate pricing because of a sharp increase of interest rate risk which made a large number of financial institutions suffer great loss and go bankruptcy because of interest rate volatility.

Since the mid – 1970s, some developing countries in Latin America and Asia have started to lift interest rates control and implement the interest rate marketability reform. In the 20th Century, other developed countries like the United States, Japan were also involved in this wave. Other countries' activities of interest rate marketability reform have provided us with some useful experience and lessons to learn: we must choose a scientific path implementing

China's interest rate marketability reform; the introduction of a number of new financial products free of interest rate control is an important strategy to interest rate marketability reform; a well - established financial markets is foundation of interest rate marketability reform with a stable macroeconomic environment as its prerequisite and adequate supervision as its important guarantee to proceed smoothly.

The Party and the government attached great importance to China's interest rate marketability reform. Recalling China's interest rate marketability reform process since 1996, the People's Bank of China (PBC) has cumulatively liberalized, merged and cancelled 119 kinds of RMB and foreign currency interest rates with only 29 kinds of RMB and foreign currency interest rates still under the control of PBC. However, the interest rate marketability is a double - edged sword with both its positive incentives and serious challenges to commercial banks' operation and management. Interest rate marketability has bestowed commercial banks pricing autonomy which is conducive to commercial banks to implement a differentiated customer service, and to promote the commercial banks to adjust and optimize their asset structure. Interest rate marketability is also beneficial to commercial banks to compete justly, open and fairly and encourage commercial banks to carry out product innovation, the development of intermediary business, and increase the means of commercial banks to take the initiative to match assets and liabilities. Inevitably, interest rate marketability will threaten commercial banks' traditional profit models and cut down their profit margins. With the fluctuations of market interest rates, commercial banks will take a sudden - increased interest rate risk; meanwhile, the potential credit risk is also gradually increasing.

Since the 1980s, with the speeding up of interest rate marketability process in the worldwide, the level of interest rates has fluctuated fiercely. In order to avoid the impact of interest rate volatility to banks' net interest income and net capital and make better use of bank's rights of autonomous pricing in deposit and loan interest rates, Western commercial banks began to use the method of internal funds transfer pricing. Internal funds transfer pricing has become an important tool to commercial banks' asset - liability management and the core of interest rate pricing. After nearly twenty years' development, commercial banks have in sequence adopted the average cost method, the marginal cost method, the yield curve of internal funds and other methods to determine bank's internal funds rate, among which the method of yield curve is used most by Western banks in recent years. The method of internal funds yield curve refers to a way determining internal funds rate in accordance with the bank's yield curve of internal funds and the characteristics of cash flow of different products. The key technologies of the method is making the bank's internal capital yield curve and group the bank's assets and liability operations in accordance with the cash flow characteristics of different products. At present, China's commercial banks run their internal funds by marginal method while the existing method of Western commercial banks to manage their funds transfer system is to transfer the funds of each transaction in full. Because of the huge difference of business environment between China's commercial banks to manage their RMB and foreign currency funds, funds of commercial banks can be divided into three categories, separately we adopt different modes to develop their internal funds transfer pricing system: for the foreign currency funds, we use the mode of duration matching; for RMB products of financial transactions, we use the mode of period matching; for RMB deposit and loan business, we use a multi – pool mode.

With the internal funds transfer prices, we have the foundation for commercial banks' deposit and loan rates pricing which is the core content of interest rate marketability reform. As far as the deposit interest rate, Western banks adjust the pricing of deposit interest rates in terms of their own business and the customer's credit rating with flexibility. This book has drawn on a combination of Western banks pricing model, combined with China's existing conditions, in view of the operational point, to design a deposit pricing mode after we have fully implemented interest rate marketability – that is, the customer relationship pricing mode. Customer relationship pricing mode starts from the core of marketing, countermarches to the cost of interest of bank deposits from the overall proceeds customer get from the bank accounts, other costs the account management to be paid in addition to the cost of bank deposits, and the bank's target profit the account is expected to bring, to determine the customer's deposit rates.

As far as interest rates pricing of loans is concerned, Western commercial banks mainly use two modern methods of loan pricing, which are the application of option pricing theory and capital asset pricing model (CAPM) in loan pricing.

A lot of commercial bank products and investment projects have characteristics of options. Among these products, some can be traded as independent option products in financial markets which are therefore called financial options. Another type of these products is embedded in products or borrowing treaties that cannot be traded independently, but reflects the flexibility of commercial bank's management. This type is real options which we can use to carry out the pricing of interest rate risk of loans. Credit option is a type of real option in order to avoid credit risks from borrowers. It is not an independently – traded product, but contained in commercial banks' borrowing treaties. In Western commercial banks' management, commercial banks can sell the requirement rights of loan expected cash flow to a third party such as institutional investors by way of selling loan. Meanwhile, as a means of credit enhancement, a commercial bank sell the credit option against the credit rating of the borrower's at a certain price to the institutional investors which contains the provisions stating the measures and responsibilities to be taken by both parties when the borrowers' default happens or the loan value changes. In this way, commercial banks can cash their medium and long – term loans, improving the liquidity of commercial bank assets, optimizing the term structure, decentralizing the risks to two (inclusive) or more investors. This method is similar to insurance. Credit option is designed for the borrower's default risk, whose key point lies in estimating the probability of the borrower's default and determines the amount of compensation based on the loss of assets value. We use this method to price the credit risk of commercial bank's loan.

Another important method of loan pricing is the use of capital asset pricing model. The risks facing commercial banks are not only single risk generated by individual enterprises, but risks generated by overall management of assets and liabilities. Individual risk can be determined through the pricing of enterprise assessment while for risks caused by the changes in the market; commercial banks can only resolve them through the use of certain means to achieve optimal risk portfolio earnings. Portfolio theory has been developed by Markowitz (1952), Sharp (1964) and Lintner (1965) and other economists such like Plye (1971), Art and Jaffee (1974) applied the assets portfolio theory to commercial banks and reached a new model. This idea mainly views all commercial bank's assets and liabilities as a particular portfolio, which put commercial banks as a larger portfolio composed of these securities. In this analysis, the only feature commercial bank's liabilities have is its similarity to the oversold position in commercial bank's assets portfolio.

In this book, we proceed to research into the credit risk pricing approach using real options for commercial bank's loans, capital asset pricing model (CAPM) in the use of company's loan pricing, modern methods of loan pricing in the company's floating rate loan pricing, as well as the use of modern methods of loan pricing in the personal loans pricing. We argue that commercial banks should give priority to establishing the scientific measurement formula of loan pricing in accordance with its own characteristics, combined with the advanced experience of foreign methods. As a uniform standard of the whole system, when doing the specific loan business, client manager should first calculate the bank's pricing to corporate loan with this formula, and then adjust accordingly to make the appropriate financial services program. In accordance with the above - mentioned analysis to the loan pricing problems, we suggest China's commercial banks set up a scientific measurement formula of loan pricing based on the loan costs, risks compensation, and customer relationship value. Simultaneously, we should strengthen the constraint force of the loan pricing to commercial bank's loans to achieve commercial bank's liquidity, safety and profitability. Therefore, a reasonable formula for the measurement of loan pricing is as follows:

Loan Price = Loan Benchmark Yield + Risk Premium of Loan Term + Loan Risk Premium + Non - client Factor β + Customer Relationship Value Premium

At present, China's macro - economy is running in good condition and state - owned enterprise reform and development has made enormous progress, with substantial breakthroughs in reform of the financial system, the central bank's macro - control being more sophisticated, specialized regulatory agencies also playing a professional regulatory advantage, financial markets steadily advancing. Conditions for China to promote the marketability reform of deposit and loan rates have increasingly matured. We should also see the existence of some institutional deficiencies in China's commercial banking system, financial market system, central banks and financial regulators, etc. Therefore, we can put the creation of marketability conditions of deposit and loan interest rate and advancement of the deposit and loan interest rates marketability reform together, pushing them step by step with a stable two - way strategy. The key to the deposit and loan interest rates marketability reform lies in the institutional arrangements related. Deposit and loan interest rates marketability reform requires a center of actively promoting the reform of commercial banks' management system, a foundation of perfecting the financial market system, a prerequisite of improving the macro - control mechanism of the PBC, a guarantee of building a prudent financial regulatory system. Doing a good job related can provide a good institutional environment for the deposit and loan interest rates marketability reform with which the process of deposit and loan interest rates marketability reform will greatly be accelerated.

The last part of the book analyzes the impact of the horrible financial crisis started from the year 2007 which has swept the globe to China's financial supervision and to the interest rate marketability reform. The global financial crisis rising from the United States sub - loan crisis has gradually progressed into an overall economic crisis, bringing the world economy significant and sustained devastating effects. It has overthrown the mode of excessive financial innovation, the over - relaxation mode of market regulation, but also the over - consumption mode of economic development. We can reach a conclusion that financial liberalization is a double - edged sword which can improve the allocation of financial resource, increase the competitiveness of financial institutions and financial markets and promote capital flows, but also weaken a country's monetary policy autonomy which will place financial institutions in a high – risk competitive environment and even exacerbate the fragility of the financial system. Our country is in the process of liberalization of interest rates when we should prevent the emergence of banking crises as well as the security threats to financial system. Under the background of mixed financial operation, our supervision mode divided in accordance with the banking, insurance and securities clearly can not adapt to the rapid financial innovation. Therefore, we should change the existing financial regulatory system while functional financial regulatory system is a reasonable developing direction of China ' s financial regulatory system under the new situation. In the present situation of financial crisis, the choice of interest rate policy highlights its uniqueness while China should seize the opportunity to thoroughly advance our deposit and loan interest rates marketability reform.

Key Words: Interest Rate Marketability; Internal Funds Transfer Pricing; Pricing of Deposit and Loan Interest Rates

目　录

图表目录

绪　　论

0.1　选题背景及研究意义

金融是现代经济的核心，利率又是金融的核心。英国著名经济学家凯恩斯曾说过："把经济体系中任何一个因素单独提出来，都和利率有一定关系。"利率作为资金的价格起着极为重要的作用，大部分经济活动都受货币价格的影响，使利率成为市场经济中最重要的变量之一。商业银行作为最重要的金融中介体，作为存贷款利率的制定者，起着上衔国家宏观金融政策、下接市场微观金融活动的重要作用，利率波动也是影响商业银行经营绩效的重要因素之一。

西方商业银行对利率管理的研究起源于20世纪70年代，之前市场利率走势比较平稳，波动不大，商业银行在经营中关注的主要是信用风险和流动性风险，对利率管理的研究和实践并不多。在金融抑制论和金融深化论的影响下，20世纪70年代以来，世界范围内掀起了一场利率市场化改革的浪潮，伴之而来的是市场利率波动频繁，商业银行的利率定价面临巨大挑战，利率风险急剧上升，大批金融机构由于利率波动造成的巨大损失而倒闭破产。在这种情况下，商业银行对利率管理的研究迅速发展，并在实践中建立了完善的利率管理机制，创新了各种利率定价管理和利率风险管理技术。

自2005年开始至今，我国宏观经济运行出现固定资产投资总规模较大、银行资金流动性过剩、信贷投放增速较高、外贸顺差持续上升、国际收支不平衡矛盾进一步加剧和居民消费价格指数（CPI）处于高位运行的状态。因此，中央银行（以下简称"央行"）不断运用各种货币政策手段进行宏观调控，以期抑制投资和消费增长较快的势头，减缓物价水平的上涨，为目前偏热的经济降温，促进经济平稳健康发展。而央行的利率工具的强化使用，正推动我国逐渐步入利率和利差多变的周期。商业银行作为货币政策工具的主要导体，必然受到直接的影响，过去围绕着利率而开展的业务和设计的产品，正面临着极大的冲击。商业银行收入结构从整体上可分为三部分：利息收入、非利息收入和非营业收入。在早期，银行收入绝大部分来自存贷业务的利差收入，随着金融行业的不断发展，银行业的收入结构和业务范围不断变化。利息收入所占比重不断缩小，非利息收入比重不断扩大；即便如此，商业银行利息收入在总收入中还是占重要的比重。当前世界级银行其非利息收入可占到总收入的40%左右，利息收入占60%左右。在我国，利息收入在商业银行总收入中的比重居高不下，国内银行2007年年报显示，国内银行利息收入在银行总收入中的比重平均达80%以上。可见净利息收入仍然是商业银行的生存之本，存贷利差直接影响商业银行的经营绩效。央行持续加息的货币政策使得利率水平、利率结构以及相应存贷利差的变动会对商业银行经营产生重大影响。

中国对利率市场化改革的探索开始于1986年。在改革开放30年后，中国利率市场化改革已悄然迈向了最后也是最关键的阶段——存贷款利率的市场化。到目前为止，中国已实现了部分利率的市场化，银行间同业拆借利率和债券交易利率、债券发行利率、大额外币存款利率、外币贷款利率、保险公司和全国社会保障基金理事会人民币协议存款利率已实现了由市场机制来决定，利率市场化改革的趋势已不可逆转。利率市场化则意味着国家将逐步取消对商业银行资产负债利差空间的政策保护，赋予商业银行存贷款业务定价权，使商业银行由官定存贷款利率的执行者转变为市场存贷款利率的制定者和管理者。利率市场化是商业银行真正实现自主经营、增强竞争力的一个机遇，但同时也是对我国银行业利率管理水平的一个严峻挑战。由于我国到目前为止一直实行官定利率，我国商业银行在日常经营管理中基本没有考虑存贷款利率的制定和利率变动对银行财务状况的影响，因此，生息资产和付息负债业务的价格（利率）确定、利率风险的控制和管理一直是我国金融理论界和实务界的一个薄弱环节。随着利率市场化改革的不断深入，在目前利率波动和存贷利差多变的情况下，在全球金融动荡和经济衰退的大背景下，如果我国商业银行还保持目前较低的利率管理水平，那么存贷款利率定价失误对我国商业银行的影响可能是致命的。因此，如何引进国外先进的管理理念和技术，规范利率定价行为，防范利率风险，提高利率定价管理水平已成为摆在我国商业银行面前的一项紧要而紧迫的任务。

在此背景下，本书以我国利率市场化改革为主线，把商业银行利率定价管理与利率市场化改革结合起来，研究利率市场化改革对商业银行经营管理和利率定价管理的影响，并对此环境下的利率定价管理进行国际比较和中国的实证分析，指出我国商业银行利率定价管理的现状与存在的不足，从内部资金转移定价角度对我国商业银行利率定价管理进行研究，着重分析了实现存贷款利率市场化后我国商业银行存贷款利率定价管理的技术方法，并结合2007年以来由美国次贷危机引发的全球性金融风暴的影响，对我国的金融监管模式与利率政策进行了一定探讨，这对于今后商业银行在利率市场化改革中的方向与思路的扩展，具有较强的现实意义和实践指导作用。

0.2　研究的理论方法及国内外研究现状

0.2.1　研究的理论方法综述

（一）利率市场化理论及其必然性分析

利率市场化即利率自由化，其实质是使利率主要由资金的供求关系、经济活动中的风险程度、通货膨胀等市场因素共同决定，逐步减少政府对利率的管制，消除利率水平和结构扭曲，提高资金的配置和使用效率。利率市场化的过程也就是资金定价权由政府逐步下放给市场的过程，其目标是使利率最终主要由商业银行根据期限、成本、风险等因素灵活制定，政府则通过制定和调整再贴现利率、再贷款利率以及在公开市场上买卖有价证券等间接手段，对利率进行宏观调控。

利率市场化是金融深化理论的重要组成部分，金融深化理论最早在20世纪70年代由麦金农提出。该理论认为，在完善的市场经济条件下，利率具有平衡储蓄和投资的作用，从而可以引导资金流向和速度。就存款利率而言，在市场均衡利率时，社会闲置资金可以有效转化为银行资金，为资金转化为投资做好准备。当存款实际利率低于市场均衡利率时，社会闲置资金将有相当一部分保存在公众手中用于存款以外的其他用途，导致银行资金规模的减少。就贷款利率而言，在市场均衡利率条件下，银行资金可以有效转化为投资。当人为压低贷款实际利率至市场均衡利率以下时，虽然可以提高投资规模，却会导致对资金的过度需求，造成资金使用低效率。当这种人为压低的贷款利率得以提高并向市场均衡利率靠近时，投资规模会下降，但同时由于高的实际利率将使资金流向效益高的优质企业，提高投资质量和效率，确保一国经济更好地运行。而运行良好的经济又会增加国民收入，扩大银行资金来源，为扩大再投资奠定基础，从而使经济、金融之间相互促进，形成良性循环。

金融压制导致的较低利率会使得储蓄资源的稀缺性不能充分暴露，不能提高可达到的投资收益率和不能更加有效地区别对待投资项目，从而削弱了价格机制对资本部门分配的作用。利率管制制约了利率发挥“资本价格标签”的作用。低利率抹杀了部门间的收益率差别，不利于资本在部门间转移时进行横向比较，特别是人为压制利率使资本缺乏为获得均衡收益率不断运动的激励，抑制了资本的转移。而且，由于贷款利率受到限制，对资金过度需求的存在，常会产生一种非价格性的信贷行为即信贷配给，客观上扭曲了资本在各部门间的配置，降低了社会投资效率，表现为：

1. 信贷配给的对象大多是一些特权阶层或与金融机构有某些特殊关系的企业和个人，而投资效率高的部门未必能够得到配给。

2. 过低的利率意味着资金成本低，一些有特权的企业和个人肆意举债而用于非生产性投资，造成生产性部门的资本形成不足，进而不利于经济增长。

3. 利率上限的存在，使得那些能以低利率得到资金的借款人会选择资本密集型项目，从而不利于一定总量下的资本在部门之间分配。

（二）商业银行存款定价的原则

价格是价值的货币表现。银行是一个特殊的企业，其经营对象与一般企业不同。一般企业经营对象是具有特殊使用价值的物质商品，而商业银行则是以具有一般使用价值（与其他商品进行直接交换）的特殊商品——货币及其借贷活动——信用作为经营对象，这使商业银行的定价策略与一般企业的定价策略有着显著不同。

在利率市场化下，存款的价格确定将由消费者（客户）和出售者（银行）共同达成。在不同的客户眼中，虽然一定的市场价格代表了一定的服务水准，但对某一特定金融产品的内在价值和使用价值的评价是不一样的，而不同的生产和营销目标也会产生不同的定价要求。但价格的确定最终取决于客户使用产品的综合成本和市场供求情况的变化。商业银行为了在选定的细分市场上尽可能地吸引更多的客户并使利润最大化，应该主要从价格水平、价格弹性和价格折扣上进行综合考虑。西方商业银行存款定价的原则主要有：

1. 价格水平方面。西方银行进行存款定价时，一般会从金融产品的均衡价格出发，综合考虑金融市场的竞争程度、产品的生命周期以及政府立法等因素的影响，定一个合理的价格水平。如美国银行业对活期存款定价时，就是综合考虑银行间市场均衡价格、政府和央行监管等，为避免恶性竞争，实行对活期存款统一不支付利息。

2. 价格弹性方面。西方银行在制定存款的价格时，为保证利润或收益的最大化必须对其产品的市场需求弹性有所了解，并由此产生测算需求价格弹性的问题。根据西方经济学原理，价格弹性就是指商品的需求量、供给量对价格变动的相对反应程度，用价格变动引起的其他因素的变动率与价格变动率的比率即价格弹性系数来表示。价格弹性策略是指银行对不同的客户购买同一数量的同一存款品种收取不同的价格。

3. 价格折扣方面。体现在银行对老客户或对季节性存款品种的销售方法方面，在存款的基本价格上作一定幅度的下调，或给予适当的价格贴补。如实行大额存单、有奖储蓄等。

（三）商业银行贷款定价的理论依据

1. 信贷配给理论。信贷配给是信贷市场上的典型现象，所指的是：（1）在无差别的贷款申请人中，一些人获得了贷款而另一些人却没有获得贷款，那些没有获得贷款的人即使愿意支付更高的利率也还是得不到贷款；（2）无论贷款的供给多么充足，总会有一些人在任何利率水平下都无法得到贷款。

新古典经济学理论认为信贷市场仅仅是利率机制在起作用，利率灵活的变动能够自动调节信贷市场的供求关系，如果需求大于供给，价格将会上升，此时需求将会减少同时供给将会增加，直到信贷市场趋于新的均衡。而信贷配给仅是由于外部振动所引起的一种暂时的非均衡现象，或者是政府干预的结果。

新凯恩斯主义信贷配给理论认为信贷市场中利率机制和配给机制共同

起作用，仅考虑利率机制过于片面和简单化，即使没有政府的干预，信贷配给也将作为一种长期的均衡现象存在，因此，现实的信贷市场存在着多重均衡。银行在发放贷款前，由于信息不对称，对借款者风险和经营状况缺乏充分信息，很难判别不同借款者还款概率不同，往往会要求额外收取风险补偿费。此时，风险较大的借款人愿意付出风险补偿费来取得借款，而风险较低的借款人往往会放弃借款。同时即使在完备信息且信息无成本的情况下，银行可以准确无误地掌握借款者所有行动，也难以获得信贷资金使用情况和控制企业实际经营，接受高利率的客户必然会选择高风险项目。

按新古典经济学理论，当资金的需求超出供给时，那些借款要求未得到满足的借款者愿意支付更高的利率，如此使得利率水平上升，直到需求等于供给。但根据约瑟夫·斯蒂格利茨和安德鲁·温斯利率曲线图，借款的需求与供给数量由利率决定，事实上尽管在 R^* 处需求不等于供给，它却是均衡的利率水平（见图 0－1）。银行不愿意放款给那些愿意支付更高利率水平的借款人。银行以高于 R^* 的利率发放贷款，由于利率的双重效应，银行将承受比在 R^* 处更高的风险，其获得的综合收益要低于在 R^* 处得到的综合收益。于是，供给与需求在非相等之处取得均衡，因而就出现了信贷配给。

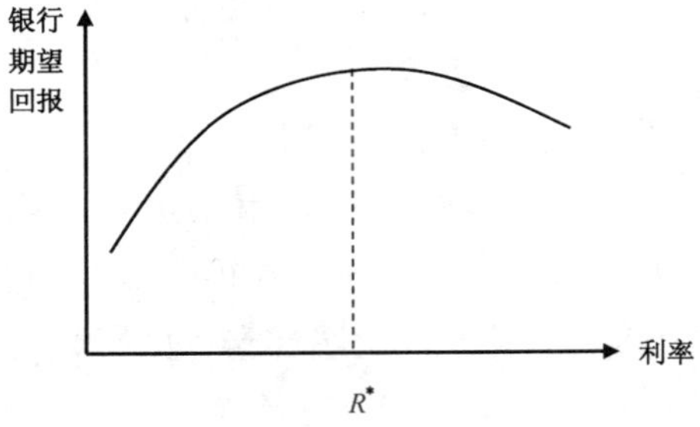

图 0－1　信贷配给理论示意图

不仅信贷市场中超额需求会产生信贷配给，信贷市场中超额供给也会产生信贷配给。假设银行在一些借款者身上得到的回报高于在其他借款者身上能得到的回报：他们知道哪些是“高价值”的客户，而其竞争对手不知道。假定有一家商业银行降低贷款利率来吸引竞争对手的客户，此时其竞争对手将会选择采取同样低的贷款利率水平反击。而由于银行对

"高价值"客户的信息不对称，竞争对手必将对其"高价值"低风险客户实行更加优惠措施来稳定该客户，其所流失的大多是非有利可图的低价值高风险客户。主动降价的商业银行将很可能从竞争对手那里夺取那些最无利的客户。拥有借贷资金超额供给的银行必须评估更低的利率水平所能吸引的借款者的价值。最终市场达到一种均衡，在此均衡中可能每家商业银行都存在超额的资金供给，但没有银行愿意再降低贷款利率。

由于信贷配给的存在，自由的信贷市场无法有效地配置贷款资源，利率的自由波动并不能实现供需双方的均衡，只有在银行控制下非出清市场的利率才具有识别和激励作用，使信贷资金得以合理配置。

信贷配给理论揭示了银行信贷风险成因及风险防范措施，商业银行在利率之外必须掌握有一种额外的独立手段，以应对各种贷款风险，从而消除作为信贷风险根源的逆向选择和激励效应（道德风险），并提出进行信贷配给的具体措施，包括利率、附加条款、风险度等信贷契约，是商业银行贷款定价的理论基础。

2. 利率的逆向选择。约瑟夫·斯蒂格利茨和安德鲁·温斯在信贷配给理论中揭示了利率影响银行贷款的风险的两种途径：（1）影响潜在借款者的风险程度（逆向选择效应）；（2）影响潜在借款者的行动（激励效应）。两种效应派生于借款市场中的不完备信息，这种不完备信息是在银行评估借款申请后出现的。利率有正向选择效应和逆向选择效应。利率的正向选择效应是指银行的收益随着利率的提高而增加，利率的逆向选择效应指银行收益随着贷款利率的上升而递减。利率的逆向选择作用是因为不同借款者中的还款概率不同，银行的期望报酬取决于借款者的还款概率。借款者中愿意支付高利率的借款人具有较高的风险度，同时利率越高借款者越倾向于投资那些高风险高收益的项目。利率上升不仅可以使银行的报酬增加，而且可以通过间接的逆向选择作用使银行的报酬下降。

由于企业和银行在信贷市场上的信息不对称，企业在申请贷款时对自己的信用状况，是否能按期还款等信息有比较清楚的了解，而银行对企业是否会拖欠还款甚至无法还款的概率相对缺少更准确的估计。下面假设：企业需要向银行借款 A 资金，企业对能否盈利也是无保证的，但企业知道如果此项借款进行投资成功的概率为 P_0，成功获利收入为 C_0；以 $(1-P_0)$ 为可能性失败，失败收入为 C_1（$C_1 < C_0$）。故企业的期望收益 $\pi = P_0 \times C_0 + (1-P_0)C_1$。如果企业投资失败获得的收入 C_1 少于应付银

行借款，假设此时企业必须宣告破产，假定企业破产的总费用为 R_0。现在从银行的角度来看此项借款，虽然企业以 P_0 概率估计自己会获得投资成功，但银行不可能共享企业的真实信息，银行也就不知道 P_0 到底是多少，从而银行自己用 P 来估计企业的成功概率。银行计算 P 概率成功的企业收入为 $R(P)$，不成功企业收入为 C_1，此时企业的期望收益仍然是 π，则：

$$P \times R(P) + (1 - P) \times C_1 = \pi$$

即：$R(P) = [\pi - (1 - P) C_1]/P$ （0－1）

由于银行不能观察到 P 的大小，所以银行的一个策略就是对贷款利率 r 的选择，这个利率也就是企业借款需要接受的利率。但企业的最优策略是：接受任何贷款并使期望利润为非负，即企业将接受比期望利润为零时的利率更小的任何利率。

则：$P[R(P) - A(1 + r)] + (1 - P) \times (-R_0) = 0$ （0－2）

把（0－1）代入（0－2）得到：

$r = (\pi - C_1 - R_0)/AP + (C_1 + R_0)/A - 1$ （0－3）

由于 π、C_1、R_0、A 都是给定的量，可见，r 是 P 的递减函数，即差的信用风险的企业愿意支付比好的信用风险更高的利率。从而银行发放贷款的资金容易被拖欠的低信用企业获得，见图 0－2：

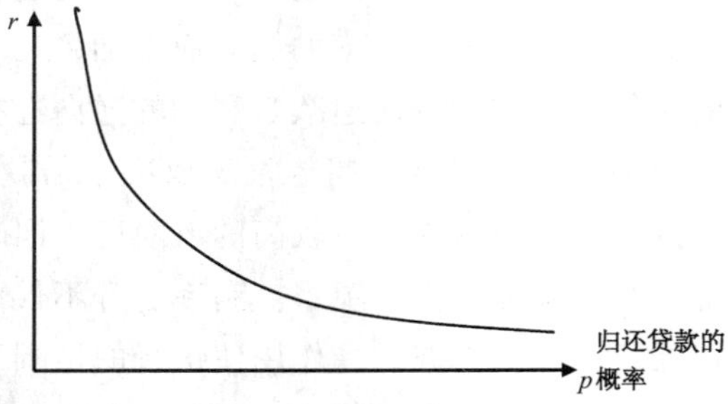

图 0－2 贷款利率与归还概率关系图

由于信息不对称的存在和利率的逆向选择，使得商业银行建立灵活有效的贷款定价机制成为当务之急。在我国现行的商业银行贷款定价模式运行中，一旦利率市场化，在总体贷款利率水平相对较高的情况下，必然存在“劣质贷款驱逐优质贷款”的现象，即低风险的借款人转向其他银行争取更优惠的贷款条件，留下高风险的借款人在本行借款，造成贷款质量的逐渐下降。

3. 利率的激励效应。利率的激励效应指的是利率能刺激企业偏好较有风险的项目。企业与银行的利益不同，企业仅考虑企业在不破产时的投资收益，银行仅在企业破产影响银行收益的范畴内考虑企业的投资决策。正因为这样，并且由于银行不能完全和无成本监控到借款者的行为，因而银行必须考虑到利率对借款者行为的影响。

这里假定企业经营者拥有多个投资项目，但他们仅能筹集到实施一个项目的贷款。这些项目具备不同的风险水平，但是，企业每个项目的风险水平贷款银行却不知道（银行只能知道项目成功概率的分布）。那么，贷款利率 r 的改变会影响到企业对投资项目的选择。银行利率的提高增加了企业的利息支出，相应企业利润减少，从而对于同样数量的借款资金将投入到风险更大的项目中，一般而言高风险高收益。从而正如逆向选择的分析一样，具有较低成功概率的项目将被实施。这就需要商业银行运用信贷配给的方法来发放贷款，决定贷款合理定价，以减少贷款的风险，实现银行利润最大化。

约瑟夫·斯蒂格利茨和安德鲁·温斯证明了利率上升会增强高风险项目的吸引力，而这些项目可能会降低银行的回报。正是由于利率的激励效应，当存在借款的超额需求时，在银行最优利率水平上，银行会采取其他贷款定价措施而非采用提高利率的办法实行信贷配给，因为提高利率可能导致借款者采取与银行利益相悖的行为。

4. 贷款担保与贷款定价。根据彼德·罗斯理论，一般银行贷款的风险资金（贷款本金加上所欠利息减去客户保证金）需建立三层保护区：第一层为借款者的现金流收放；第二层保护区包括客户资产负债表的实力大小，其形式是作为抵押品的资产以及资产负债表上反映的任何可以实现的资产；第三层是他人的保证或提供的抵押。

一般来说，当对投资资金有超额需求时，银行可以通过增加担保要求来减少资金需求，从而减少违约风险来增加报酬。增加担保要求即增加借款人投资失败时所需负的责任，减少违约风险即减少借款人违约给银行带来的损失。对于借款者来说，提供抵押担保，无异于下赌注，项目失败时要担保更大的损失，只有低风险的人才会下这个赌注。于是银行根据该信号来区分低风险和高风险的借款者，对不同风险企业给予不同利率。

但是，约瑟夫·斯蒂格利茨和安德鲁·温斯证明了增加担保具有正向激励效应和抵消性的逆向选择效应，在一定条件下，增加担保其抵消性的逆向选择效应会超过激励效应，银行期望报酬减少。“一个显著事实是当小项目具有高失败概率和所有潜在借款者具有相同的净资产时，对于银行而言，降低借款者的资产负债率（或增加担保）并非是最优的选择。在以上的假设背景下，增加借款者的担保要求（或者一定的净资产比率）意味着只有小型项目来筹措资金。如果项目既非成功亦非失败，或者说失败时获得了零收益，那么增加借款者的担保要求将加大借款的风险。”

0.2.2　国内外研究现状

20 世纪 70 年代以来，市场利率的剧烈波动给商业银行带来了巨大风险，同时也给西方理论界和实务界对利率管理的研究带来了无穷的动力。30 多年来，商业银行在利率管理理论和实践两方面都取得了很大进展，发展了各种理论，创造了众多利率定价管理技术。内部资金转移定价（FTP）是最近 10 多年来西方大型商业银行在资产负债管理领域发展的最新技术。内部资金转移定价，即银行内部资金利率的制定不再采用过去的平均成本法和边际成本法，而是参照市场利率构造银行的内部资金收益曲线，并根据不同业务的现金流特性采用指数法、期限匹配边际成本法等技术确定不同产品的内部资金利率。内部资金转移定价是商业银行资产负债管理领域的一场革命，是商业银行利率定价管理的核心。它为银行生息资产和付息负债业务定价奠定了基础，分离了各业务部门的利率风险，改变了银行内部的绩效评价模式，同时为产品、客户和部门的盈利性分析创造了条件。Kimball，Ralph C. （1997）、Deville，Christopher C. （2001） 等人系统研究了西方商业银行内部资金转移定价的主要方法、内部资金转移定价与利率定价管理的关系以及目前商业银行内部资金转移定价中尚未解决的问题。

由于我国长期处于管制利率时期，因此我国理论界和实务界一直对利率管理不是很重视。有关银行利率管理的研究都是分散在商业银行经营管理书籍的部分章节中，且多以传统知识介绍为主。这种情况直到 20 世纪 90 年代末期随着中央银行频繁运用利率工具、部分利率实现市场化、银行面临的利率风险逐步显现时才有所改善。一些学者开始对商业银行利率管理进行专门研究，但是到目前为止，国内对商业银行利率管理的研究主要集中在利率风险方面，且研究重点多为西方商业银行利率风险计量和控制的最新进展——VAR、金融工程等内容，而且研究多以介绍西方商业银行的做法和经验为主，对结合中国利率市场化改革实际的研究并不深入。现有研究中利率风险管理的代表性研究如张远为（2006）的博士论文《中国商业银行利率风险管理研究》、邓黎阳（2005）的博士论文《利率理论与商业银行利率风险管理》等，涉及利率定价管理研究方面的较少。国内对利率定价管理，尤其是对利率定价的核心——内部资金转移定价的原理和方法的研究还基本上是空白。马杜、蒋建业（2007）从利率周期的主要判断依据出发，说明利率上升周期产生的原因，结合利率上升周期对商业银行经营产生的影响进行说明和分析，并提出相应的措施建议。温晓帆（2007）从我国商业银行现状入手，从定性和定量两方面考察了利率政策变动对我国商业银行利率管理的影响，并提出了相关对策建议。目前尚未有对我国商业银行在利率市场化背景下如何进行利率定价管理尤其是存贷款定价的系统研究。

0.3　主要创新点

1. 内部资金转移定价（FTP）是西方商业银行在利率定价中的核心技术，我国理论界和银行实务界在这一领域的研究还基本上是空白。本书在系统总结西方商业银行内部资金转移定价的技术与经验的基础上，根据我国金融市场的发展现状和银行业务结构特点，提出现阶段我国商业银行制定内部资金利率的参照利率选择方案、外部市场选择、原始利率调整等思路和设想。从我国商业银行所处金融环境的现状出发，分析了我国存贷款利率非市场化、金融避险工具缺失等方面的问题，着重指出了目前适合我国商业银行的内部资金转移定价体系是一种过渡型的体系，它针对不同性质资金采用不同模式进行定价的方法并不是资金转移定价的最终目标，内部资金转移定价的真正意义在于对所有资金进行统一方法定价，以充分发挥利率杠杆在资源配置中的作用，而这必须依赖于我国金融环境的进一步改善。

2. 本书从实证的角度分析目前中国银行业的利率再定价风险和利率基准风险，并对 1990～2008 年中国银行业净利息收入与存贷利差相关性进行了计量检验。在借鉴西方发达国家商业银行存贷款定价方法的基础上，对于适应我国商业银行的定价方法进行了理论探索和实证研究。

3. 本书结合2007年以来席卷全球的金融危机，对金融危机影响下的利率政策和金融监管进行了一定分析。面对金融自由化浪潮、金融脆弱性的日益加深以及金融危机的频繁爆发，探讨了当今环境下应当采取怎样的利率政策以及如何积极有效地进行金融监管，并对我国金融监管的发展方向及利率市场化改革的进一步推进作了相关研究。

0.4 结构安排和逻辑主线

本书在已有研究成果的基础上，对利率市场化下的商业银行利率定价管理进行研究和探索。本书的研究思路是以我国利率市场化改革进程为主线，构建商业银行利率定价管理的整体框架，分析利率市场化改革对商业银行经营管理和利率定价管理的影响，考察我国银行业现阶段利率定价管理水平和在利率市场化改革特定阶段的利率定价管理特点，分析商业银行内部资金转移定价的技术与方法，对实现存贷款利率市场化后我国商业银行存贷款利率定价管理进行重点研究，提出我国商业银行在利率定价管理方面的对策和建议，并探讨金融危机大背景下的金融监管特点与利率市场化改革的推进。

本书共分6章。

第1章“我国的利率市场化改革概述”，对利率市场化及其必然性进行了理论分析，结合我国利率体系的现状，介绍了我国利率市场化改革的目标、进程和效果。

第2章“我国的利率市场化改革对商业银行的影响分析”，分析了我国利率市场化改革进程对商业银行的正面激励和负面影响，商业银行体系在利率市场化改革和当前利率、利差频繁波动的形势下面临严峻的挑战，因此，加强利率定价管理势在必行。

第3章“利率市场化改革进程中的商业银行利率定价管理：从内部资金转移定价角度分析”，以内部资金转移定价技术为切入口研究商业银行利率定价管理，系统介绍了西方商业银行利率定价管理的理论与实践，尤其是内部资金转移定价的涵义、理论依据与核心技术、内部资金转移定价与存贷款定价及利率风险管理的关系等内容。西方商业银行利率定价管理经过长期发展，已经形成了较为完善的理论体系和操作方法，我国银行业应借鉴西方商业银行的成熟经验，提高自身的利率定价管理水平。

第 4 章“实现利率市场化后我国商业银行存贷款利率定价管理研究”，着重分析利率市场化改革中的重点和难点——存贷款利率市场化，结合相关存款定价和贷款定价的理论，在借鉴西方发达国家商业银行存贷款定价方法的基础上，分析我国存贷款利率市场化后商业银行应如何恰当地进行存贷款定价，得以维持一定的利润目标和市场竞争力。

第 5 章“我国商业银行存贷款利率市场化的条件分析、制度安排与配套措施”，结合中国银行业和金融市场的发展现状，提出我国银行业加强利率定价管理的具体对策，应建立和完善相应的应用系统，在科学定价的基础上合理运用定价策略，推行现代利率定价管理方法。

第 6 章“全球金融危机影响下我国的利率市场化改革与金融监管”，综述了 2007 年以来全球性金融危机的原因及其深远影响，分析了金融自由化、金融脆弱性与金融监管的内在联系，就金融自由化浪潮下我国如何防范金融危机、如何进行有效的金融监管进行了探索、研究，对此背景下的利率政策选择作了分析与比较，提出我国进一步贯彻推进利率市场化改革的措施。

结论部分总结全书主要结论。

第1章 我国的利率市场化改革概述

1.1 利率市场化及其必然性分析

1.1.1 利率市场化的涵义

利率市场化，在英文文献中常被称为利率管制的解除（deregulation of interest rates）或利率自由化（liberalization of interest rates）。在我国，政府和大多数学者采用了利率市场化的概念。因此，本书在论述中沿用国内学术界的习惯用法，即使用利率市场化这一提法。

所谓利率市场化，是指利率由资金的市场供求关系决定，其实质是使利率主要由资金的供求关系、经济活动中的风险程度、通货膨胀等市场因素共同决定，逐步减少政府对利率的管制，消除利率水平和结构扭曲，提高资金的配置和使用效率。利率市场化的过程也就是资金定价权由政府逐步下放给市场的过程，其目标是使利率最终主要由商业银行根据期限、成本、风险等因素灵活制定，政府则通过制定和调整再贴现利率、再贷款利率以及在公开市场上买卖有价证券等间接手段，对利率进行宏观调控。

1.1.2 利率市场化的理论基础

利率市场化作为金融自由化的主要组成部分，其理论基础是罗纳德·I.麦金农和爱德华·肖等学者提出的金融自由化理论。金融自由化是指一个国家的金融部门运行从主要由政府管制转变为由市场力量决定的过程。具体内容包括利率自由化、金融产品创新自由化和金融市场参加者自由化，其中利率自由化是核心。从美国、英国、德国、日本等发达国家和印度尼西亚、菲律宾等发展中国家实施金融自由化的实践来看，利率自由化都是金融自由化改革的中心环节，而且许多国家是把放松利率管制作为整个金融改革的先导。

金融自由化的主要倡导者之一——美国学者罗纳德·I. 麦金农在《经济发展中的货币与资本》一书中提出了“金融抑制论”的观点。他通过对落后经济国家和发展中国家经济状态及金融体制的考查，发现发展中国家普遍存在金融抑制现象。金融抑制的两个基本特征是低的实际利率水平和有选择的信贷分配。在发展中国家，实际利率被政府限制或管制，处于非常低的水平，甚至经常为负值：过低的实际利率水平导致低水平储蓄和过高的资金需求；政府为抑制对廉价资金过度需求并引导有限的资金流向政府计划优先扶持的企业部门，又采取了有选择的资金分配。较低的利率会使得储蓄资源的稀缺性不能得到充分的暴露，不能提高可达到的投资收益率和不能更加有效地区别对待投资项目，从而削弱了价格机制对资本部门分配的作用。利率管制制约了利率发挥“资本价格标签”的作用。低利率抹杀了部门间的收益率差别，不利于资本在部门转移时进行横向比较，特别是人为压制利率使资本缺乏为获得均衡收益率不断运动的激励，抑制了资本的转移。

而且，由于贷款利率受到限制、对资金过度需求的存在，常会产生一种非价格性的信贷行为既信贷配给，客观上扭曲了资本在各部门间的配置，降低了社会投资效率：

1. 信贷配给的对象大多是一些特权阶层或与金融机构有某些特殊关系的企业和个人，而投资效率高的部门未必能够得到配给。

2. 过低的利率意味着资金成本低，一些有特权的企业和个人肆意举债而用于非生产性投资，造成生产性部门的资本形成不足，进而不利于经济增长。

3. 利率上限的存在，使得那些能以低利率得到资金的借款人会选择资本密集型项目，从而不利于一定总量下的资本在部门之间分配。

金融抑制经济中金融市场被分割成两个市场：一个是被政府管制的有组织的市场，其资金主要流向低效的公有企业和政府部门，其资金价格——利率被限制在非常低的水平，实际利率经常为负值；另一个是没有正规管制的自由市场，其利率水平高于前者，中小私人企业和家庭的投资或依靠内部积累，或通过这一市场进行高成本的融资。这种人为的低利率政策，降低了资金配置的效率，使市场行为扭曲，压制了金融体系的发展。而金融体系的不发展又阻碍了整个经济的发展，进而造成金融抑制与经济落后的恶性循环。总之，在麦金农看来，实际利率低下是发展中国家经济不发达的根本原因。因此，要使这些国家摆脱贫困就必须解除“金融抑制”，也就是说，要实施金融自由化、利率自由化改革。金融自由化的另一主要倡导者美国学者爱德华·肖在《经济发展中的金融深化》一书中提出了“金融深化论”的观点。爱德华·肖指出：“金融自由化和金融深化的实质是放松实际利率管制，使之反映储蓄的稀缺性和刺激储蓄，提高可以获得的投资收益率和更有效地区分各种投资。”在金融深化理论中，爱德华·肖认为，一国为促进经济的发展，应该取消对利率的人为限制，使利率能真实反映社会资金供求的状况，使金融市场真正发挥投融资的功能。金融深化通过储蓄效应、投资效应、收入效应，能够促进经济发展，与经济发展形成良性循环。

综上所述，麦金农和肖从两个不同的角度，分析了一个国家金融体制对经济发展的影响。应该说，金融抑制和金融深化实际上是一个问题的两个方面，最后两人得出了大致相同的结论，即发展中国家应取消金融管制，推行利率自由化。

1.1.3 世界主要国家利率市场化改革进程及实践

发展中国家普遍存在麦金农和肖所描述的金融抑制现象，即对利率进行管制，实际利率低于均衡利率，甚至经常为负数，储蓄动员不足，经济增长缓慢。在麦金农和肖的理论的指导下，拉丁美洲和亚洲的一些发展中国家自20世纪70年代中期开始，纷纷开始了解除利率管制推行利率市场化的改革。美国、日本等发达国家在20世纪80年代也被卷入了这场浪潮中。以下选取美国、拉美三国和韩国作为发达国家、发展中国家的代表，研究其利率市场化改革的进程及其对商业银行的影响。

（一）美国的利率市场化改革

美国的利率管制起源于20世纪30年代。1929～1933年的经济大萧条使美国结束了其自由竞争的经济体制和金融体制，揭开了国家干预经济、金融分业经营、利率严格管制的序幕。1933年，美国出台了《格拉斯·斯蒂格尔法》，其中第Q项条款规定了对金融机构存贷款利率的严格限制，以后人们经常称之为Q条例。Q条例的主要内容是：（1）对储蓄存款和定期存款的利率设置上限，最初将储蓄存款和定期存款的利率上限定为3%，在1935年和1936年作小幅调整后，20多年不曾改变，直到20世纪50年代末，利率高限开始频繁调整；（2）禁止对活期存款支付利息。

这种通过管制利率形成的人为的低利率政策在最初的30年间极大地支持了美国战后经济的繁荣和发展。但是到了20世纪60年代，随着美国经济滞胀的出现，市场利率开始高于政府规定的管制利率。结果大量资金从存款机构流向货币市场基金和证券市场。“金融脱媒”的出现，严重地削弱了美国银行的竞争力，使存款机构出现了经营困难。为了解决以上问题，美国国内逐渐出现了解除利率管制、实施利率市场化的呼声。美国利率市场化改革是以渐进的方式进行的，主要经历了以下过程：

1. 1970年6月，取消对10万美元以上、3个月以内的定期存款的利率限制。

2. 1973年5月，取消对10万美元以上、3个月以上的可转让存单利率上限。

3. 1973年7月，取消了金额1 000万美元以上、期限4年以上的定期存款利率上限。

4. 1980年3月，美国制定了《1980年存款机构放松管制和货币控制法》（Depository Institutions Deregulation and Monetary Contro1 Act of 1980），利率市场化进入全面、加速展开阶段。该法的主要内容包括：（1）到1986年3月底，分阶段取消Q条例对于一切存款机构持有的定期和储蓄存款利率的限制；（2）准许全国的存款金融机构开办可转让支付命令（NOW）账户，即付息支票账户，在Q条例分阶段取消之前，NOW账户受Q条例的限制；（3）永久取消州政府对于住宅第一性抵押贷款的利率限制；（4）超过25 000美元的商业或农业贷款在一定条件下，可不受州政府贷款利率最高限制；（5）经政府保险的存款金融机构所发放的其他贷款在一定条件下，可不受州政府贷款利率最高限的限制；（6）经政府保险的存款金融机构支付的存款利率如州政府有限制者一律撤销；（7）联邦信贷联社发放贷款的利率最高限自12%提高到15%，在某些情况下可提高到15%以上。

5. 1982年10月，美国制定了《高恩—圣杰曼存款机构法案》（Garn

St. Germain Depository Institutions Act of 1982)。该法案允许存款机构提供货币市场存款账户和超级 NOW 账户，这些账户具有与活期存款相同的流动性，但可以享受市场利率的利息。该法案还较详细地制定了废除和修正 Q 条例的步骤及与利率市场化相关的其他改革措施。

6. 1983 年 4 月，商业银行及储蓄金融机构 2.5 年以上的定期存款利率上限被取消。

7. 1983 年 10 月，31 天以上的定期存款及最小余额为 2 500 美元以上的极短期存款利率上限被取消。

8. 1986 年 1 月，取消了对所有存款的最低余额的要求和 NOW 账户的利率上限及其他限制。

9. 1986 年 4 月，取消存折储蓄账户的利率上限和对活期存款禁止付息的限制。

至此，美国利率市场化改革结束，美国实现了利率的完全市场化。

（二）拉美三国（阿根廷、智利、乌拉圭）的利率市场化改革实践

拉美三国的利率市场化改革是从 20 世纪 70 年代中期开始的，当时宏观经济不稳定，财政赤字高居不下，通货膨胀严重，而储蓄率、投资率非常低，经常账户有较大赤字。在这种宏观背景下，拉美三国基本上采取的是激进式改革。其改革的措施有：（1）取消对利率和资金流动的控制；（2）取消指导性信贷计划；（3）对国有银行实行私有化政策；（4）减少本国银行和外国银行登记注册的障碍。在金融改革过程中，拉美三国不但没有加强银行系统和金融机构的监管，反而放松监管，导致金融系统混乱，银行违约风险加剧。拉美三国利率市场化改革实施后，金融机构正常的竞争因素未发挥主要作用，相反银行却被一些大集团所拥有，成为它们的资金供应商，加上监管不力，一方面导致贷款质量下降，坏账增加，金融风险不断聚集；另一方面国内利率悬殊，大量外资流入国内，本币升值，出口恶化，最终导致拉美三国利率市场化改革失败。

（三）韩国的利率市场化改革

韩国的利率改革起步较晚，整个改革经历了放松——管制——再放松的过程。韩国在改革前对银行的存贷款利率进行严格管制，并将其限制在极低的水平上，同时政府还制定了一个范围广泛的政策性贷款计划，以保证国家对有限的金融资源的控制。但是这种管制利率政策在促进经济发展的同时，也带来了刺激通货膨胀、地下金融盛行的恶果。因此，韩国政府

在 1981 年开始尝试放松对利率的管制。1981 年 6 月，韩国允许发行无管制利率的商业票据；1984 年 1 月，允许银行根据借款人的信誉对客户收取不同的利率。1986 年 3 月，允许自由确定公司债券、金融债券的发行利率以及可转让存单的利率。1986 年 6 月，货币稳定债券的发行利率同市场利率挂钩。1988 年 12 月，除了某些政策性贷款利率外，放宽了对多数存贷款利率的管制。同时也放开了各种货币和资本市场产品的利率，包括商业票据、存单和公司债券利率。但是 1989 年初，韩国经济开始恶化，市场利率大幅上升，结果导致韩国央行再次恢复利率管制。韩国第一次利率市场化改革的尝试以失败告终。

总结第一次利率市场化改革的失败教训，韩国政府于 1991 年 8 月公布了一项分四阶段放开利率的计划，并制定了先贷款后存款、在贷款利率方面先短期后长期、在存款和债券利率方面先长期后短期的利率市场化改革的原则。1991 年 11 月进入利率市场化改革的第一阶段，放开了银行和其他金融机构间的绝大多数短期贷款利率，主要包括透支贷款和商业汇票贴现利率，存款利率只放开了 3 年以上期限存款的利率。与此同时，各种货币市场和资本市场工具包括 2 年期以上公司债券利率也被放开。1993 年 11 月进入改革的第二阶段，所有的银行和非银行金融机构的贷款利率全部被放开，同时也放开了 2 年和 2 年以上长期存款的利率和包括金融债券等在内的所有债券的发行利率。1994 年 12 月进入改革的第三阶段，放开了 1 年期以上的存款及由韩国银行再融资的贷款的利率，1995 年 7 月，放开了除活期存款以外的其他存款利率和由央行再贴现支持的贷款利率。1997 年进入第四阶段，放开活期存款利率，实现了利率的完全自由化。

（四）结论

综上所述，国外利率市场化改革给我们提供的经验与教训主要有：

1. 利率市场化改革的方式必须科学选择。利率市场化的方式有激进式和渐进式两种。前者可在短期内迅速修正利率管制带来的扭曲，达到改革的最终目标，但对经济运行冲击过大，后遗症较多。后者对经济运行冲击较缓，但时间过长可能牺牲效率，且不确定因素的存在可能导致偏离改革的目标。具体选择哪一种，应立足于本国国情。

2. 引入一些不受利率管制的新金融产品，是利率市场化改革的重要策略。在利率市场化过程中逐步引入不受利率管制的新金融产品，有助于在维持原有格局的情况下进行利率市场化。如美国在改革过程中，银行先后引入了不受利率管制的货币市场存款账户、可转让提款通知单和大额可转让定期存单。

3. 完善的金融市场是利率市场化改革的基础。美国的利率市场化改革是在国债发行和流通市场充分发展、货币市场充分发育的基础上进行的，市场风险迅速得到释放，保证了改革的成功。而拉美一些国家的改革是在金融市场发育程度极低的背景下进行的，导致市场风险过度集中而得不到释放，而最终导致失败。

4. 稳定的宏观经济环境是利率市场化改革的前提条件。稳定的宏观经济环境可为利率市场化改革提供支持和保障，平衡协调相关关系。而急剧波动的宏观经济环境，会加剧名义利率的波动幅度，增加企业融资成本和投资回报的不确定性，使银行资产和负债的价值缺乏可预测性，从而激化各种经济矛盾，导致改革夭折，拉美三国利率改革失败就是例证。

5. 充分监管是利率市场化正常进行的重要保证。利率由管制走向市场化会出现各种各样的风险和波动，需要政府建立有效的金融监督体系，抑制银行的风险经营，熨平市场波动，平衡协调有关经济活动，消除负面影响。拉美三国在利率自由化过程中，由于放松管制而导致了金融风险加剧，利率不得不重新被管制。

1.2 我国利率体系的现状分析

1.2.1 现行人民币利率体系存在的主要问题

构建科学合理的人民币利率体系是利率市场化改革的迫切需要，也是疏通货币政策传导机制，提高金融资源配置效率的基础。随着利率市场化改革的稳步推进，近年来我国人民币利率体系经历了一个由繁到简，由高度管制到逐步市场化的过程，初步形成了行政管理与市场化利率体系并存的格局，利率体系也渐趋完善。但随着利率市场化改革的深化，利率结构及传导的问题也逐步显现。

（一）再贴现利率形成机制僵化，引导作用减弱

近年来，随着票据业务不断发展，企业融资渠道进一步拓宽，票据融资的功能显现。但由于目前票据利率体系不完善，再贴现利率形成机制僵

化，引导作用不强，票据业务规范发展受到了制约。从利率作用机制看，再贴现利率是一种基准利率，由央行根据宏观调控需要适时调整。其作用机理应该是贴现利率高于再贴现利率，转贴现利率低于再贴现利率，确保票据市场利率体系有机联动。但由于我国近年一直保持较高的外贸顺差，央行为此投放了大量的基础货币，商业银行流动性普遍过剩，信贷投放冲动较强，央行对冲基础货币的压力增大。在这样的宏观背景下，为防止信贷投放过快，缓解通胀的压力，尽管货币市场利率一再走低，央行再贴现利率仍维持在 3.24% 的水平，并规定贴现利率只能在再贴现利率基础上加点执行。这种再贴现利率的非市场化决定了在其基础上形成的贴现利率必然与市场脱节，再贴现利率与货币市场利率关联程度降低，引导作用减弱，使得偏离市场均衡的贴现利率水平难以维持。

（二）贷款基准利率缺乏缓冲区间，金融调控弱化

2004 年下半年我国贷款利率上限放开给予商业银行更大的自主定价空间，虽然贷款中采用浮动利率计息占比有所增加，差别化定价也有所体现，但是由于不同档次、期限的贷款基准利率缺乏过渡的缓冲区间，客观上造成贷款定价不尽合理，甚至出现与宏观调控意图相悖，诱发了固定资产投资和银行中长期贷款的急速增长。从 2006 年 4 月至 2007 年 12 月，央行共 8 次调整贷款基准利率，每次贷款基准利率的调整，期限结构之间的利率水平差异越来越模糊。以 3 ~5 年与 1 年期以内（含 1 年期）贷款基准利率作比较，1997 年相差 1.26 个基点，2004 年以来差距逐步缩小，2004 年为 0.27 个基点，2006 年为 0.36 个基点。这样，只要金融机构贷款利率略有浮动，利率的期限差异就被覆盖。正是由于贷款基准利率期限层次不明，投资者对长期借款利息负担预期下降，投资冲动增强，固定资产投资快速增长。

（三）金融机构内部往来资金利率与市场利率缺乏联动，影响资金有效配置

目前我国同业存款、货币市场、协议存款利率已经放开。利率市场化要求商业银行法人对其分支机构内部资金实行“统一平衡、统一调剂”，并建立灵敏反应市场利率变动的内部资金定价机制。然而实际操作中目前商业银行内部资金转移价格很难跟上市场利率变动趋势。

（四）上限限制的存款利率不利于金融服务的改善，加剧民间金融对正规金融的冲击

一方面，目前我国名义存款利率水平偏低，考虑利息税和物价上涨因素，实际存款利率为负。使得部分拥有闲置资金者不愿将资金存入银行，在没有更具吸引力的投资下，利益驱使这部分资金流向民间借贷市场。另一方面，受现行信贷管理体制的影响，银行信贷需要项目评估、设定抵押、办理公证、保险等诸多手续，审批时间长，收费项目偏多，时效性差，部分借款人宁愿承担稍高的利息，舍弃信贷融资，转向民间借贷。

1.2.2　制约利率体系进一步完善的深层次原因分析

（一）市场缺乏可参照的基准利率

按通行的定价理论，利率是由无风险资产利率与市场风险共同决定，因此，将无风险资产利率剥离出来非常必要。但目前我国的基准利率非常复杂，存贷款利率之间、长短期贷款之间、货币市场与信贷市场之间缺乏科学的核算基础。国外以国库券利率作为无风险利率，但我国国库券利率均为长期利率，对短期利率的倒推存在一定困难。

（二）现行的利率结构过于复杂

从我国利率结构看，既有按照存贷款时间长短来确定的，也有按照存贷款种类来确定的，还有按照不同的市场确定的，而且这些利率相互间的联动机制缺乏。从资金的需求方来说，建立一种有效的资金成本核算制度和预期，才能促进资金的充分流动。同时，从资金供给方来说，如果没有明确的成本和目标利润约束，则资金配置的权力化和寻租行为无法避免。如果资金供需双方无法获得有效的资金成本预期，必然导致市场资金无效流动和错配。因此，过于复杂的利率结构不利于资金在更大范围的有效流动和科学合理配置。

（三）利率定价管理水平整体不高

主要体现在：一是成本测算基础不牢，新巴塞尔协议认为，有7年以上内部数据收集才能准确确定内部资金转移价格即资金平均成本，但我国金融机构内部数据的集中仅仅是近年的事；二是贷款定价粗放，目前很多省份的县级农村信用社确定贷款利率仍沿用简单期限加点定价；三是风险管理能力弱，金融机构不仅对利率风险的识别能力不高，而且风险控制的有效激励不够。

（四）市场分割与价格传递不畅

主要体现在：一是城乡二元化经济导致金融资源价格分割。长期以来我国城乡经济发展差距较大，农产品附加值低，农业抗风险能力弱，导致资金回报率相差较远，城乡金融资源在两种完全不同的实体经济和价格机制下运行，必然出现利率脱节的现象。二是货币市场与信贷市场价格分割。当前影响货币市场流动性的因素主要是外汇储备的压力和高储蓄率，而决定信贷总量的因素不仅有银行内部追求利润的冲动，还受资本充足率和宏观调控措施的限制。因此，当货币市场资金由于种种原因不能及时、大量地流向实体经济时，并且出现了利率脱节，即两者之间的价格没有建立联动机制的情况下，货币资金无效配置的现象难以避免。

1.3　我国利率市场化的总体目标与改革进程

1.3.1　利率市场化改革的总体目标

1993 年党的十四届三中全会发布的《中共中央关于建立社会主义市场经济体制若干问题的决定》指出："中央银行按照资金供求状况及时调整基准利率，并允许商业银行存贷款利率在规定幅度内自由浮动。"1993 年 12 月 25 日国务院颁布的《国务院关于金融体制改革的决定》中明确指出："中国人民银行要制定存、贷款利率的上下限，进一步理顺存款利率、贷款利率和有价证券利率之间的关系；各类利率要反映期限、成本、风险的区别，保持合理利差；逐步形成以中央银行利率为基础的市场利率体系。"2002 年，中国共产党第十六次全国代表大会指出："稳步推进利率市场化改革，优化金融资源配置。"2003 年初，中国人民银行又明确提出利率市场化改革的目标是："建立由市场供求决定金融机构存、贷款利率水平的利率形成机制，中央银行通过运用货币政策工具调控和引导市场利率，使市场机制在金融资源配置中发挥主导作用。"

1.3.2　我国利率市场化的改革进程

党和国家非常重视我国的利率市场化改革。1993 年 12 月 25 日，《国务院关于金融体制改革的决定》提出，我国利率改革的长远目标是：建立以市场资金供求为基础，以中央银行基准利率为调控核心，由市场资金供求决定各种利率水平的市场利率管理体系。

党的十四届三中全会发布的《中共中央关于建立社会主义市场经济体制若干问题的决定》中提出，中央银行按照资金供求状况及时调整基准利率，并允许商业银行存贷款利率在规定幅度内自由浮动。党的十六届三中全会通过的《中共中央关于完善社会主义市场经济体制若干问题的决定》中进一步明确："稳步推进利率市场化，建立健全由市场供求决定的利率形成机制，中央银行通过运用货币政策工具引导市场利率。"2007 年党的十七大报告提出，要"深化财税、金融等体制改革，完善宏观调控体系"，"继续稳步推进利率市场化改革，实现金融产品和服务收费的市场化定价"。

根据党的十六届三中全会和十七大精神，结合我国经济金融发展和加入世界贸易组织（以下简称"世贸组织"）后开放金融市场的需要，中国人民银行将按照先外币、后本币，先贷款、后存款，存款先大额长期、后小额短期的基本步骤，逐步建立由市场供求决定金融机构存贷款利率水平的利率形成机制，中央银行调控和引导市场利率，使市场机制在金融资源配置中发挥主导作用。

（一）货币市场利率市场化

1. 银行拆借利率市场化。银行同业拆借市场利率是整个金融市场利率的基础，我国利率市场化改革以同业拆借利率为突破口。1996 年 6 月，中国人民银行对同业拆借利率不再实行上限管理的直接控制方式，取消原来按照同档次再贷款利率加 2.88 个百分点确定的同业拆借利率最高限，由拆借双方根据市场资金供求情况自行确定同业拆借利率水平，中央银行间接调控利率以强化利率对市场资金的调节作用。银行同业拆借利率市场化，为利率市场化迈出了开创意义的一步，为此后的利率市场化改革奠定了基础。

2. 票据市场利率市场化。1995 年《中华人民共和国票据法》（以下简称《票据法》）颁布，为票据市场利率市场化奠定法律基础。1998 年 3 月，中国人民银行为了适应取消国有商业银行贷款规模管理、加强间接调控的需要，改革了贴现利率和再贴现利率的生成机制。贴现利率不再与贷款利率挂钩，而是通过在再贴现利率基础上按不超过贷款利率（含浮动）加点生成，再贴现利率不再直接与同期中央银行再贷款利率挂钩，而是作为一种独立的利率体系。

3. 货币市场基准利率逐步形成。2006 年 9 月 6 日，央行决定建立报价制的中国货币市场基准利率 SHIBOR。2006 年 2 月，中国人民银行发布了《中国人民银行关于开展人民币利率互换交易试点有关事宜的通知》，明确了开展人民币利率互换交易试点的有关事项。2006 年 2 月 9 日，国家开发银行与中国光大银行完成首笔人民币利率互换交易。人民币利率衍生工具在中国金融市场正式登场。2007 年 1 月，中国货币市场基准利率 SHIBOR 开始正式投入运行。

（二）债券市场利率市场化

债券市场是金融市场的重要组成部分，放开债券市场利率是推进利率市场化的重要步骤。债券市场利率市场化过程是：

1. 国债发行的市场化尝试。1996 年，财政部通过证券交易所平台实现了国债的市场化发行，采取利率招标、收益率招标等多种方式市场化发行国债 1952 亿元。这是我国债券发行利率市场化的开端，为以后债券利率市场化改革积累了经验。

2. 放开银行间债券回购和交易利率。1997 年，中国人民银行决定建立银行间债券市场，各商业银行可以使用其持有的国债、中央银行融资融券和政策性金融债在银行间进行回购和现券买卖，债券回购和现券买卖利率由双方协商确定。这标志着银行间债券市场利率市场化的启动。

3. 放开银行间市场政策性金融债、国债发行利率。1998 年债券市场的发展有了历史性的突破，国家开发银行、中国进出口银行成功实施债券的市场化发行。1999 年财政部首次在银行间债券市场实行利率招标发行国债。

（三）存贷款利率市场化

相对于其他利率市场化，存贷款利率市场化比较复杂，难度较大，经历较长的时间。存贷款利率市场化是按照“先外币、后本币；先贷款、后存款；先长期、大额，后短期、小额”的顺序逐步推进的。1999 年放开长期、大额存款利率是存贷款利率市场化的第一步，经过近年来的改革，目前已经取得“贷款利率管下限、存款利率管上限”的阶段性成果。

1. 外币存贷款利率市场化。外币利率市场化包括外币贷款利率市场化和外币存款利率市场化。

（1）外币贷款利率市场化。2000 年 9 月，放开外币贷款利率，各项外币贷款利率及结息方式由金融机构根据国际市场的利率变动情况和资金成本、风险差异等因素自行确定。外币贷款利率市场化改革可谓一步到位。

（2）外币存款利率市场化。2000 年 9 月，放开大额外币存款利率，

300万（含300万）以上美元或等额其他外币的大额外币存款利率由金融机构与客户协商确定。同时，小额外币存款利率由过去中国人民银行制定改为中国银行业协会制定，所有银行统一执行。但由于银行业协会还不能完全履行其职能，后来中国人民银行又收回了小额外币存款利率的决定权。2002年3月，中国人民银行将境内外资金融机构对境内中国居民的小额外币存款，统一纳入小额外币存款利率管理范围，实现中外资金融机构在外币利率政策上的公平待遇。2003年7月，境内英镑、瑞士法郎、加拿大元小额存款利率放开，小额外币存款利率由原来国家制定并公布7种减少为境内美元、欧元、港币和日元4种，同时对美元、日元、欧元、港币的小额存款利率实行上限管理。2003年11月，小额外币存款利率下限放开。赋予商业银行小额外币存款利率的下浮权，是推进存款利率市场化的有益探索。2004年11月18日，放开小额外币存款2年期的利率档次，由商业银行自行确定并公布。至此，仅有美元、欧元、港币和日元4种主要外币的1年期以内的小额存款利率上限尚未放开，商业银行有了更大的外币利率决定权。

2. 人民币贷款利率市场化。人民币贷款利率市场化改革的总体思路是先扩大贷款利率浮动幅度，再放开贷款利率上限。

（1）扩大贷款利率浮动幅度。扩大贷款利率浮动幅度是指金融机构可以根据企业资信状况、贷款风险大小，以法定利率为基础上下浮动贷款利率。1996年5月，允许贷款利率上下浮动10%，农村信用社最高可上浮40%。1998年11月，对中小企业贷款利率可上浮20%，农村信用社可上浮50%。1999年，对中小企业贷款利率可上浮30%。2001年12月，8个农村信用社进行利率改革试点，贷款利率可以上浮70%（最高不超过100%）。2004年1月，将商业银行的贷款利率上限扩大到1年期贷款利率的170%，农村信用社的贷款利率浮动上限扩大到1年期贷款利率的200%。

（2）放开贷款利率上限（城乡信用社除外）。2004年10月，中国人民银行在上调金融机构存贷款基准利率的同时放宽人民币贷款利率浮动区间。金融机构（不含城乡信用社）的贷款利率原则上不再设定上限，贷款利率下浮幅度不变，贷款利率的下限仍为贷款基准利率的0.9倍。但对于城乡信用社贷款利率仍实行上限管理，最高上浮系数为基准利率的2.3倍，贷款利率下浮幅度不变。至此，我国金融机构人民币贷款利率已经基本过渡到上限放开，实行下限管理的阶段。

3. 人民币存款利率市场化。人民币存款利率市场化是按照从大额长期存款入手，逐步过渡到管住利率上限，允许存款利率下浮的方式稳步推进的。

（1）大额长期存款利率市场化。1999 年 10 月，中国人民银行批准中资商业银行对中资保险公司法人试办五年期以上（不含五年期）对 3000 万元以上的长期大额协议存款业务，利率水平由双方协商确定。2002 年，协议存款的存款人范围扩大到社会保障基金理事会和省级社会保险经办机构。2003 年，国家邮政局邮政储汇局获准与商业银行和农村信用社开办邮政储蓄协议存款。长期大额存款利率市场化是存款利率市场化的有益尝试，标志人民币存款利率市场化的启动。

（2）存款利率“放开下限，管住上限”。2004 年 10 月，中国人民银行报经国务院批准，决定允许金融机构人民币存款利率下浮，即所有存款类金融机构对其吸收的人民币存款利率，可在不超过各档次存款基准利率的范围内浮动，但存款利率不能上浮。2005 年 3 月 17 日，放开金融机构同业存款利率，修改和完善人民币存贷款计息和结息规则，允许金融机构自行确定除活期和定期整存整取存款外的其他存款种类的计息和结息规则。至此，人民币存款利率实行下浮制度，实现了“放开下限，管住上限”的既定目标。

4. 修改和完善存贷款计结息规则。由于存贷款计结息规则影响到存贷款实际利率水平，存贷款计结息规则的改变也属于利率改革的内容之一。1995 年 6 月，中国人民银行改变贷款随利率调整而分段计息的做法，期限在一年以上的贷款，利率采取一年一定，即合同确定的利率执行期为一年，到期后，金融机构再根据当时规定的贷款利率与企业重新签订下一年度的利率。1999 年 3 月，中国人民银行修订颁布的《人民币利率管理规定》规定，短期贷款既可以按月结息，也可以按季结息，由借贷双方协商确定，这是结息方式上的重大改革。2003 年末又改革了贷款结息制度，五年以上档次利率确定的浮动空间更大，既可以固定利率报价，也可以浮动利率报价。

2005 年 9 月，国内银行开始执行新的人民币存款结息规定，允许金融机构自行确定除活期和定期整存整取存款外的其他存款种类的计结息规则。个人活期存款按季结息，按结息日挂牌活期利率计息；单位活期存款按日计息，按季结息。通过人民币存贷款计结息规则的一系列改革，我国的计结息规则逐步向国际惯例靠拢，为商业银行利用利率手段主动加强资产和负债管理、改善金融服务提供了有利条件。

回顾1996年以来我国利率市场化改革的进程，中国人民银行累计放开、归并或取消的本外币利率管理种类为119种，目前，中国人民银行尚管理的本外币利率种类有29种。今后，随着金融机构改革和利率市场化的稳步推进，中国人民银行将不断扩大金融机构的利率定价自主权，完善利率管理，并通过中央银行的间接调控，引导利率进一步发挥优化金融资源配置和调控宏观经济运行的作用。我国利率市场化改革的历程详见表1-1。

表1-1 中国利率市场化改革历程

时　间	改革措施
1993年	党的十四届三中全会发布的《中共中央关于建立社会主义市场经济体制若干问题的决定》和《国务院关于金融体制改革的决定》，都提出关于利率市场化改革的基本设想。
1995年	《中国人民银行关于“九五”时期深化利率改革的方案》初步提出利率市场化改革的基本思路。
1996年6月	放开银行间同业拆借市场利率，实现由拆借双方根据市场资金供求自主决定拆借利率。利率市场化改革迈出第一步。
1997年6月	银行间债券市场正式启动，同时放开了债券市场债券回购和现券交易利率。
1998年	将金融机构对小企业的贷款利率浮动幅度由10%扩大到20%，农村信用社的贷款利率最高上浮幅度由40%扩大到50%。
1998年3月	改革再贴现利率及贴现利率的生成机制，放开了贴现和转贴现利率。
1998年9月	放开了政策性银行金融债券市场化发行利率，成功实现国债在银行间债券市场利率招标发行。
1999年10月	对保险公司大额定期存款实行协议利率，对保险公司3 000万以上、5年以上大额定期存款，实行保险公司与商业银行双方协商利率的办法。
1999年	允许县以下金融机构贷款利率最高上浮30%，将对小企业贷款利率的最高可上浮30%的规定扩大到所有中型企业。
2000年7月	中国人民银行宣布要用3年时间，按照“先外币，后本币；先贷款，后存款；先农村，后城市”的步骤渐进地实现利率市场化。

续表

时　　间	改革措施
2000 年 9 月	实行外汇利率管理体制改革，放开了外币贷款利率；300 万美元以上的大额外币存款利率由金融机构与客户协商确定。
2002 年	扩大农村信用社利率改革试点范围，进一步扩大农村信用社利率浮动幅度；统一中外资金融机构外币利率管理政策。
2002 年 3 月	将境内外资金融机构对中国居民的小额外币存款，纳入中国人民银行现行小额外币存款利率管理范围，实现中外资金融机构在外币存款利率政策上的公平待遇。
2003 年 1 月	中国人民银行《2002 年中国货币政策执行报告》正式公布了我国利率市场化改革的总体思路：先外币，后本币；先贷款，后存款；先长期、大额，后短期、小额。
2003 年 8 月	中国人民银行在推进农村信用社改革试点时，允许试点地区农村信用社的贷款利率上浮不超过贷款基准利率的 2 倍。
2004 年 1 月	将商业银行、城市信用社的贷款利率浮动区间上限扩大到贷款基准利率的 1.7 倍，农村信用社贷款利率的浮动区间上限扩大到贷款基准利率的 2 倍，金融机构贷款利率的浮动区间下限保持为贷款基准利率的 0.9 倍不变。
2004 年 3 月	实行再贷款浮息制度。
2004 年 10 月	中国人民银行在调整法定贷款利率时，放开了贷款利率的上限和存款利率的下限，但仍对城乡信用社的人民币贷款利率实行上限管理，其贷款利率浮动上限扩大为基准利率的 2.3 倍。
2005 年 1 月	中国人民银行发布《稳步推进利率市场化报告》，指出下一步利率市场化改革的初步设想：统一金融机构贷款利率浮动政策；提高金融机构定价水平；丰富金融产品；逐步建立健全中央银行利率调控体系。
2005 年 3 月	金融机构在中国人民银行的超额存款准备金存款利率由 1.62% 下调到 0.99%，法定准备金存款利率维持 1.89% 不变。
2005 年 9 月	允许金融机构自行确定除活期和定期整存整取存款以外的其他存款种类的计结息规则。
2006 年 2 月	中国人民银行发布《2005 年第四季度中国货币政策执行报告》，要求适当简化贷款的基准利率期限档次，推进长期大额存款利率市场化，研究推出利率衍生产品。

资料来源：根据公开资料整理。

1.3.3 对我国利率市场化改革成果的评价与经验总结

目前我国多数利率已经实现不同程度的市场化。根据市场化程度的高低，我国的利率可以分为三类：（1）被严格管制的利率，主要是针对居民和企业的人民币存款利率；（2）正在市场化的利率，主要是银行的贷款利率、贴现利率和企业债券的发行利率；（3）已经基本市场化的利率，包括除企业债券发行利率和贴现利率以外的各种金融市场利率、人民币协议存款利率、以美元为主的大额外币存款利率和外币贷款利率。现阶段商业银行存贷款仍是我国社会资金的积累与供给的主要渠道，目前我国尚未完成市场化的利率主要是存贷款利率。我国利率市场化改革已经演变为存贷款利率市场化改革了，存贷款利率市场化是我国利率市场化改革的新阶段。

在利率市场化进程中，对风险的控制应该被放在重中之重，通过对我国利率市场化改革的回顾和分析，可以得出风险控制的一些经验，其中最主要的是：

（一）渐进的利率市场化是控制风险的有效方式

利率市场化改革的方式可以分为两类：激进式和渐进式。激进式是在短期内完成存贷款利率的市场化；而渐进式是在较长时期内通过创造条件，逐步放开利率。激进方式可在短期内迅速解除由利率管制带来的扭曲，当然，这也意味着冲击要在短期内释放，容易造成经济运行的波动，如果波动幅度过大，对经济运行造成的损害需要一个较长时间的修复，其福利损失也不会太小。而渐进方式虽然可以避免短期冲击过于集中的问题，但由于采用次优政策，扭曲在一个较长时期存在，必然带来福利损失，这是一种用时间来稀释冲击成本的办法。两种方式各有利弊，对方式的选择不能一概而论，要依据具体情况来定。

要成功实施激进式改革需要一系列条件，诸如健全的微观基础、稳定的宏观经济环境、完善的货币市场和有力的金融监管体系，各相关主体应该有迅速反应的素质。从政府方面看，激进式改革对政府政策设计水平要求较高，对其选用的调控工具和确定各种工具的切入时机要求很严，如果选择不当，将会导致整个改革的失败。从企业方面看，伴随突然放开利率管制造成的利率上升，要求企业迅速调整产品结构，提升经营水平以消化借款利率成本增加的负担。从银行方面看，要求银行的公司治理机制健全，能够理性竞争，避免利率大战，资产质量较好、资产负债结构合理，能有效地防范和化解利率上升的风险。

根据我国的国情，利率市场化选择渐进式的改革方式，这是由我国的总体经济改革的特征和金融现状所决定的。我国的改革总体上属于渐进式改革，这一改革是以时间换取改革冲击的释放，其最大的优点是保证社会经济在较为平稳的状况下运行。而且我国的实际状况也不容许我们采取一步到位的激进方式，因为我国银行不良贷款比例较高，银行的产业组织结构呈现出寡头垄断的特征，风险主要集中在国有商业银行。另外，迅速放开利率管制所需要的健全的金融市场和避险工具还不具备。从以往改革的实践运行状况看，渐进式市场化改革也取得了较好的效果。

（二）存贷款利率市场化次序的确定要以控制风险为原则

存贷款利率市场化是一个系统工程，必须有序推进。我国的存贷款利率市场化是按照“三先三后”的次序推进的，即按照“先外币、后本币；先贷款、后存款；先长期、大额，后短期、小额”的顺序推进的。

1. 在放开商业银行利率中，先放开外币存贷款利率，后放开人民币存贷款利率。由于我国人民币存贷款利率长期以来都是被置于强烈的管制之下，远离资金市场的供求关系，如果贸然放开就有给社会经济带来新的扭曲和不稳定因素之虞。外币存贷款利率是参照国际货币市场利率确定的，主要受国际金融市场利率的影响和制约，从一开始就紧盯国际金融市场利率的变化，所以中央银行对其管制较少，基本不作为国内货币政策的用途。而且，目前我国尚未实现资本项目下的人民币可兑换，外币资金供求状况比较宽松，外币业务的比重总体上少于人民币业务，因而即使放开风险也相对较小，不会出现大幅度的提高。所以，放开外币存贷款利率是利率市场化过程中比较容易攻克的环节。

2. 在放开银行与客户的利率中，先放开贷款利率，后放开存款利率。从世界各国利率市场化的实践和我国推进利率市场化的经验看，存款利率的市场化是存贷款利率市场化的难点。在各国利率市场化进程中，贷款利率一般都较早实现了市场化，因此通常所说的利率市场化，主要指存款利率的市场化。先放开贷款利率是因为贷款的主动权在借款人。商业银行在贷款竞争方面，其竞争的激烈程度受到借款人行为的制约比较明显。如果借款人不愿借款，或者贷款银行提出的利率要求太高，借款人的借款需求自然下降。后放开存款利率是因为存款市场竞争的主动权在存款银行。对于单个商业银行来说，存款至关重要，先有存款增长，才可能有贷款的增长，而存贷款过程又往往是分开的。如果商业银行没有自我约束力，高息揽储，最容易出现不计成本的恶性竞争。商业银行参与恶性存款竞争，必然导致严重亏损，由此会导致一系列不良后果。

3. 在放开存贷款利率中，坚持“先长期、大额，后短期、小额”的顺序。因为只有这样，才有利于控制商业银行和企业的流动性风险。先长期、后短期，有利于商业银行和企业资金来源趋向长期化；而先短期、后长期，则可能使商业银行和企业资金来源趋向短期化，资金的稳定性必将趋弱，流动性风险可能增加。韩国金融危机的深刻教训是在过早放开资本项目可兑换的基础上，又出现利率市场化的顺序失误，即先放开了短期利率，结果商业银行和公司大量借入短期外债，用于长期投资。小额存款涉及面最大，因而自然要更加谨慎从事，宜放在利率市场化的最后阶段；而大额存款的影响面较小，可以领先一步放开。

第2章
我国的利率市场化改革对商业银行的影响分析

2.1 利率市场化对商业银行经营管理的正面激励

2.1.1 国有商业银行在利率市场化改革中的机遇

（一）利率市场化促进国有商业银行的股份制改革

由于我国国有商业银行的产权属于国家，在传统的利率管制体制下，国有商业银行只能在政府的行政指令下，按照中央银行确立的存贷款利率吸收存款和发放贷款。并且，为了支持国有大中型企业的建设，贷款的大部分都集中于国有企业。这一经营方式产生了两个方面的影响：一是由于国有企业大量拖欠贷款，导致国有银行的不良资产大幅度上升。2002 年，我国四大国有银行在剥离 1.4 万亿元不良资产后还留下 1.8 万亿元不良贷款，不良率超过 26%。随后几年，随着银行股份制改造的完成，用了将近 6 年时间，才消除了 1.2 万亿元不良贷款。据中国银监会发布的数字，截至 2008 年底，中国银行业的坏账总量为5 680亿元，尽管消化不良贷款的速度很快，但这仍是一个庞大的坏账包袱。二是长期的指令性经营，导致国有商业银行的经营管理制度不能适应市场经济的发展，主要表现在效益观念不强、风险意识淡漠、内部管理松弛、机构设置和人员管理不规范等。利率市场化一方面要求国有银行的商业化和企业化改革，使之成为微观金融市场的合格主体，这是实现我国利率市场化的约束条件之一；另一方面，利率市场化所带来的金融风险，特别是利率风险，要求国有商业银行必须以利润最大化为经营目标，实行资产负债管理来规避风险。

（二）利率市场化为国有商业银行的改革创造了良好的外部环境

国有商业银行作为政府宏观调节的微观基础，是中央银行货币政策效应的承担者。利率市场化不仅是货币政策的改革，也是金融体制改革的一个重要的组成部分。市场经济体制要求金融改革要不断深化，因为金融已经成为当代经济的核心，而利率又是金融活动中最重要的杠杆之一，因此，利率市场化改革可以全面带动金融领域方方面面的配套改革，利率市场化改革实际上是创造了一个适合于国有商业银行改革的外部环境，使商业银行的改革能够按照市场经济的规律去运行。

（三）利率市场化有利于促进国有商业银行的经营管理

利率市场化会促进国有商业银行的经营管理水平更上一层楼。因为商业银行根据中央银行基准利率来确定其资金的价格时，会面临市场份额的重新调整，各家商业银行都会在市场调整中全力以赴。因此，服务会更加完善周到，金融产品会更加多样化，资金使用效率也会更高，而客户也由此得到了最大的利益，有了更多的选择和得到了最好的服务。国有商业银行在保持竞争优势中提高了自身的经营管理水平。

2.1.2 利率市场化落实了商业银行定价自主权

在我国利率管制时期，商业银行存贷款利率都是由中国人民银行确定，中国人民银行只按照期限规定不同档次的利率水平，无论客户规模大小、效益好坏、信誉高低以及银行服务质量如何，都要严格按中国人民银行规定的利率执行，它不仅违背了“按质论价”和“风险与收益匹配”的市场原则，也扭曲了价格关系，使利率信号失真，削弱了利率优化金融资源配置的功能。特别是在经济不景气时期，国家的利率政策有时赋予了为国有企业“脱贫减负”的功能，出台了一些利率优惠政策，使商业银行的利益受损，风险增加①。而利率市场化后，商业银行就可以根据银行经营管理战略和市场利率情况，充分考虑自身的经营成本、目标收益、客户风险差异、对银行的综合贡献、合作前景、同业竞争以及利率的供给或

---

① 程梅英：“商业银行应对利率市场化改革的几点思考”，《经济研究参考》2003 年第 56 期。

需求弹性等因素灵活确定存贷款利率水平，实行“优质优价”、“风险与收益匹配”和“批发优惠”等等差别化的价格策略。

2.1.3　利率市场化促进了商业银行的资产结构优化调整

利率市场化给商业银行带来的最大的机遇就是扩大了商业银行资产定价、资本结构安排的自主权，以及选择贷款对象的自由权（《中华人民共和国商业银行法》规定：商业银行依法开展业务，不受任何单位和个人的干涉）。这有利于我国商业银行合理安排其资产结构，改善商业银行的管理模式，优化商业银行的客户结构，从而有利于商业银行最大化地获得经营利润。利率市场化对商业银行资产结构优化的促进作用，最主要的表现在商业银行贷款结构的变化方面。在传统的利率管理体制下，我国商业银行特别是国有商业银行，承担着扶持国有企业发展和为基本建设提供资金的重担，在贷款结构方面存在着很大的局限性，在资产运用方面，其主要贷款投向为面向国有企业和基本建设用款的中长期贷款。利率市场化改革推行后，我国商业银行（包括国有商业银行和新兴股份制商业银行）成为自主经营、自负盈亏、自我约束、自我发展的经济实体，因而在资产结构安排特别是贷款投向方面发生了重大的变化。下面以中国建设银行和中信实业银行为代表来分别予以说明：1996 年以前，以中国建设银行为代表的国有商业银行，其短期贷款占总贷款的比重一直低于 50%，甚至不超过 40%，而其中长期贷款却一直占其总贷款的 60% 以上；以中信实业银行为代表的新兴股份制商业银行，其短期贷款占总贷款的比重始终占其贷款总额的绝大部分，最高时达到 87%。之所以出现这种状况主要是因为以中国建设银行为代表的国有商业银行与国有企业一样，产权同属于国家，因而从 20 世纪 90 年代以来，就一直承担着帮助和补贴国有企业的重担，而国有企业的贷款大多数是固定资产投资，也即属于中长期贷款。尽管从 1983 年以来，国有企业的经济效益逐年下降，但是，由于处于传统的经济体制下，也即由于利率没有市场化，国有商业银行的中长期贷款所占的高比重也就不足为奇了。1996 年以后，我国的利率市场化改革有了实质性的启动，2006 年以来，我国国有商业银行的股份制改造和商业化改革也逐渐完成，逐渐把利润最大化作为其经营的主要目标。利率市场化客观上要求国有商业银行成为自主经营、自负盈亏、自我约束和自我发展的经济实体，对商业银行来说，可以通过调整信贷资产的客户结构、期限结构和品种结构实现利差扩大，实现利润最大化。

2.1.4 利率市场化有利于商业银行进行公正、公开、公平竞争

商业银行之间适度的竞争可以带来社会福利的普遍提高。但过度的竞争或者恶性无序的竞争，最终会导致银行成本大幅度提高，极端情况下还会引发金融机构破产。我国利率市场化改革采取的是渐进式的改革方案，商业银行之间既是竞争者又是合作者，因此，可以遵守“等价交换、平等互利、利益共享、风险共担”的原则，进行公正、公开、公平竞争，利率市场化要求商业银行要严格自律、同业约束，加强监管，使各家商业银行在合规合法的条件下积极、灵活、公平地开展业务竞争。

2.1.5 利率市场化促使商业银行开展产品创新和发展中间业务

在利率管制的条件下，商业银行不能根据市场和客户要求增加或减少利率档次，也不能降低或提高利率水平，这种利率管理政策不仅与市场和客户发展的要求不相符合，还严重限制了商业银行的产品创新。近年来，随着存贷款竞争的日益激烈，商业银行都提出要重视发展中间业务，中间业务也确实有了一定程度的发展，但目前各家商业银行中间业务收入占比仍然较低。究其原因，一是利益使然，当前存贷款业务利差大、见效快，商业银行当然要将资源主要投向投入产出比较高的存贷款业务，中间业务的发展缺乏足够的利益驱动机制；二是产品因素，由于中间业务产品受国家严格管制，市场的差别化需求难以得到满足，中间业务的发展缺乏足够的活力和空间。

利率市场化后，存贷利差收入将大幅度缩小，存贷款业务投入产出比下降，银行如果单靠存贷款业务很难生存下去，商业银行自然而然会把资源投向发展中间业务。此外，利率市场化同时也伴随着中间业务产品设计权和定价权的市场化，这就给中间业务的发展带来了活力和空间。实践证明，西方商业银行在利率市场化进程中，中间业务的确获得了长足发展。国际上先进银行的中间业务收入占比普遍在50%左右，花旗银行作为典范中间业务贡献70%以上的利润。以美国为例，1979年利率放松管制前，中间业务收入［净非利息收入/（净利息收入＋净非利息收入）］占比18.3%；20世纪80年代初利率放松管制后，中间业务收入占比稳步增加，1990年占比为32.2%，2001年占比为42.2%。现在发达国家，中间

业务收入已占银行总收益的 40% ~50%，而我国商业银行业务 90% 仍是传统的存贷款业务[①]。经济学家谢国忠认为，中国和日本银行业高度依赖存贷差生存，因此导致银行业和宏观经济周期密切相关，增加在经济萧条期的风险，而发展中间业务无疑会改善这一局面。2007 年我国银行的中间业务收入增长迅速，主要得益于中国资本市场的活跃以及居民理财需求的旺盛，使得银行的相关代理业务和理财业务出现爆发式增长。但我国商业银行开办的中间业务种类相较于发达市场还有较大差距，主要集中在结算、代理、银行卡、担保承诺、资产托管、电子银行等品种。但目前国内银行中间业务收入占比大部分都在 10% 以下，大头都还是在结算、银行卡手续费及佣金收入，投资理财、资产托管、电子银行等品种占比虽然上升较快，但在规模上还没有做大。随着市场经济的不断发展，企业的金融服务需求日益增多，在存贷款利差缩小和竞争加剧的情况下，商业银行充分利用自身的信誉、网络、专业人才和技术来发展风险较小、效益较好的中间业务应该是一种必然选择。

2.1.6　利率市场化增加了商业银行主动匹配资产与负债的手段

商业银行资产负债管理的核心是有效管理利率风险和流动性风险。通常来说，商业银行的资产、负债在利率和期限上是不匹配的。在利率管制时期，商业银行的负债是被动的，在“存款自愿，取款自由”的规定下，商业银行不能通过提高或降低利率来调整负债总量和结构，使得资产负债的缺口呈现刚性，客观上形成了商业银行面临较大潜在风险。利率市场化后，商业银行一方面可以采取主动负债方式，通过提高或降低利率吸收符合本行要求的存款，使资产负债在期限和利率上匹配，以减少错配带来的风险；另一方面，可以通过日益发达的金融市场和各种衍生工具如利率掉期、互换、远期合约等对冲资产负债缺口风险，减少效益损失的可能性，提高商业银行的资产负债管理水平。

① 付剑茹：“我国商业银行利率风险管理的现状与对策”，《金融与投资》2004 年 7 月。

2.2 利率市场化对商业银行经营管理的严峻挑战

利率市场化改革并非是一朝一夕之功，发达国家的利率市场化改革也大都经历了不平凡的道路。因此，国内商业银行应充分认识到利率市场化改革可能带来的一些影响，尤其是负面影响。

2.2.1 利率市场化将使商业银行的传统盈利模式和利润空间受到威胁

我国的商业银行是在存贷款利率管制的保护下生存和发展的，其营业收入主要来自于存贷款利差。利差的变化对商业银行的收入和利润都会产生非常重要的影响。过去的实践表明，利率市场化改革虽然已经进行了多年，但并未对商业银行的经营带来明显的冲击，因为，无论是贷款利率上浮还是存款利率下浮，商业银行的存贷款利差总是受到中央银行严格保护的。自 1995 年以来，我国通过管制的存贷款利率不断扩大利差，截至 2008 年 7 月，1 年期存款与 1 年期贷款之间的利差高达 3.42%。2002 年 2 月 21 日中国人民银行下调人民币存贷款利率后，我国人民币 1 年期存贷款利差为 3.6%，而美国、日本、加拿大、英国、欧元区及中国香港等地 1 年期存贷款利差约为 2% 左右[①]。我国的存贷款利差水平与上述发达国家或地区相比偏高，但这是与我国的基本国情及经济改革的特殊性相关的。因此，今后的利率市场化改革对国内商业银行的影响将是前所未有的，其最基本的收入来源——利差将会受到严重威胁，如何应对利差空间缩小带来的历史性冲击将是国内商业银行面临的重要课题。

2.2.2 利率市场化使商业银行的利率风险骤然增加

贷款利率市场化后商业银行不仅面临着传统的信用风险，而且利率风险也加大了，流动性管理更加困难。在利率管制体制下，各商业银行都按照中央银行规定的利率水平吸收存款、发放贷款，这种情况下利率风险并不明显，商业银行基本上不用考虑利率风险问题。然而，在利率市场化以

---

① 相关数据来自于中国人民银行网站内容。

后，利率风险会逐步增加，管理利率风险的难度也逐步增加，在这种情况下，商业银行不仅要考虑利率波动对自身头寸的影响，还要考虑利率风险对经营策略的影响。利率管理不仅是涉及自身资产价值的活动，更重要的是成为一种业务发展的策略。如何有效管理利率风险和流动性风险的难题摆在了国内商业银行的面前。

2.2.3　利率市场化会使潜在的信用风险逐步增加

金融市场存在信息不对称现象，由此产生的逆向选择和道德风险将随着利率市场化的进程而表现得日益明显。一般而言，利率具选择功能。对于企业来说，风险越高，收益越高，因此，对于每一个借款利率，存在一个对应的收益和风险水平。如果商业银行提高利率，将会筛选掉低风险项目的借款人，结果将提高信贷市场的平均风险，高利率的结果是高风险项目驱逐低风险项目，产生逆向选择（adverse election）。在利率市场化过程中，如果缺少相应的风险控制措施，商业银行如果片面追求短期收益，过于强调通过提高利率来弥补风险损失，结果是刺激冒险者的贷款需求，同时挤出正常利率水平下的合格贷款需求者，必然导致信贷市场的逆向选择，同时提高贷款人的道德风险（moral risk），使信贷市场贷款项目质量的整体水平下降，并进而提高未来违约的信用风险，这就可能导致银行不良资产的进一步增加。商业银行进一步甄别信用风险的压力也越来越大。

2.2.4　利率市场化将改变存款者的行为

众所周知，在过去 10 多年间，我国的居民存款一直保持着高速增长的态势，这看起来有些不太正常，似乎居民存款对利率变动并不敏感。有些学者在分析这种现象时指出，传统理论所以断言真实利率的下降将导致存款增速的相对下降，一是基于负的收入效应；二是基于负的替代效应。就前者而言，由于我国目前尚处于经济高速增长时期，负的收入效应还不至于出现；就后者来看，替代银行存款的固定收益证券品种极度缺乏，养老体系也还不健全，结果居民存款增长速度对利率反应并不敏感①。因此，这种现象是由于我国的市场经济体制不完善、制度不健全造成的，诸

① 殷剑峰："中国的利率体系和利率政策：现状及其改革"，《国际经济论坛》2004 年第 5 期。

如社会保障制度、金融制度等方面的原因。随着市场经济体制改革的不断深入以及金融体制改革的不断推进，一系列制约居民储蓄行为的变量都会发生相应的变化，居民的储蓄行为也将呈现出新的特征，对利率变化越来越敏感。近年来，居民储蓄存款的期限结构发生了重要变化，出现了短期化倾向，这在一定程度上增加了商业银行管理头寸的难度。这一挑战对商业银行来说是很严峻的。当前的利率市场化、资金“脱媒”对商业银行产生了重大影响，特别是短期融资融券市场的发展，商业银行只能着力发展中间业务以应对新的挑战。

2.3　利率市场化进程中的利率和利差波动对商业银行利率定价管理的影响

如上所述，近年来由于国内外经济形势发展和政府宏观调控的需要，央行连续加息，而2008年金融危机爆发后，央行又连续降息，银行利差也随之不停波动。中央银行的利率工具的强化使用，加上引发利率波动的条件并未得到有效消除，我国商业银行未来一段时期仍不可避免地运行在利率波动和利差变动的宏观金融环境之中。商业银行作为货币政策工具的主要导体，必然受到直接的影响，特别是对我国商业银行的利差收入、信贷资产质量和理财产品等业务经营产生极大的影响，过去围绕着利率而开展的业务和设计的产品正面临着极大的冲击。对世界各国利率市场化改革进程研究后，我们发现绝大多数国家在利率市场化改革后，利率出现了大幅上升的走势，且波动频繁，波幅扩大。利率的这种走势对商业银行的利率管理乃至生存发展产生了重大影响。本节结合我国利率市场化进程中的利率和利差波动现状，通过研究各国利率市场化改革对商业银行经营管理的影响，从不同角度研究我国的利率市场化改革给商业银行的经营管理带来的风险和对利率定价管理的影响。

2.3.1　利率市场化后利率的走势与波动

从各国利率市场化改革的实践来看，各国在利率市场化后，名义利率和实际利率提高，实际利率由负转正，宏观经济面普遍出现名义利率波动频繁的趋势，发展中国家表现得尤为突出。通过对十几个国家利率市场化后利率走势的观察，可以发现大多数国家在利率市场化改革后名义利率出现了上升的趋势，且上升幅度巨大（见表 2－1）。

表 2－1　　改革前后的名义存款利率　　单位：%

国　　家	改革时期	改革前利率[a]	改革后利率[b]
孟加拉国	1980	7.5	13.0
印度尼西亚	1983	9.0[c]	17.5[c]
肯尼亚	1980～1982	5.4	13.2
摩洛哥	1978～1982	4.5	8.5
尼日利亚	1982	6.0	8.5
巴基斯坦	1973～1975	5.6	8.9
秘鲁	1978～1982	14.0	71.2
泰国	1980	7.0	10.0
土耳其	1980～1982	12.0	50.0
乌拉圭	1974～1979	18.0	50.6

注：a 指改革前一年末所通行的利率；b 指改革期最后一年末所通行的利率；c 指国家银行的名义存款利率。

资料来源：世界银行：《1987 年世界发展报告》，中国财政经济出版社 1987 年版，第 120 页。

利率波动主要与一国在实施利率市场化过程中宏观经济的稳定程度、资金的供求状况以及利率市场化前利率被管制的程度相关。利率市场化前利率被管制得越严格、资金越缺乏、通货膨胀率越高的国家，利率市场化后，利率的波动幅度越大。反之，资金相对宽裕，宏观经济比较稳定，利率改革采取渐近方式、逐步放开的国家，利率市场化后利率波动的幅度较小。

名义利率的提高使绝大多数国家在利率市场化后，实际利率由负值转变为正值，实现了麦金农和肖主张的利率自由化的目标。如表 2－2 所示，在 20 世纪 70 年代，各国实施利率市场化改革之前的多数年份里，包括美国、英国、法国等发达国家在内的绝大多数国家实际利率为负值。20 世纪 80 年代后，随着各国利率市场化改革的完成，除拉丁美洲的阿根廷和墨西哥由于严重的通货膨胀外，大部分国家的实际利率由负值转为正值。如美国从改革前的 1980 年的－0.43% 上升到改革后的 1981 年的 5.61%，并在此后一直保持正值。法国从改革前的 1984 年的－0.62% 上升到改革后的 1985 年的 0.45%。V. Galbis 通过对 16 个实施利率市场化改革的发展中国家的实证研究也发现，14 个国家的实际利率上升，2 个国家的实际利率下降①，证实了以上结论。应该说，利率市场化后，各国实际利率的提高对各国经济的发展作出了贡献。因为世界银行和国际货币基金组织的研究都表明，一个国家的实际利率与经济增长率呈正相关关系。

表 2－2　　各国实际存款利率比较表　　单位：%

年份 / 国家	1978	1979	1980	1981	1982	1983	1984	1985	1986	1987	1988	1989
美国	0.6	-0.88	-0.43 *	5.61	6.15	5.89	6.07	4.35	4.62 **	3.16	3.73	4.29
日本	-1.14	-0.49	-2.3	-0.5	1.05	1.85	1.3	1.5 *	1.72	1.66	1.06	-0.33
法国	—	-4.1	-6.25	-5.55	-3.5	-1.42	-0.62	0.45 *	2.5	1.2	1.8	1.0
英国	-2.12	-1.79	-3.87	-1.23	3.82	6.59 **	2.27	5.69	6.45	4.47	3.65	3.71
意大利	-1.28	-4.01	-8.6	-3.49	-1.12	-1.69	-0.03	-1.11 *	3.09	2.31	1.59	0.73
西班牙	—	-6.09	-2.55	-3.19 *	-1.14	0.11	1.0	1.73	0.25	3.77 **	4.26	2.75
德国	0.36	1.04	1.55	3.44	2.24	1.26	2.46	2.24	3.81	3.0	1.99	2.7
马来西亚	0.23 **	1.8	-0.47	-0.03	1.95	4.32	5.64	8.51	6.47	2.7	—	1.8
印度尼西亚	-2.1	-10.3	-6.0	-6.2	-3.5	-5.8 *	5.5	13.3	9.59	7.48	9.72	12.23
菲律宾	1.2	-8.83 *	-5.95	0.62	3.54	3.58	-29.13	-6.19	10.45	4.4	2.52	1.93
斯里兰卡	-3.6	-2.2	-11.6 *	1.48	4.5	12.05	8.79	7.73	-1.39	0.5	-3.47	1.53
土耳其	-39.3	-51.37	-99.25 *	-6.44	14.2	20.5	59.2	4.2	7.31	-3.4	-24.62	-9.85
阿根廷	—	-42.21	-21.19	52.57	-38.56	-62.49	-229	-42.07	4.59	44.65	28.85	-14.16
玻利维亚	—	—	—	-3.68	-93.17	-235.77	—	-11681 *	-376.75	18.57	11.74	8.47
智利	—	11.79	2.62	21.2	39.78	0.71	7.73	1.29	-0.51	5.32	0.41	10.72
墨西哥	—	-4.97	-5.77	1.67	-15.28	-4.71	-17.14	1.78	-1.52	-34.56	-50.55	-16.29
乌拉圭	—	-16.2	-13.2	13.4	31.13	22.2	13.09	9.7	-14.7	-2.77	5.62	4.3

注：（1）实际存款利率 = SOI－CPI，其中 SOI 为储蓄存款利率，CPI 为居民消费价格指数。单位：%。

（2）＊，＊＊分别为相应于存贷款利率放开的始末年限。

资料来源：李社环：《利率自由化：理论、实践与绩效》，上海财经大学出版社 2000 年版，第 59 页。

① 李社环：《利率自由化：理论、实践与绩效》，上海财经大学出版社 2000 年版，第 59 页。

2.3.2　利率大幅波动使商业银行的利率再定价风险凸显

（一）利率再定价风险对金融机构经营管理影响的典型例子

从前面对各国利率市场化进程和利率市场化后利率走势的分析中我们知道，很多国家在利率市场化后，利率出现了一个长时期的上升过程，而且市场利率波动频繁。但是，许多金融机构对利率的这种走势以及可能给银行带来的利率风险准备不足，没有及时采取措施调整资产负债结构，或对利率风险进行套期保值，因此陷入困境或破产倒闭。利率市场化后，利率再定价风险对金融机构经营管理影响的两个最典型的例子是美国储贷协会危机和奥兰治县破产事件。

1. 美国储贷协会危机。美国储贷协会的资金来源主要是短期存款，资金运用是以长期、固定利率为特征的住房抵押贷款。储贷协会的这种短借长贷的资产负债结构使其拥有巨额的利率敏感性缺口，利率再定价风险巨大。在市场利率水平处于下降期时，储贷协会不会遇到经营困难，相反，它还会从负债成本的不断下降中获得收益。但是，当市场利率处于上升期时，巨额的利率敏感性缺口把银行面临的利率风险变成了实际的损失。因为它的负债成本不断增加，但是资产多是过去以较低利率发放的长期贷款，因此收益相对固定或增加缓慢。资金成本的上升幅度大大超过资产收益的上升幅度，结果就是利润迅速下降，直至出现巨额亏损。这正是美国在利率市场化后储贷协会的真实写照。

美国从 20 世纪 70 年代末期开始，不断上升的通货膨胀率促使市场利率开始上升，1980 年美国利率市场化改革进入全面、实质阶段后，利率开始加速上升，到 1981 年时达到顶峰。这时美国的长期利率突破了 13% 的水平，是过去 70 多年平均利率的 4 倍；短期利率超过 16%，上升幅度更大①。与此同时，美国储贷协会开始出现亏损，20 世纪 70 年代美国储贷协会的年均行业平均资产收益率为 0.6%，到 1951 年，这一指标变为 -0.7%②。亏损的累积使大量储贷机构最终由于资不抵债而倒闭。1980～1988 年间，美国约有1 100家储贷协会关闭或合并。这场由利率风

① ［美］安东尼·G. 科因、罗伯特·A. 克兰、杰斯·莱德曼：《利率风险的控制与管理》，经济科学出版社 1999 年版，第 500 页。

② ［美］劳埃德·B. 托马斯：《货币、银行与金融市场》，机械工业出版社 1999 年版，第 194～195 页。

险引起的美国金融史上著名的储贷协会危机给美国造成了大约4 500亿美元的损失。

2. 奥兰治县破产事件。奥兰治县地方政府基金属于美国地方政府基金，由奥兰治县财政主管受托管理。它的资金来源是奥兰治县立学校、城镇、特区和政府的75亿美元委托资金。基金管理人为了扩大收入，又通过逆向回购融入短期资金125亿美元。管理人将200亿美元全部投资于代理票据（agency notes），代理票据的平均到期时间为4年。管理人的这种杠杆投资策略在利率下降的时候获益匪浅，但是从1994年2月开始，市场利率大幅攀升，基金持有的资产市值迅速下降。此时向基金提供短期融资的经纪商要求基金追加准备金，基金的投资者开始挤提基金。当基金无力偿还借入的抵押贷款时，经纪商开始清算基金的抵押票据，奥兰治县最后不得不宣布破产。清算完毕后，基金实际损失为16.4亿美元。

3. 简要分析。美国储贷协会危机与奥兰治县破产事件使我们深刻理解了利率风险给金融机构造成的致命影响，而这种利率风险在利率市场化后，随着市场利率的频繁波动而变得比过去严重得多。如果说储贷协会危机从根本上说是其期限不匹配的资产负债结构造成的，而这种资产负债结构是由储贷协会的业务范围决定的先天不足，但是奥兰治县破产则是一起由利率风险引起并由杠杆投资放大的完全可以避免的损失。奥兰治县破产事件让我们深刻认识到从经济价值角度分析利率风险对商业银行经营管理的重要性。因为按照基金管理人的说法，基金将持有那些资产直到到期日为止，所以基金组合没有任何风险，所有的只是账面损失。但是，基金的所有者并不这样认为，他们更关心基金的市场价值，即使基金的现金流在短期内可能没有问题。这也是利率风险的分析方法从收入分析法发展到经济价值分析法，利率风险的计量从敏感性缺口发展到持续期缺口和VaR的根本原因。

（二）巨额利率敏感性缺口使商业银行面临巨大利率再定价风险

目前，我国银行业的资产负债结构中一个突出问题是存差过大，存在巨额负债利率敏感性缺口。我国银行业的巨额存差开始于1999年，根据央行的统计，当年中国银行业的存差第一次突破10 000亿元，达到15 044亿元，2000年上升到24 433亿元，2001年上升到31 303亿元，到2002年底已达到39 624元，到2006年底金融机构存差已达到9.2万亿元，占存款余额的32%；金融机构人民币存差与贷款余额之比已经攀升到

47.28%，而这个数据在 1997 年的时候只有 9% 左右。分析存差产生的原因，一方面是由于银行业随着金融改革的不断深入，风险防范意识逐渐增强，产生惜贷现象；另一方面存差也是银行进行组合投资、资产多元化的结果。不管什么原因形成的存差，从结果上看，存差问题的一方面是资金没有进入实体经济，资金的使用效率下降；另一方面是银行将大量闲置资金购买了固定利率的债券，形成银行的利率风险敞口。这种利率风险敞口使商业银行承担了巨大的利率再定价风险。

存差数据和债券投资数据只是从整体上表明了银行面临的利率风险。要想准确衡量银行业的利率风险，我们必须用前文介绍的方法对利率风险进行计量。这就需要了解每家银行存贷款再定价期限结构并计算不同时段的利率敏感性缺口。由于不同银行之间的利率敏感性缺口方向不同，会互相抵消，因此，银行业整体的利率敏感性缺口并没有意义，能够说明商业银行利率风险的是每家银行的利率敏感性缺口。由于我国大多数商业银行利率风险管理还处于初级阶段，并没有定期计量利率风险，更没有对外披露本行的利率风险头寸，因此，本书只能通过两家银行的内部资料，从这两家银行的利率敏感性缺口折射出目前中国银行业整体的利率风险头寸的大小。2006 年 10 月 31 日，中国建设银行计算其 1 年期的利率敏感性缺口为 -6 228.97亿元①，占其全部资产的 22.7%。中国农业银行计算其 1 年期的利率敏感性缺口为 -2 886亿元②，占其全部资产的 9.8%。

我国银行业的负债利率敏感性缺口存在两个问题：

1. 负债利率敏感性缺口使商业银行面临利率市场化的阶段性风险。根据利率市场化的理论，利率管制时期存在金融抑制，利率被人为压低，利率市场化后，实际利率将上升，这已经被各国利率市场化改革的实践所验证。而且我们从前面分析中知道，绝大多数国家利率市场化改革后，名义利率和实际利率都出现了上升趋势。而在利率上升时，商业银行如果存在正的利率敏感性缺口，则商业银行可以从利率变动中受益，如果商业银行存在负的利率敏感性缺口，则商业银行将会在利率变动中受损，即利率上升将会减少银行的净利息收入。

2. 利率风险头寸过大。与国外银行利率敏感性缺口相比，可以发现

① 《中国建设银行利率风险管理情况调查报告》，2006 年 12 月。

② 《关于中国农业银行利率定价机制的汇报提纲》，2006 年 12 月。

我国商业银行的利率敏感性缺口头寸太大。随着我国利率市场化进程的加快，我国商业银行将面临巨大的利率风险。表 2－3 列出了美国 20 家大银行 1 年期利率敏感性缺口头寸占各自资产总额的百分比，可以发现我国银行业的利率风险头寸是美国商业银行利率风险头寸的 3 倍 ~7 倍。

表 2－3 美国 20 家大银行的 1 年期利率敏感性缺口头寸占各自资产总额的百分比

银行名称	2003.12	2004.3	2004.6	2004.9
Bank of America	－11.4	－10.5	－13.8	－12.1
Bank of New York	6.6	7.2	5.8	0.8
Bankers Trust Company	3.9	5.9	－1.1	1.7
Chase Manhattan Bank	9.0	－2.7	－3.5	－5.0
Chemical Bank	1.9	2.2	－2.8	－1.0
Citibank	－1.8	－3.1	－2.9	－3.6
First Interstate Bank, CA	－1.8	－1.8	－0.3	－0.2
First National Bank of Boston	－0.9	－2.5	－1.1	－0.4
First National Bank of Chicago	－4.1	－9.0	－6.9	－8.6
Interfirst Bank, Dallas	－4.2	－5.3	－2.5	－5.0
Irving Trust Company	－4.0	2.5	4.7	2.0
Manufactures Hanover Trust	5.9	5.4	4.6	2.7
Marine Midland Bank	－1.9	－7.5	－5.8	－4.2
Mellon Bank	－3.2	2.0	4.3	4.2
Morgan Guaranty Trust Co.	－2.4	－1.4	－0.7	－4.0
National Bank of Detroit	0.8	－0.2	0.7	1.0
North Carolina National Bank	－2.1	3.2	2.2	2.2
Republic Bank, Dallas	2.4	3.6	1.2	2.1
Security Pacific National Bank	－4.1	－4.7	－4.6	－6.8
Wells Fargo Bank	－1.9	－5.7	－5.9	－4.9

资料来源：根据美国银行业协会（ABA）网站 2005 年 1 月相关数据整理而成。

2.3.3 存贷款利差缩小使商业银行的利率基准风险扩大

（一）世界主要国家在利率市场化改革中的利率风险表现

从各国利率市场化改革的实践来看，利率市场化后，许多国家出现商业银行存贷款利差缩小的趋势，发展中国家表现得尤为突出（见表 2－4）。

在利率管制时期，银行间的竞争主要是产品创新、服务水平等非价格手段的竞争。一旦利率放开，银行对金融产品可以自主定价后，价格就成为商业银行之间竞争的主要手段。银行为了扩大资金来源，吸引优质客户，增加市场份额，有竞相提高存款利率和降低贷款利率的冲动。价格竞争的直接后果就是存贷款利差缩小、银行的利息收入在银行的总收入中占比下降，表外业务迅速发展，非利息收入占比大幅提高。

表 2－4　　各国存贷款利差比较表　　单位：%

国家	1979	1980	1981	1982	1983	1984	1985	1986	1987	1988	1989	1990	1991	1992
美国	1.45	2.20 *	2.96	2.51	1.7	1.67	1.88	1.83	1.35	1.59	1.83	1.85	2.62	2.67
日本	3.06	2.85	3.42	3.56	3.38	3.25	3.1 *	3.70	3.45	3.27	3.32	3.39	3.39	2.80
法国	3.31	5.29	6.5	5.13	4.17	5.07	4.88 *	4.94	5.1	4.93	5.5	5.99	5.72	5.5
德国	3.49	4.09	4.95	5.96	5.49	4.96	5.09	5.04	5.16	5.04	4.44	4.52	4.84	5.54
意大利	4.05	6.33	4.05	2.09	9.36	11.20	9.97 *	7.04	6.57	6.88	7.28	7.29	7.26	8.65
西班牙	6.16	3.80	3.85 *	2.72	2.69	4.28	2.99	3.14	7.39 **	3.37	6.29	5.36	3.91	3.90
英国	2.21	2.04	2.58	-0.58	-1.34 **	2.48	0.54	0.98	1.07	1.74	2.41	2.21	10.52	7.46
马来西亚	2.0	1.52	-1.17	1.04	3.06	1.81	2.73	3.42	5.19	—	2.40	1.17	0.95	—
菲律宾	5.33 *	1.75	1.62	4.38	5.66	7.03	9.7	6.28	5.14	4.6	5.14	4.58	4.27	5.21
斯里兰卡	9.5 *	4.5	1.12 **	0.25	-0.5	-6.64	-3.94	-0.64	-1.7	-0.81	-3.26	-6.42	-5.33	—
玻利维亚	11.0	10.0	14.08	14.67	17.0	12.34	103.4 *	190.6	23.7	12.05	13.6	17.98	17.37	22.29
智利	16.92	9.42	11.12	15.18	14.81	10.7	8.84	7.28	7.58	6.06	8.20	8.56	6.23	5.66

续表

国家	1979	1980	1981	1982	1983	1984	1985	1986	1987	1988	1989	1990	1991	1992
乌拉圭	17.5*	16.32	13.0	8.41	22.24	14.84	12.68	33.03	34.97	34.16	42.88	76.62	77.65	63.3

注：*，**分别为相应于存贷款利率放开的始末年限。

资料来源：李社环：《利率自由化：理论、实践与绩效》，上海财经大学出版社2000年版，第59页。

表2－4列出了部分发达国家和发展中国家在利率市场化前后的存贷款利差。从表中数据可以看出，除美国、日本、法国、德国等发达国家的存贷款利差在改革前后变化不大外，许多国家在利率市场化改革后存贷款利差都有缩小的趋势。如英国、斯里兰卡在利率市场化改革后都出现了负利差，西班牙、菲律宾、马来西亚、乌拉圭等国的存贷款利差在改革后的头两年出现了明显缩小，然后趋于稳定。通过对以上国家利率市场化改革时的宏观经济背景的研究，发现利差变化大的国家多是利率市场化改革前经济市场化程度较低、宏观经济不稳定、通货膨胀率较高的国家，如亚洲、拉丁美洲的一些国家。以乌拉圭为例，乌拉圭在实施利率市场化改革的1979年，通货膨胀率达到了66.8%，改革后存贷款利差从1979年的17.5%逐年缩小，1980年、1981年和1982年分别为16.32%、13%和8.41%①。

利率市场化后，随着银行间竞争的加剧，存贷款利差的缩小，商业银行纷纷开辟新的收入来源，大力拓展非利息业务。根据国际清算银行1999年发表的《国际金融市场发展报告》，西方商业银行在20世纪80年代之后，非利息收入迅速增长。欧洲银行非利息收入占总收入的比例从1980年的25%上升到1996年的37%，美国银行业从1980年的22%上升到1996年的39%。如表2－5所示，到2003年，美国银行业非利息收入占总收入的比重达到51%，欧洲银行业为42%，英国银行业为43%。

利率市场化后，为了应付市场利率的频繁波动，减少利率风险对商业银行财务状况的不利影响，商业银行越来越多地使用利率互换、利率期权等套期保值手段来规避利率风险，从而商业银行的表外业务自20世纪80

① V. Galb, High Real Interest Rate under Finaneial Liberalization: Is There a problem? IMF Working Paper, 93/7.

年代以来得到迅速发展。据统计，美国金融机构在 1980 ~ 1987 年间外汇承诺业务量扩大了 7 倍，货币互换和利率互换交易从 1981 年的零分别发展到 1987 年的 2000 亿美元和 4510 亿美元。应该看到与基础业务相对应的表外业务无疑是商业银行减少利率风险的手段，没有基础业务对应的表外业务则是银行利率风险的一个新的来源。如果对表外业务缺少完善的内控制度，表外业务高杠杆、高风险和高收益的特点，可能给商业银行增加更为致命的风险。如巴林银行的倒闭、日本大和银行的巨额亏损，都是由表外业务和内控制度不完善引发的金融危机。

表 2 – 5　　西方银行非利息收入占总收入比重情况表　　单位：%

年　份	美国银行业	欧洲银行业	英国银行业	日本银行业
1980	22	25	27	10
1981	24	24	26	18
1982	24. 5	24	30	14
1985	26	25. 5	36	20
1986	32	26	40	20
1990	32	26	40	24
1993	38	35	48	3
1994	36	30	45	– 3
1995	37	34	45	2
1997	39	37	40	– 8
2000	43	40	43	3
2003	51	42	43	12

（二）扩大的利率基准风险：对我国 1990 ~ 2008 年商业银行净利息收入与存贷款利差的计量检验

影响银行净利息收入的因素主要有资产规模、负债规模、存贷款利差、不良资产比率等，其中存贷款利差（以下简称“存贷利差”）的变化又被称为商业银行利率风险中的基准风险。为了考察我国银行业净利息收入的基准风险，我们对 1990 ~ 2008 年我国银行业净利息收入与存贷利差的相关性进行了计量检验。

1. 样本的选取。我们选取四大国有商业银行作为考察样本，考察的时间区间为 1990 ~ 2008 年。样本数据的来源及说明如下（数据见表 2 – 6）。

（1）银行业净利息收入：以历年《中国金融年鉴》公布的四家银行 1990 ~ 2008 年年度损益表中的利息收入减去利息支出的值来表示。

表 2 – 6　我国银行业净利息收入与存贷利差数据

项目 年份	银行业净利息收入（亿元）	存款利率水平（%）	贷款利率水平（%）	存贷款利差（%）
1990	405.64	7.51	10.44	2.93
1991	494.23	5.68	8.87	3.19
1992	605.76	5.31	8.61	3.30
1993	713.25	6.72	9.72	3.00
1994	989.44	8.12	10.83	2.71
1995	1 144.23	8.12	11.50	3.38
1996	1 272.70	6.87	11.15	4.28
1997	1 486.52	5.17	9.85	4.68
1998	1 772.57	3.69	7.56	3.87
1999	1 540.02	2.38	6.11	3.73
2000	1 698.92	1.86	5.79	3.93
2001	1 794.35	1.64	5.28	3.64
2002	1 904.21	1.98	5.31	3.33
2004	2 135.86	2.25	5.58	3.33
2006	2 456.32	2.52	6.12	3.6
2007	2 577.20	2.79	6.39	3.6
2008	2 632.74	2.52	5.58	3.06

（2）存贷款利差：以历年《中国金融年鉴》公布的 1990 年 1 月 1 日 ~2008 年 12 月 31 日各阶段金融机构存贷款利率表中的存贷款利率为依据，经过加权平均计算得出。计算过程：（a）计算各年度存款利率水平。首先根据各期限存款在全部存款中的比重，加权平均计算每一次利率调整后该时间段内的加权平均利率。期限包括城乡居民和单位存款的活期存款及一年期、二年、三年、五年期定期存款，权重根据《中国金融年鉴》公布的“国家银行信贷收支情况”上反映的 1997 年至 2008 年活期、定期存款规模估算得出。估算结果是：活期、定期存款的权重分别约为

45%、55%。如果一年内有利率调整，则再以实际利率的执行时间为权重对利率进行加权平均，得出该年度的存款利率水平。(b) 计算各年度贷款利率水平。与以上存款利率水平的计算原理相同，并保持与存款期限结构的一致性，取六个月、一年期、二年、三年、五年期的长期贷款的利率作为计算基础。期限结构的加权平均估算数为：短期贷款 70%，长期贷款 30%。(c) 各年度贷款利率水平减去存款利率水平，得出各年度的存贷款利差。

2. 模型的构建。理论上，银行的净利息收入应与存贷款利差正相关，即银行的净利息收入将随着存贷款利差的扩大而扩大，随着存贷款利差的缩小而缩小。我们可以通过对银行净利息收入与存贷款利差的回归分析，对存贷款利差与银行净利息收入的相关性和影响程度进行检验。计量模型方程为：

$$NIR_t = \beta_0 + \beta_1 SPREAD_t + u_t$$

在本计量模型中，*NIR* 表示银行业的净利息收入，*SPREAD* 表示存贷款利差，t 表示以上变量所在的年份，β_0、β_1 为本回归方程的待定系数，u 为随机项。

3. 回归分析及其检验结果。

(1) 相关性分析。通过我国银行业 1990～2008 年共 19 年的样本数据，我们可以计算得出我国银行业净利息收入 (*NIR*) 与存贷款利差 (*SPREAD*) 之间的相关系数为 0.747，并且其相关性在 1% 的统计水平上显著。

(2) 参数估计及其检验。根据回归分析的估计结果，样本回归方程为：

$$NIR_t = -287.646 + 398.926 SPREAD_t$$

$$(4.201)$$

$$R^2 = 0.558 \qquad F = 17.645$$

对上述回归方程做 F 检验，F 值为 17.645，表明回归方程对样本的拟合程度较好，本回归方程比较显著地反映了我国银行业净利息收入与存贷款利差的线性关系。通过对变量 *SPREAD* 估计系数 β_1 的 T 检验，我们可以得出 *SPREAD* 对 *NIR* 有显著性影响的结论，其影响的显著性水平达到 1%。

4. 主要结论。

（1）对于目前我国银行业而言，存贷款利差变化与银行业的净利息收入具有较强的正相关性，即银行业的净利息收入将随着存贷款利差水平扩大（或缩小）而提高（或下降）。

（2）在我国银行业目前的资产规模及收益状况下，如果存贷款利差每扩大（或缩小）1个百分点，我国银行业净利息收入将相应增加（或减少）约400亿元。因此，如果利率市场化后我国银行业的存贷利差缩小，将使我国银行业面临较大的利率基准风险。

2.3.4　利率上升的逆向选择效应对商业银行的利率定价管理提出挑战

利率上升的一个重要后果是出现了利率的逆向选择效应。根据不对称信息经济学的理论，信贷市场上存在着两类借款人：一类是“安全的”或“诚实的”的借款人，另一类是“高风险的”或“不诚实的”借款人。“安全的”或“诚实的”的借款人只有在利率较低时才会借贷。当市场利率上升到一定水平时，“安全的”或“诚实的”的借款人将退出信贷市场，此时银行的借款人将主要由“高风险的”或“不诚实的”的借款人组成。贾菲（Juffie）和拉塞尔（Russel）（1976）在其消费信贷市场模型中对“诚实的”和“不诚实的”的借款人给出具体定义。所谓“诚实的”的借款人是指希望自己有把握偿还贷款，因而只愿意接受较低利率的那一类借款人。即使当拖欠贷款会使借款人的预期效用提高，他们仍会选择偿还贷款。相应地看，“不诚实的”的借款人是指因为预计到自己还款的可能性不大，所以愿意接受高利率的那一类借款人。由于信贷市场上存在事前信息不对称，即在贷款之前，借款人对待融资项目的成功概率、本人的风险偏好和诚实程度比贷款人拥有更多的信息，因此在银行看来，“诚实的”和“不诚实的”的借款人在表面上并无区别。这就需要银行采取各种手段来甄别具有不同特征的借款人。自有资金、抵押品等都可以作为甄别手段，斯蒂格利茨（Stiglitz）和温斯（Weiss）（1981）提出借款人愿意接受的利率水平也可以充当银行的甄别手段。一般来说，具有较高风险特征的借款人愿意以高利率借贷，因为他们预计还款的概率很低。因此当利率升高后，或者不诚实的借款人占借款人整体的比例增加了，或者高风险项目占所有融资项目的比例增加了，即利率上升产生贷款的逆向选择效应。此外，斯蒂格利茨和韦斯认为除了逆向选择效应外，利率上升还会产生风险激励效应，即随着利率的升高，原本厌恶风险的借款人也倾向于改变项目的性质，使之具有更高的风险和收益水平，以获得贷款。

利率的逆向选择效应对银行的利率定价管理水平提出了严峻的挑战。利率市场化后，银行拥有存贷款的自主定价权。在制定贷款利率时，银行必须认真评估贷款项目的风险和借款人的违约概率，计算风险升水。在实践中，银行必须将贷款利率控制在最优贷款利率的水平，才能实现银行预期效用最大化。所谓最优贷款利率是指利率的正向选择效应与逆向选择效应正好相互抵消时的贷款利率。利率的正向选择效应是指随着利率的提高，银行的收益将随之增加。如果贷款利率高于最优贷款利率，则利率的正向选择效应小于逆向选择效应，此时利率的上升不但不会增加银行的收益，反而还会减少银行的收益。原因是高利率的借款人往往从事的是高风险的项目或其本身是不诚实的借款人，因此贷款违约的概率大大增加。这就要求银行必须掌握高超的信贷风险评估技术和利率定价技术，对低于最优贷款利率的项目，要使贷款利率能够弥补资金成本和风险升水等；对高于最优贷款利率的项目，坚决用信贷配给等其他手段拒绝其信贷需求。如果银行的利率定价水平不高，过高的贷款利率便会使银行的信贷资金介入到房地产、证券投资等高风险的项目中去，同时信贷资金的介入又助推了资产泡沫的形成。这正是一些国家在利率市场化后宏观经济和银行经营过程中的实际表现，如马来西亚、智利、瑞典等国在利率市场化后都经历了由银行信贷资金参与的资产泡沫价格飙升的问题。

第3章 利率市场化改革进程中的商业银行利率定价管理：从内部资金转移定价角度分析

3.1 西方商业银行利率定价管理的发展

20世纪80年代以来，随着与利率市场化改革相伴而来的利率频繁剧烈波动，利率风险日益成为商业银行面临的一个主要风险。各国商业银行纷纷加大利率管理工作的力度，把利率管理作为商业银行资产负债管理的一个重要组成部分，并在实践中摸索出一些有效管理利率定价和利率风险的好的做法和经验。在我国商业银行利率管理工作的起步阶段，借鉴国外经验，少走弯路，是我国银行业的一个现实而且必要的选择。

3.1.1 利率定价管理内控机制

国外商业银行大都设有本行的利率决策机构。各行的利率决策职能属于银行的资产负债管理委员会，利率定价管理和利率风险管理日益成为西方国家商业银行资产负债管理的核心内容之一。如中国香港上海汇丰银行（HSBC），不仅在集团总部设有资产负债管理委员会，而且在各分行也设有资产负债管理委员会，负责整个集团或本分行范围内所有利率和汇率风险管理中重大事项的决策。

在利率管理的决策机构之下，西方商业银行通常指定某一或两个部门具体承担利率管理职责，这类部门可能包括资金部、宏观研究部或其他名称不同但职能类似的部门。资金部的主要职责是预测市场利率水平，对银行的内部资金利率进行定价，对利率风险敞口进行管理。如汇丰银行的利率风险管理职能由资产负债表管理部（Balance Sheet Management）负责，其他业务部门按照该部门确定的内部资金利率将各金融产品的利率风险转移至该部门，由该部门再将风险转移至市场上。德累斯顿银行的利率风险管理部门是资金委员会（Treasury Committee），该部门负责对所有业务的利率风险进行分析和管理，对到期日转换的决策以风险限额的形式控制，并遵从环球风险管理委员会（Global Risk Control Management）的每日监控。苏格兰皇家银行的利率风险管理部门是环球金融市场部（Global Financial Markets），该部门负责向全球范围内的国际性公司和机构提供外汇、金融衍生产品和一系列利率管理产品服务。

3.1.2　内部资金转移定价技术的产生与发展

利率是资金的价格。资金是商业银行最重要的资源，资金管理则是商业银行最重要的业务之一。商业银行利率定价管理就是商业银行对生息资产、资金价格的管理，具体包括存款利率、贷款利率、拆借利率、贴现利率、付息负债和内部资金利率等，其中，内部资金转移定价即内部资金利率的制定是商业银行利率定价管理的核心。这是因为制定存贷款利率的核心是确定资金的成本和收益，在此基础上结合成本分摊和信用评价，就可确定存贷款的利率水平。有了内部资金利率，存贷款定价就水到渠成。因此，内部资金转移定价是利率定价管理的核心，本书把利率定价管理的研究范围确定为内部资金转移定价，即内部资金利率的制定。

从20世纪80年代中期出现发展到现在，内部资金转移定价已成为商业银行资产负债管理的一项重要工具。美国管理学会（BAI）近年对美国最大的250家商业银行的跟踪调查结果表明，超过75%的银行将现金流匹配的内部资金收益曲线法作为资金转移定价的主要方法，近60%的银行使用了20种以上内部资金划拨利率，17%的银行使用了10～20种内部资金划拨利率。在内部资金收益曲线的制定上，各行大多参照市场利率确定本行的内部资金价格。有的银行如德意志银行在LIBOR基础上加减一定利差确定本行的内部资金收益曲线；有的银行如苏格兰皇家银行则直接以LIBOR作为本行的内部资金收益曲线。

20世纪80年代以来，随着各国利率市场化进程的加快，市场利率水平波动日益剧烈。为了最大限度避免利率波动对银行的净利息收入和资本净值的影响，更好地利用银行在存贷款利率方面的自主定价权，西方商业银行在内部资金转移定价方面不断创新，内部资金转移定价已成为商业银行资产负债管理的一项重要工具。由于目前国内还未有对商业银行内部资金转移定价的系统研究，因此本章将对银行内部资金转移定价的涵义、制定意义、理论基础、核心技术深入研究，并提出我国商业银行构建内部资金转移定价体系的整体思路。

（一）商业银行内部资金转移定价体系的产生

当前大型商业银行越来越成为一系列各不相同的、相对拥有较大自主权的业务单元的组合，但这些业务单元的资产与负债的数量并不相对应。因而它们或者成为净资金提供者（负债大于资产），或者成为净资金使用者（资产大于负债）。例如，银行的营业分支机构往往产生较多的存款，但其资产业务却较少；而贷款部门却正好相反，其负债较少但资产较多。贷款部门为客户提供贷款的资金大部分来自于银行各营业分支机构所吸收的存款。于是，在评价贷款部门和营业分支机构的经营绩效时，就产生了这样一个问题：贷款所产生的净利差收益到底应归哪个部门?

一些银行害怕在划分净利差收益时产生持续的内部冲突，就采用资金提供者和资金使用者都获得全部净利差收益的方法来解决这一问题。这种双重计算方法，虽然可以避免业务单元之间的冲突，但各业务单元的盈利报告却很难与整个银行的盈利报告统一协调起来。更严重的是，这种方法使得高层管理人员几乎不可能有效地明辨那些经营存在问题的业务单元。

鉴于上述难题，大多数银行开始建立和实行资金转移定价体系，以解决银行各业务单元的绩效评估问题。资金转移定价体系是与银行的内部资本市场紧密联系的。在资金转移定价体系中，资金盈余的业务单元在银行内部资本市场上作为资金提供者向资金使用者贷放资金。资金的转移价格通常采用银行在外部资本市场上获得或贷放资金的利率。于是，在资金使用者的资产负债表中，将包括资产方（即对应的贷款项目）及负债方（即该业务单元从内部资本市场上获得资金对应的负债项）；同样，在其损益表上，该贷款所获得的利差收益将等于贷款的利率与内部资本市场上获得提供贷款资金的转移价格之间的差价。而对于资金提供者来说，它在内部资本市场上出售的资金将作为其资产负债表上的一项资产；同时在损益表上，该业务单元的净利差收益将等于转移资金的价格与获得该部分资金对应的存款利率的差价。这样资金转移定价体系就通过外部资本市场的资金价格标准将整个贷款的净利差收益分解为两个部分：一部分产生于资金提供方，另一部分产生于资金使用方，用于分别衡量存款或贷款部门的经营利润。

（二）内部资金转移定价的涵义

从定义上来讲，内部资金转移定价（funds transfer pricing，FTP）是指资金在银行内部不同部门、不同分支机构之间流动时，商业银行内部向资金使用方收取资金成本（cost of funds，COF）并向资金提供方支付资金收益（value of funds，VOF）。内部资金转移定价形成的内部资金利率是商业银行经营管理中的一个特定概念。之所以称为特定概念，主要是因为内部资金利率只存在于一定条件下、一定范围内，即只在银行内部有效，出了银行就没有任何意义了。

内部资金利率按照表现形式的不同，可分为单一的内部资金利率和双重的内部资金利率。单一的内部资金利率是指用一种利率来计算资金使用方的资金成本和资金提供方的资金收益，也就是说资金使用方的资金成本和资金提供方的资金收益是相同的。在单一的内部资金利率体系下，资金部门运用资金的收益为零。双重的内部资金利率是指用两种利率来分别计算资金使用方的资金成本和资金提供方的资金收益，也就是说资金使用方的资金成本和资金提供方的资金收益是不同的，两者的差额构成资金部门运用资金的收益。

（三）内部资金转移定价的理论基础

商业银行内部资金转移定价的原理是微观经济学中生产企业的内部产品转移定价理论。微观经济学研究了包括多个部门的生产企业，其中一些部门生产的产品（被称为上游部门）是另外一些部门（被称为下游部门）生产的原材料时，生产企业为了最大化自身的利润，如何对上游企业生产的产品（被称为中间产品）进行定价的问题。微观经济学对生产企业中间产品定价问题的研究考虑了三种情况：中间产品不存在外部市场、存在一个竞争性外部市场和存在一个非竞争性外部市场。

我们首先来研究一下中间产品不存在外部市场情况下的定价问题。根据微观经济学理论，假设一个企业内部有两个部门，一个部门生产中间产品A，另外一个部门生产最终产品B，A是B的原材料之一，因此生产A的部门被称为上游部门，生产B的部门被称为下游部门。假设不存在中间产品的外部市场，即上游部门生产的产品 A 只能卖给下游部门，下游部门只能使用上游部门生产的产品 A。在这种情况下，生产企业如何确定上游部门应该生产的中间产品的价格和数量，从而使上游部门和下游部门的利润最大化，进而使整个企业的利润最大化呢？我们用 Q_1 代表上游部门产品 A 的生产数量，$C_1(Q_1)$ 代表上游部门的生产成本，Q 代表下游部门产品 B 的生产数量，除 A 的成本外，下游部门在生产过程中还会发生生产成本 $C_2(Q)$。企业销售产品 B 的最终收益为 $R(Q)$。企业的总利润可用下式表达：

$$\pi(Q) = R(Q) - C_1(Q_1) - C_2(Q) \tag{3-1}$$

用 MC_1（marginal cost）代表企业生产产品 A 的边际成本，$MC_1 = \Delta C_1/\Delta Q_1$；用 MC_2 代表企业生产产品 B 的边际成本，$MC_2 = \Delta C_2/\Delta Q$；$MR$ 代表企业销售产品 B 的边际收益，$MR = \Delta R/\Delta Q$；MP_1 代表一单位的 Q_1 使得企业可以多生产的最终产品 Q 的数量，$MP_1 = \Delta Q/\Delta Q_1$；用 NMR（net marginal revenue）代表企业销售产品 A 的净边际收益，$NMR = (MR - MC_2)MP_1$。使整个企业利润最大化的 Q_1 是最后一单位 Q_1 的成本恰好等于它给企业带来的额外收益，即

$$MC_1 = (MR - MC_2)MP_1 \tag{3-2}$$

（3-2）式的推导过程为，对（3-1）式求一阶导数得：

$$d\pi/dQ_1 = (dR/dQ)(dQ/dQ_1) - dC_1/dQ_1 - (dC_2/dQ)(dQ/dQ_1) \tag{3-3}$$

令（3-3）式等于 0，可得：$NMR = (MR - MC_2)MP_1 = MC_1$

此时：$\pi(Q) = R(Q) - P_1Q_1 - C_2(Q)$；$\pi_1 = P_1Q_1 - C_1(Q_1)$，上游部门生产的发动机在企业内部的最优转移价格为 P_1^*，上游部门生产的数量和下游部门想要“购买”的数量都是 Q_1，整个企业和上游部门、下游部门的利润实现最大化。中间产品不存在外部市场时内部转移价格的确定可用图 3-1 表示。图 3-1 中，P_1^* 为中间产品的最优转移价格，Q_1^* 为中间产品的最优生产数量，P 为最终产品的销售价格，Q 为最终产品的生产数量。

当上游部门生产的中间产品有一个竞争性的外部市场时，即上游部门生产的产品 A 既可以卖给下游部门，也可以卖给企业外部市场；下游部门既可以使用上游部门生产的产品 A，也可以从外部市场上购买产品 A。由于外部市场是竞争性的，人们买卖该产品只有单一的市场价格。因此，

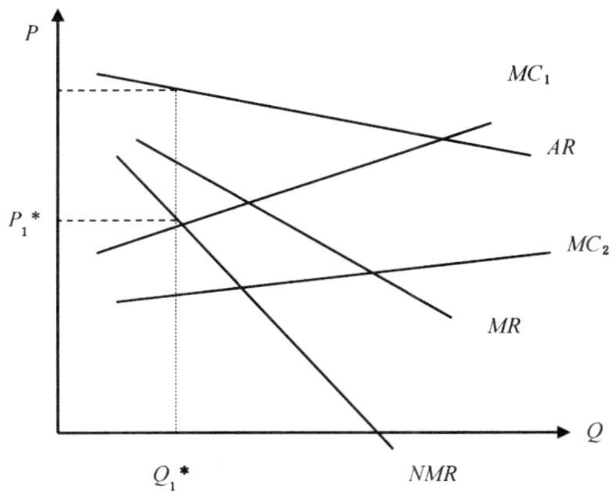

图3－1 无外部市场的中间产品的内部转移价格的确定

对于整个企业来说，该中间产品的边际成本就是市场价格。由于最优转移价格必须等于边际成本，因此最优转移价格等于市场价格，如图3－2所示。图中，MC_1 为上游部门的边际成本曲线，P_1^* 为中间产品的市场价格。对低于 Q_1 的产量，上游部门的边际成本低于市场价格，对高于 Q_1 的产量，上游部门的边际成本高于市场价格。为了使成本最低，利润最大，企业将生产 Q_1 数量的中间产品，使用 Q_1 单位中间产品制造 Q 单位最终产品。当外部市场价格较低时，企业将从外部市场购买差额部分（$Q_2 - Q_1$），当外部市场价格较高时，企业将向外部市场销售差额部分（$Q_2 - Q_1$）。因此，市场价格就是整个企业的边际成本曲线，也是中间产品在企业内部的最优转移价格。

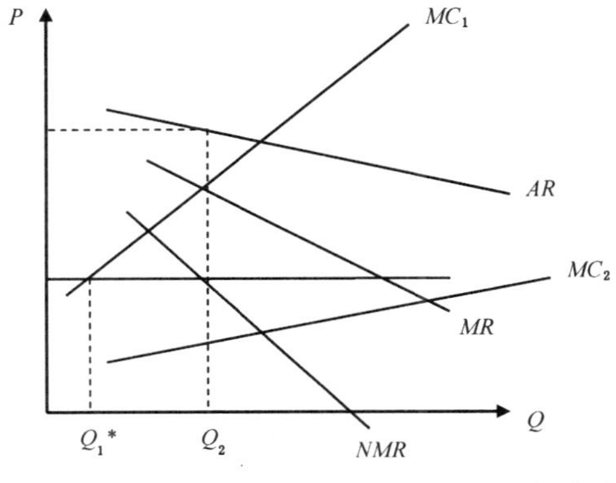

图3－2 存在一个竞争性外部市场的中间产品的内部转移价格的确定

商业银行内部资金与存在一个竞争性外部市场的生产企业的中间产品情况相同。因为商业银行经营的是资金，其资金盈余部门相当于生产企业的上游部门，资金就是中间产品，资金短缺部门相当于生产企业的下游部门。因为在金融市场上资金是可以自由流动的，如果商业银行对内部资金定价过高，资金短缺部门就会到外部市场上购买资金，如果商业银行对内部资金定价过低，资金盈余部门就会将吸收的资金在外部市场上卖出。因此，与中间产品存在竞争性外部市场的生产企业相同，商业银行将根据市场利率制定银行内部的资金利率。

3.1.3　西方商业银行内部资金转移定价的具体原则

在设计内部资金转移价格体系及其实现机制的过程中，西方商业银行已经制定了许多基本的原则，并把它们作为内部资金转移价格体系的基础，这些原则主要有：

1. 要为所有资产负债表中的科目制定内部资金转移价格。这意味着，全部资产将要支付筹资成本和费用，而所有负债和权益资本都将收到支付给它们的转移价格。

2. 内部资金转移价格要由商业银行总行的资金部负责制定。总行资金部既要负责商业银行内部、外部资金的调配，又要负责内部资金转移价格的制定。

3. 内部资金转移价格应该保证业务部门不受匹配失调（缺口风险）的损害。

3.1.4　内部资金转移定价对商业银行经营管理的影响

（一）内部资金转移定价对商业银行经营管理的意义

内部资金转移定价是商业银行在资产负债管理领域里的一项重要创新，它已成为大型商业银行进行资产负债管理的一项重要工具，它的出现对商业银行的经营管理产生了重大影响：

1. 为生息资产和付息负债业务定价提供测算依据。银行在制定生息资产和付息负债业务的利率时，必须综合考虑资金收益或资金成本、直接费用、间接费用、目标收益等因素。以贷款为例，银行向客户提供贷款的目标利率应等于资金成本加上办理贷款业务发生的直接成本、应分摊的间接成本、风险准备金和目标利润等。如果没有内部资金利率，贷款部门在制定贷款利率时就无法确定自己办理这笔贷款所占用资金的成本，从而无法最终确定贷款的利率。可见，内部资金利率作为资产部门提供资产业务的资金成本和负债部门提供负债业务的资金收益，是银行资产负债业务定价的测算基础和决策依据。

2. 分离银行面临的市场风险和信用风险，建立专业、高效的风险管理机制。市场风险和信用风险在管理方法和管理工具等方面完全不同。市场风险主要涉及市场利率、汇率的走势预测，信用风险主要涉及客户信用评价和违约率预测。从控制的资源和管理技能来看，资产负债管理部门具有管理市场风险的优势，存贷款等业务部门具有管理信用风险的优势。因此，由资产负债管理部门按照产品现金流和再定价特性，制定全行统一的内部资金利率，集中管理全行的市场风险，而业务部门专门负责客户开发和市场营销，管理信用风险可以将全行的市场风险和信用风险有效分离，形成银行内部各部门之间合理的专业化分工，使得部门责任更为明确，行为模式更为合理。通过制定银行内部资金利率，可以将业务部门从利率风险的影响中解放出来。为业务部门的存贷款提供的以市场利率为基础的资金价格，保证了业务部门的收入只与客户的信用风险有关，不再受到市场利率波动的影响。

3. 为商业银行推行全面财务管理，综合分析产品、客户和部门的效益创造条件。内部资金利率根据产品的现金流特性和再定价特性，以市场利率为基础确定每一项产品的资金成本或资金收益。有了内部资金利率，就可以在此基础上计算出银行各产品的净利息收入，结合各产品的费用和风险因素，就可以全面衡量各产品对银行效益的贡献度。产品核算是分析银行客户和银行内部部门效益的基础，通过汇总某一客户购买的全部产品，就可以计算出该客户对银行效益的贡献度；通过汇总银行内部某一部门管理的全部产品，就可以计算出该部门对银行效益的贡献度。可见，内部资金利率为银行细化效益分析，合理评价产品、客户的效益以及各分行和各业务部门的业绩提供了客观、公平的衡量方法和计算基础。

（二）内部资金转移定价对商业银行经营管理的实证研究

引入内部资金利率后，资金在银行内部的流动和核算发生了变化。内部资金利率相当于在银行内部建立起一个虚拟的资金交易市场，市场的管理者通常是银行的资产负债管理部门。没有内部资金利率时，资金在银行内部的流动可以被看做是差额流动，即银行的各个责任中心（各部门或各分支机构）的资产和负债在总量不一致时，其差额以上存或下借的方式向全行的资产负债管理部门卖出或购入资金。图 3－3 表示在没有内部资金利率时，资金在银行内部的流动模式：

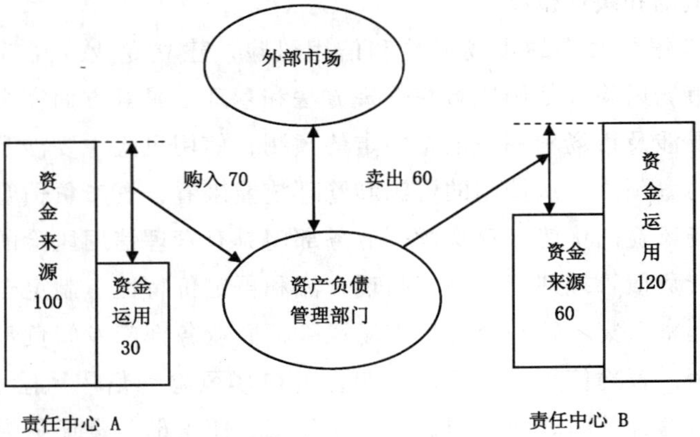

图 3－3　银行内部资金流程图（无内部资金利率）

引入内部资金利率后，资金在银行内部的流动可以被看做是全额流动，即银行的各个责任中心将从外部组织的负债按照内部资金利率全部卖给资产负债管理部门；各责任中心在运用资金时，从资产负债管理部门购买资金形成相应的资产。图 3－4 表示引入内部资金利率后，资金在银行内部的流动模式：

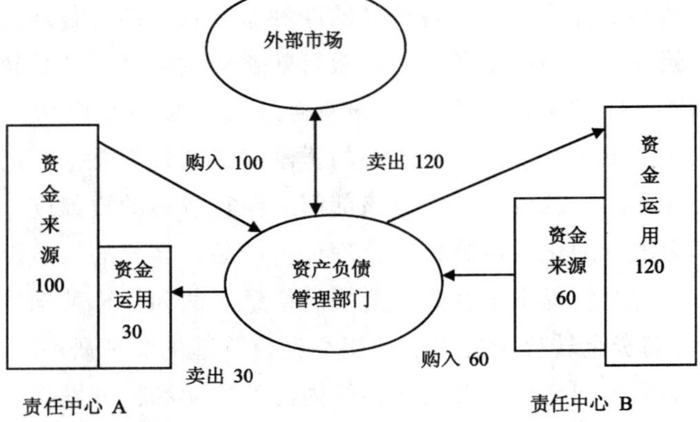

图 3－4　银行内部资金流程图（引入内部资金利率）

引入内部资金利率后，银行的整个核算体系和各部门、各分行的经营决策都会发生相应变化。概括起来，内部资金利率对银行经营管理的影响包括两个方面：一方面，内部资金利率对银行整体的净利息收入不产生影响，它改变的只是银行全部净利息收入在各个部门或分行之间的分配。另一方面，内部资金利率作为资金运用的利息成本和资金来源的利息收益，可以影响各个部门或分行的经营决策，从而引导全行的资金流向，调整银行的资产负债结构。

为了描述内部资金利率对银行经营管理的影响，我们将银行的业务进行简化。假设银行的全部业务只有存款、贷款和拆借，银行共有五个部门，即长期存款部门、短期存款部门、长期贷款部门、短期贷款部门和资产负债部门，全部存款余额为 60，其中长期存款部门的存款余额为 40，支付给客户的存款利率为 5%，短期存款部门的存款余额为 20，支付给客户的存款利率为 4%；全部贷款余额为 100，其中长期贷款余额为 70，向客户收取的贷款利率为 10%，短期贷款余额为 30，向客户收取的贷款利率为 9%；融入资金为 40，市场利率为 8%。

第一种情况：没有内部资金利率：

在没有内部资金利率时，银行的净利息收入 = 贷款利息收入 − 存款利息支出 − 拆借利息支出 = 70 × 10% + 30 × 9% − 40 × 5% − 20 × 4% − 40 × 8% = 3.7（见表 3 − 1）。在没有内部资金利率的情况下，无法核算银行各个部门以及各项产品的净利息收入。因为银行的每笔资产和负债并不是一一对应的，因此，长期贷款部门并不知道自己使用的资金成本是多少，因此也就无法核算其净利息收入。

表 3 − 1　　银行净利息收入结构表（无内部资金利率）

	余额	客户利率	利息收入	利息支出	净利息收入
长期存款部门	40	5%		2.0	
短期存款部门	20	4%		0.8	
长期贷款部门	70	10%	7		
短期贷款部门	30	9%	2.7		
融入资金	40	8%		3.2	
全行净利息收入					3.7

第二种情况：引入内部资金利率：

引入内部资金利率后，假设银行采用单一的内部资金利率7%，则银行的净利息收入＝贷款部门净利息收入＋存款部门净利息收入＋资产负债部门净利息收入＝70×（10%－7%）＋30×（9%－7%）＋40×（7%－5%）＋20×（7%－4%）＋40×（7%－8%）＝3.7（见表3－2）。可以看出，引入内部资金利率后，银行总体的净利息收入并没有改变，只是总利息收入在业务部门和资产负债管理部门之间进行了分解，并可以直接计算出各个部门、各个分支机构以及各项产品的净利息收入。原理是，引入了内部资金利率后，存款部门的全部存款都以内部资金利率卖给了资产负债管理部门，贷款部门使用的所有资金都是以内部资金利率从资产负债管理部门购入，因此，有了定价的依据后，就可以直接计算存贷款的净利息收入。

表3－2　　银行净利息收入结构表（内部资金利率为7%）

	余额	利差	客户利率	净利息收入
业务部门				4.1
长期存款部门	40	2%	5%	0.8
短期存款部门	20	3%	4%	0.6
长期贷款部门	70	3%	10%	2.1
短期贷款部门	30	2%	9%	0.6
资产负债部门				－0.4
售出资金	100	7%		7.0
购入资金	60	7%		－4.2
融资成本	40	8%		－3.2
全行净利息收入				3.7

第三种情况：内部资金利率发生变动：

假设银行的资产负债部门对银行的内部资金利率进行了调整，由7%提高到9%，我们可以发现银行总体的净利息收入仍然没有改变，银行的净利息收入＝贷款部门净利息收入＋存款部门净利息收入＋资产负债部门净利息收入＝70×（10%－9%）＋30×（9%－9%）＋40×（9%－5%）＋20×（9%－4%）＋40×（9%－8%）＝3.7。但是，各个业务部门的净利息收入发生了变化，存款部门的净利息收入大幅度增加，分别从0.8和0.6提高到1.6和1，贷款部门的净利息收入大幅度减少，分别从2.1和0.6下降到0.7和0（见表3－3）。特别值得注意的是，在内部资金利率为9%的情况下，短期贷款部门的净利息收入为0。如果考虑到短期贷款部门的其他直接或间接费用支出，则短期贷款部门将亏损。

表3－3　　银行净利息收入结构表（内部资金利率调整为9%）

	余额	利差	客户利率	净利息收入
业务部门				3.3
长期存款部门	40	4%	5%	1.6
短期存款部门	20	5%	4%	1
长期贷款部门	70	1%	10%	0.7
短期贷款部门	30	0	9%	0
资产负债部门				0.4
售出资金	100	9%		9.0
购入资金	60	9%		－5.4
融资成本	40	8%		－3.2
全行净利息收入				3.7

第四种情况：客户利率和存贷款结构发生变动：

当银行内部资金利率发生变动后，内部资金利率的杠杆作用得到充分发挥，引导银行的存贷款结构发生变化，寻找新的目标客户。我们看到当银行的内部资金利率为9%时，至少银行的短期贷款部门是亏损的。

因此，在盈利性的驱动下，短期贷款部门将面临两种选择：（1）寻找能够支付更高利率的客户；（2）不发放贷款。存款部门在新的内部资金利率下，则可以以更高的市场利率吸收存款。因此，在新的内部资金利率下，银行的存款和长期贷款份额将增加，短期贷款份额将减少，同时银行总体的净利息收入和各个部门的净利息收入都将发生变化（见表3－4）。银行的净利息收入＝60×（9%－6%）＋30×（9%－5%）＋80×（11%－9%）＋20×（10%－9%）＋10×（9%－8%）＝4.9，长期存款部门、短期存款部门、长期贷款部门、短期贷款部门和资产负债管理部门的净利息收入分别变为1.8、1.2、1.6、0.2和0.1。

表 3-4　　银行净利息收入结构表

（存贷款结构调整、客户利率上调）

	余额	利差	客户利率	净利息收入
业务部门				4.8
长期存款部门	60	3%	6%	1.8
短期存款部门	30	4%	5%	1.2
长期贷款部门	80	2%	11%	1.6
短期贷款部门	20	1%	10%	0.2
资产负债部门				0.1
售出资金	100	9%		9.0
购入资金	90	9%		-8.1
融资成本	10	8%		-0.8
全行净利息收入				4.9

（三）内部资金转移定价与存贷款定价的关系

内部资金转移定价是商业银行存贷款定价的基础，是商业银行利率定价管理的核心，有了内部资金利率后，存贷款定价就有了依据。

商业银行存款定价是根据存款资金的运用收益，综合考虑可能的费用和成本，在保证一定目标效益的前提下确定吸收存款的目标利率。存款的目标利率是存款部门为实现一定的利润目标而能够支付给客户的最高利率水平。这是银行确定某笔存款利率水平的上限。用公式表示为：

存款利率 = 存款的无风险收益率 - 费用率 - 目标利润率

商业银行贷款定价是根据贷款资金的资金成本，综合考虑可能的费用和信用风险，在保证一定目标效益的前提下确定发放贷款的目标利率。贷款的目标利率是贷款部门为实现一定的利润目标而向客户收取的最低利率水平。这是银行确定某笔贷款利率水平的下限。用公式表示为：

贷款利率 = 贷款的资金成本率 + 费用率 + 信用风险调整 + 目标利润率

为了合理地考核存款部门的绩效，存款的资金收益率不能用全部生息资产的平均收益率代替，因为生息资产平均收益率的获得包括了资产运用部门的努力结果，而存款部门的绩效应反映为存款资金的无风险收益率。从边际的角度看，在银行资金形势较为富裕的情况下，新增存款并不会直接用于发放贷款，而是一部分作为准备金和备付金，另一部分在金融市场上运用，获得相应的资金收益。所以，存款的无风险收益率应为用内部资金收益曲线法确定的存款的内部资金转移价格（value of funds）。存款的内部资金转移价格应根据每笔存款的再定价、实际存续期和现金流等特性参照银行的内部资金收益曲线逐笔确定。

贷款的资金成本率是银行为筹集贷款资金而付出的利息成本率。确定贷款的资金成本率可采用市场价格法，其依据是每新增一笔贷款时，其资金是由新增的负债提供的，特别是在金融市场较为发达的前提下，银行可以随时通过金融市场融入资金来满足贷款的资金需求，也就是说，影响贷款资金成本的是新增负债的成本而不是原有负债的综合成本。所以，资金成本率应该是根据银行内部资金收益曲线和某笔贷款的期限和现金流特性计算的该笔贷款的内部资金转移价格。

从以上分析可以看出，内部资金利率是存贷款定价的基础。在内部资金利率的基础上，再综合考虑成本分摊、信用风险评价、目标收益等因素，商业银行就能制定出既反映了资金的成本和收益，又能弥补其他成本和风险的科学合理的存贷款利率。

（四）内部资金转移定价与利率风险管理

内部资金转移定价是近年来商业银行资产负债管理领域里的一项重要创新。内部资金转移定价除了为银行的存贷款定价提供了依据外，还改变了商业银行利率风险的管理方式，成为商业银行利率风险管理的一项重要工具。内部资金转移定价与利率风险管理一起成为西方大型商业银行资产负债管理部门的重要职责。

1. 改变了利率风险管理方式。没有内部资金转移定价时，商业银行的利率风险管理是分散的。引入内部资金转移定价后，商业银行利率风险管理方式发生了改变，实现了利率风险的集中统一管理。

没有内部资金转移定价时，商业银行各业务部门在吸收存款和发放贷款时，往往片面追求部门自身的高收益，而不考虑未来市场利率的走势和利率变动可能对商业银行的净利息收入和资本净值的影响。这种做法的直接后果是银行在收益增加的同时利率风险也增加了，而且增加的收益可能还补偿不了利率风险带来的损失。一个最明显的例子是银行的资产部门都有资产运用长期化的倾向，而负债部门都有负债短期化的倾向。因为根据利率期限结构理论，大多数情况下长期利率高于短期利率。因此，资产部门和负债部门的这种做法能够使按账面价值核算的部门收益最大，成本最小。但是，这种做法的另一个后果是全行的资产负债期限结构严重不匹配，利率风险大大增加。

引入了内部资金转移定价后，相当于在银行内部建立了一个虚拟的资金交易市场，资产负债管理部门是这个市场的管理者，根据银行的资产负债结构对不同期限的资金分别制定不同的内部转移价格。存款部门吸收存款后，将资金卖给资产负债管理部门，贷款部门发放贷款时从资产负债管理部门购买资金。由于内部资金转移价格已经包含了期限成本，因此，存贷款部门不需要再考虑市场利率的变动和银行整体的资产负债结构，从而将利率风险从业务部门分离至资产负债管理部门，实现了由资产负债管理部门统一管理全行的利率风险。

2. 成为控制利率风险的重要工具。商业银行控制利率风险的手段有表内资产负债结构调整和表外套期保值。实行内部资金转移定价的银行，调整资产负债结构的一个重要工具是内部资金利率。如果银行某一个时段的资金缺口超过利率风险限额，资产负债管理部门就可以通过制定吸引或歧视性的内部资金利率，改变资产部门的资金成本和负债部门的资金收益，影响全行的业务发展方向，达到调整资产负债结构的目的。假设银行6个月期的利率敏感性缺口限额为300万元，现在该行6个月定期存款的内部资金利率为1.5%，6个月短期贷款的内部资金利率为2%，银行6个月期的利率敏感性缺口为-400万元，超过了风险限额。这时资产负债管理部门可以通过降低6个月定期存款和6个月短期贷款的内部资金利率，降低负债部门、提高资产部门的净利息收入，在利益动机的驱动下，促使资产部门增加发放6个月短期贷款，负债部门减少吸收6个月定期存款，实现平衡全行资产负债期限结构的目标。

3.2 内部资金转移定价的核心技术介绍

经过近20多年的发展，商业银行先后采用过平均成本法、边际成本法和内部资金收益曲线法等方法来制定银行的内部资金利率，其中内部资金收益曲线法是近年来西方大型商业银行使用得最多的方法。科学合理的内部资金利率应既能弥补银行内部资金供应方的成本，使资金供应方有一定的利润空间，从而调动资金供应方的积极性，又能真实反映资金使用方的资金成本，准确反映资金使用方运用资金的收益。

3.2.1　平均成本法

平均成本法首先需要明确成本的具体核算内容。有的银行只将利息支出作为成本的核算内容，有的银行还将为组织负债而发生的各项费用作为成本的核算内容。用只包括利息支出的成本计算出来的内部资金利率对银行的资产经营部门有利，对负债经营部门不利，因为此内部资金利率不足以弥补每单位资金的全部成本，因此用这个利率计算负债经营部门的利润，结果是负债经营部门亏损。用利息成本加营业费用的成本口径计算出来的内部资金利率，相对于只包括利息支出的成本计算方法，能够更公平地衡量银行资产经营部门的贡献。但是，带来的问题是由于这种方法等于承认负债部门发生的所有费用都是合理的，因此不利于负债部门节约开支。具体采用哪一种成本口径，由银行的管理层根据本行的经营战略来制定。本书为了表述方便，以下成本均使用利息成本的概念。平均成本法按照计算资金的范围，又分为所有资金成本加总平均法、有息资金成本加总平均法和利率敏感资金成本加总平均法。

1. 所有资金成本加总平均法：计算方法为用银行总利息支出除以银行所有可投资资金，可投资资金指银行扣除准备金和备付金后的所有负债来源，即负债与所有者权益减去准备金和备付金。

2. 有息资金成本加总平均法：计算方法为用银行总利息支出除以银行所有有息资金，有息资金指银行可投资资金中有利息支出的部分，即负债与所有者权益减去所有者权益和准备金。

3. 利率敏感资金成本加总平均法：计算方法为用银行对市场利率敏感资金的利息支出除以银行所有利率敏感的资金来源，利率敏感的资金来源主要指与公开市场业务有关的资金，主要包括向央行借款、同业拆借等。

下面用一个简单的例子说明以上三种方法的计算过程：假设X银行在X年末的资产负债表和损益表的主要内容如下：总资产1 000万元，总负债900万元，所有者权益100万元，当年总收入60万元，利息支出40万元，其他项目如表3－5、表3－6所示：

表 3-5　　X 银行资产负债表主要项目　　单位：万元

资产	金额	负债及所有者权益	金额
现金	40	活期存款	200
法定准备金	36	定期存款	400
超额准备金	24	向央行借款	120
贷款	500	拆入资金	180
投资	300	其他负债	20
拆出资金	80	所有者权益	80
其他资产	20		
合计	1 000	合计	1 000

表 3-6　　X 银行损益表主要项目　　单位：万元

收入	金额	支出	金额
贷款利息收入	40	存款利息支出	18
投资收益	20	向央行借款支出	4
非利息收入	10	拆入资金利息支出	8
总收入	70	总利息支出	30

用所有资金成本加总平均法确定内部资金利率：30/（1 000 - 40 - 36 - 24）=3.3%

用有息资金成本加总平均法确定内部资金利率：30/（1 000 - 20 - 80 - 36）=5%

用利率敏感资金成本加总平均法确定内部资金利率：12/（120 + 180）=4%

用不同方法确定内部资金利率，将对银行的资产、负债业务产生不同的影响。以贷款业务为例，假设银行为组织贷款而发生的贷款费用率为1%，不考虑目标利润率，现有一笔金额 100 万元、利率为 4.5% 的贷款需求。如果用所有资金成本加总平均法确定内部资金利率，则银行发放此笔贷款将有利可图，因为减去资金成本（3.3%）和贷款费用率（1%）后，银行可获得 0.2% 的利润。如果用有息资金成本加总平均法确定内部资金利率，则银行发放此笔贷款将正好保本，因为贷款利率正好弥补资金成本（3.5%）和贷款费用率（1%）。如果用利率敏感资金成本加总平均法确定内部资金利率，则银行将不会发放此笔贷款。因为银行发放此笔贷款获得的收益将低于银行为发放此笔贷款筹集资金的成本。

平均成本法使用的数据是银行现有资金成本的数据，因此，用平均成本法确定的内部资金利率，反映的是银行已有资金的成本。但是，银行的现有资金已相应形成了准备金、贷款、投资等资产。银行的新增资金来源将形成新的资金运用，形成新的资产。因此，评估银行新增资金来源的收益和新增资金运用的成本用平均成本法计算出来的内部资金利率是不准确的。1974年纽约富兰克林国民银行倒闭的重要原因之一就是利用加权平均成本法确定贷款利率。而边际成本法则不存在这样的问题。边际成本法计算出的内部资金利率可以准确反映银行每一新增资金来源能够产生的收益和每一新增资金运用应承担的资金成本。

3.2.2 边际成本法

边际成本法指银行从外部公开市场上能够快速、无风险、不受金额限制筹集资金的成本。国外银行用边际成本法确定内部资金利率时，通常采用90天CD的利率。因为在国外，CD是银行的一种主动负债，银行在资金短缺时可通过发行CD来筹集稳定的资金。仍以上例来说明边际成本法的计算方法。假设目前市场上90天的CD利率为4.5%，则用边际成本法确定内部资金利率为4.5%。可以看出，如果银行用边际成本法来确定内部资金利率，则银行也不会发放此笔贷款。

边际成本法反映了新资金的价值和新资产的成本，因此，它为银行各部门提供了一个准确评价各项业务机会成本和收益的标准，能够促使银行合理地分配资金，开拓业务。但是，边际成本法也存在着本身所固有的缺点，如利率波动大和政策信号作用弱的问题。

1. 利率波动大。由于用边际成本法确定的内部资金利率实际上就是市场利率，市场利率的频繁波动导致银行内部资金利率随之一起波动，因此内部资金利率缺乏稳定性。而内部资金利率除承担为资产、负债业务定价提供依据的职能外，还是核算各责任中心效益的标准。因此，频繁波动的内部资金利率不利于各责任中心制定净利息收入计划和管理本部门的净利息收入。

2. 政策信号作用弱。商业银行用边际成本法制定的内部资金利率，由于盯住市场利率，不做任何调整，因此无法传达商业银行的资产负债管理战略意图，政策信号作用较弱。

3.2.3 内部资金收益曲线法

内部资金收益曲线法是近年来西方大型商业银行制定内部资金利率时普遍采用的一种方法。所谓内部资金收益曲线法，是指商业银行根据本行内部资金收益曲线和不同产品现金流的特点，确定内部资金利率的方法。商业银行使用内部资金收益曲线法制定内部资金利率的关键技术是构造本行的内部资金收益曲线和根据产品的现金流特点对银行的资产和负债业务进行分组。

（一）构造内部资金收益曲线

所谓内部资金收益曲线（简称 FTP 曲线），是指商业银行参考市场利率确定的本行内部资金利率的期限结构。包括两层含义：一是这一市场利率是银行在公开市场上借入或融出资金的最有代表性的利率水平。具体讲，一方面是流动性最好的利率，即银行在该市场上可以在任何时间以该价格融入或融出资金；另一方面是无风险的利率，即银行在这一外部市场上融入融出资金时交易对方没有信用风险或信用风险极低。二是这一曲线必须包含银行各类产品的所有期限（指再定价期限，而不是合同期限或剩余期限），即如果银行产品的再定价期限最长为 30 年，则 FTP 曲线的期限必须达到 30 年。

（二）分析银行产品特性

产品特性分析的目的是对各类产品分配适当的内部资金转移定价方法，以确保业务部门可以在名义上消除市场利率波动对其净利息收入的影响，即利率风险。所以，产品特性分析的重点是与利率风险相关的要素，即产品的现金流和再定价特性。

商业银行资产负债表中的产品，其现金流量通常有三种类型：单期现金流量（single period cash flows）、不定期现金流量（indeterminate cash flows）和多期现金流量（multiple period cash flows）。单期现金流量的金融产品，只有在到期时发生一次现金流量（如定期存款），因而其资金成本唯一地由金融产品的期限决定，也就是说可以通过在内部资金收益曲线上确定对应点的方式确定内部资金利率。不定期现金流量的金融产品通常没有固定的支付、到期日（如活期存款），因而通常采用滚动平均或加权平均的方式来确定其期限及内部资金利率。多期现金流量的金融产品在其整个生命周期内会发生多次的现金流（如分期偿还的个人住房抵押贷款），因此，通常运用平均生命周期法或持续期法来确定收益曲线上对应点的方式或现金流匹配的方式确定内部资金利率。

（三）对银行产品进行分组

由于现金流和再定价特性相同的产品计算内部资金利率时采用的处理方法相同，所以，产品分组的目的是将具有相同性质的产品归为一组，采取统一的内部资金转移定价方法，从而简化计算。产品分组的原则是：（1）穷尽原则。即最终的产品分组要覆盖银行全部的产品品种，不能遗漏。（2）互斥原则。即产品的类型性质唯一，不同的产品组具有不同的再定价特性或现金流特性，同一种产品只能属于一个组。

（四）为不同的产品组选择计算内部资金利率的方法

不同的产品组具有不同的现金流和再定价特性，因此，可以根据需要采用不同的方法来计算内部资金利率。通常来说，计算内部资金利率的方法有8种：

1. 单一资金池法（simple pool）。单一资金池是指内部资金收益曲线上的某一期限利率在一定期间内的平均利率。单一资金池法通常用于具有不定期现金流量但账户余额在计算期间内均匀分布的金融产品，如货币市场账户存款或支票账户存款。因为单一资金池法假设账户余额是均匀分布的，因此计算期间内每日利率的权重相同。举例说明单一资金池法的计算过程（见表3－7）：A银行要在1月1日用单一资金池法计算支票存款的内部资金利率，通过对过去历史数据的分析，如该行发现支票存款的平均持续期为6个月，因此，通过对过去6个月本行内部资金收益曲线上的6个月资金利率进行简单平均，就得到了1月1日时该行支票存款的内部资金利率5.52%。如该行发现支票存款账户的平均持续期为12个月，则1月1日时该行支票存款账户的内部资金利率为5.67%。

表3－7　　单一资金池法　　单位：%

月　份	6个月利率	12个月利率
1月		5.82
2月		5.76
3月		5.85

续表

月　份	6个月利率	12个月利率
4月		5.82
5月		5.54
6月		5.51
7月	5.60	5.66
8月	5.44	5.64
9月	5.56	5.65
10月	5.57	5.63
11月	5.50	5.61
12月	5.47	5.59
合计	33.14	68.08
简单平均	5.52	5.67

2. 加权资金池法（weighted pool）。加权资金池是指收益曲线上的某一期限利率在一定期间内的平均利率，该期间内不同日期的权重不同。加权资金池法主要用于在某一期限内账户余额并不是均匀分布的、具有不定期现金流量特性的金融产品，如没有到期日的货币市场存款或支票账户存款。譬如说由于市场营销活动或季节因素使业务集中发生在特定的日期，可以考虑使用加权资金池法。举例说明加权资金池法的计算过程（见表3-8）：A银行通过对历史数据的分析，发现该行货币市场账户的平均持续期为12个月，但是每年7月和8月由于营销活动的影响，货币市场账户余额明显高于其他月份。因此，该行在1月1日用加权资金池法确定货币市场账户存款的内部资金利率，即对银行内部资金收益曲线上的12个月利率进行的12个月的加权移动平均，对7月和8月的利率各赋予25%的权重，而其他月份的权重都是5%。从而得到货币市场账户存款的内部资金利率5.66%。

表3-8　　加权资金池法　　单位：%

月　份	12个月利率	权重	12个月利率
1月	5.82	0.05	0.2910

续表

月　份	12个月利率	权重	12个月利率
2月	5.76	0.05	0.2880
3月	5.85	0.05	0.2925
4月	5.82	0.05	0.2910
5月	5.54	0.05	0.2770
6月	5.51	0.05	0.2755
7月	5.66	0.25	1.4150
8月	5.64	0.25	1.4100
9月	5.65	0.05	0.2825
10月	5.63	0.05	0.2815
11月	5.61	0.05	0.2805
12月	5.59	0.05	0.2795
加权平均			5.6640

3. 混合资金池法（blended pool）。混合资金池是两个以上的单一资金池的加权平均。混合资金池法通常适用于具有不定期现金流量并有不同客户行为特征的金融产品。例如，信用卡透支的转移价格可以确定为一个混合资金池，即40%的6个月移动平均（临时透支者）和60%的24个月移动平均（长期透支者）。表3－9举例说明了混合资金池法的计算过程。

表3－9　　　　混合资金池法　　　　单位：%

月　份	6个月利率	12个月利率	6个月利率
1月		5.82	
2月		5.76	
3月		5.85	
4月		5.82	
5月		5.54	
6月		5.51	
7月	5.60	5.66	

续表

月　份	6个月利率	12个月利率	6个月利率
8月	5.44	5.64	
9月	5.56	5.65	
10月	5.57	5.63	
11月	5.50	5.61	
12月	5.47	5.59	
合计	33.14	68.08	40%6个月 60%12个月
平均	5.52	5.67	5.61

4. 到期日匹配法（matched maturity）。到期日匹配法是指直接使用内部资金收益曲线上相应期限的点，作为特定期限产品的内部利率。到期日匹配法主要用于固定利率和固定期限的产品，例如大额存单、定期存款。以表3－9为例，假设12月，该行内部资金收益曲线上6个月的内部资金利率为5.47%，则该行6个月的定期存款的内部资金利率就为5.47%。

5. 指数法（index pool）。指数法所使用的参考利率是某种市场指数。指数法通常用于客户利率随同市场利率一起波动的产品。例如，利率盯住优惠利率的商业贷款的内部资金利率可以使用“优惠利率－X基本点”。表3－10举例说明了指数法的计算过程。假设某类贷款的合同利率为基准利率减去225个基本点，则该贷款的内部资金利率即为基准利率曲线向下平移225个基本点。可以看出，用指数法确定内部资金利率时与银行的内部资金收益曲线无关。

表3－10　　指　数　法　　单位：%

月　份	基准利率	利差	FTP
1月	8.50	－2.25	6.25
2月	8.50	－2.25	6.25
3月	8.50	－2.25	6.25
4月	8.50	－2.25	6.25
5月	8.00	－2.25	5.75

续表

月　份	基准利率	利差	FTP
6 月	8.00	-2.25	5.75
7 月	8.00	-2.25	5.75
8 月	8.00	-2.25	5.75
9 月	7.50	-2.25	5.25
10 月	7.50	-2.25	5.25
11 月	7.50	-2.25	5.25
12 月	7.50	-2.25	5.25
9 月的内部资金利率			5.25

6. 固定期限法（fixed tenor）。固定期限法是指使用内部资金收益曲线上某一固定期限的点作为内部资金利率。固定期限法适用于可以计算持续期但实际持续期与计算持续期经常不一致的金融产品。例如，如果银行通过对历史数据的分析，发现该行的个人住房抵押贷款在 90% 的时候，都是被提前还款的，因此，银行可以在计算产品持续期的基础上，指定一个固定期限，并找到内部资金收益曲线上的对应点，作为该产品的内部资金利率。如表 3 - 11 所示，某银行 30 年的住房抵押贷款的持续期为 7.8 年，考虑提前还款因素，该行指定该产品的持续期为 7 年，因此，对于该产品使用内部资金收益曲线上 7 年的利率。

表 3 - 11　　固定期限法　　单位：%

月　份	12 个月	36 个月	60 个月	72 个月
1 月	5.82	5.92	6.07	6.12
2 月	5.76	5.86	6.01	6.06
3 月	5.85	5.95	6.10	6.15
4 月	5.82	5.92	6.07	6.12
5 月	5.54	5.64	5.79	5.84
6 月	5.51	5.61	5.76	5.81
7 月	5.66	5.76	5.91	5.96
8 月	5.64	5.74	5.89	5.94

续表

月　份	12 个月	36 个月	60 个月	72 个月
9 月	5. 65	5. 75	5. 90	5. 95
10 月	5. 63	5. 73	5. 88	5. 93
11 月	5. 61	5. 71	5. 86	5. 91
12 月	5. 59	5. 69	5. 84	5. 89
持续期为 7 年的 30 年抵押贷款在 11 月的内部资金利率				5. 89

7. 固定利差法（fixed spread）。固定利差法是指直接在客户利率上加（减）一个固定的利差。这种方法适用于那些客户利率是由政策制定的产品，用固定利差法可以将产品净利差收入与市场利率的波动分离开来。在利率变动的环境中，如果客户的利率是由政策制定的，而内部资金利率使用参考市场利率的单一资金池或混合资金池法，则资产或负债业务的利差可能发生剧烈的波动。因此对于客户利率是由政策制定的产品而言，固定利差法为计算各部门和各产品的净利息收入提供了一个固定的利差。如表 3－12 所示，对于这种产品，使用客户利率（或管制利率）减 250 个基本点，这样使得利差被锁定在 225 个基本点。由此可以看出，使用固定利差法计算内部资金利率，其实与银行的内部资金收益曲线无关，而是直接在客户利率的基础上加或减一个固定的利差作为内部资金利率。

表 3－12　　固定利差法　　单位：%

月　份	客户利率	利差	内部资金利率
1 月	8. 50	－2. 25	6. 25
2 月	8. 47	－2. 25	6. 22
3 月	8. 35	－2. 25	6. 10
4 月	8. 40	－2. 25	6. 15
5 月	8. 45	－2. 25	6. 20
6 月	8. 65	－2. 25	6. 40
7 月	8. 55	－2. 25	6. 30
8 月	8. 50	－2. 25	6. 25
9 月	8. 54	－2. 25	6. 29

续表

月　份	客户利率	利差	内部资金利率
10月	8.60	-2.25	6.35
11月	8.48	-2.25	6.23
12月	8.55	-2.25	6.30

8. 现金流匹配法（matched cash flow）。现金流匹配法适用于具有多期现金流量的产品。该方法将某一金融产品在生命周期内的现金流量分为几个部分，假设产品各期的现金流是分别融资的，不同的子现金流对应着不同的资金成本或收益。最终通过不同模型的计算，将产品全部现金流分别对应的一组内部资金利率，转换合成为适用于产品不同阶段的单一内部资金利率。举例来说，银行发放一笔金额100 000元，利率 10%，期限 10 年，每月等额还本付息一次的个人住房抵押贷款。用 10 年的内部资金利率作为该笔贷款的资金成本显然是不合适的。因为该笔贷款每月都偿还一部分本息，因此实际占用银行的资金并不是100 000元、10 年。根据现金流匹配法，该笔贷款在生命周期内会发生 120 笔现金流，因此，可以把该笔贷款看做是由 120 笔独立的 1 个月、2 个月直至 120 个月的贷款组成。每笔贷款的内部资金利率分别由各自对应的期限决定。最后通过不同模型的计算，将所有内部资金收益曲线上的点进行平均处理，合成为该产品在整个生命周期内的单一的内部资金利率。

用现金流匹配法计算内部资金利率有两种不同的角度：期限决定法（tenor derivation methods）和利率决定法（rate derivation methods）。其中，期限决定法又包括加权平均生命周期法和持续期法，利率决定法又包括固定利差法、加权本金法、加权平均价格法、隐含融资利率法。现金流匹配法是计算银行内部资金利率的所有方法中最复杂的一种方法。

加权平均生命周期法（weighted average life）：是指以各期的现金流为权重，对各期现金流的期限进行加权平均，从而得出一个固定期限的方法。该产品的内部资金利率采用内部资金收益曲线上与这一固定期限对应的点的利率。例如，1 笔 5 年期的贷款，贷款本金为 100 万，贷款利率为 10%，每年付息一次，到期一次还本，则该笔贷款的加权平均生命周期为 4.35 年 $\left(\frac{10}{150}\times 1+\frac{10}{150}\times 2+\frac{10}{150}\times 3+\frac{10}{150}\times 4+\frac{110}{150}\times 5\right)$，即为内部资金收益曲线上 4.35 年的利率。加权平均生命周期法计算简便，但由于未考虑资金的时间价值，因此高估了现金流量的期限。

持续期法（duration）：是指以各期的现金流的现值为权重，对各期现金流的期限进行加权平均，从而得出一个固定期限的方法。该产品的内部资金利率采用内部资金收益曲线上与这一固定期限对应的点的利率。我们知道，这一期限就是该产品的持续期，因此，这一方法也就被称为持续期法。例如，1 笔 5 年期的贷款，经过计算它的持续期为 4.17 年，则该笔贷款的内部资金利率即为内部资金收益曲线上 4.17 年的利率。

固定利差法（constant spread）：固定利差法是寻找到一个常量，使用该常量与各期内部资金利率之和来折现的该产品的现金流量的现值之和等于用票面利率来折现的该产品的现金流量的现值之和。用公式表示为：贷款初始余额 $= \sum_{n=1}^{N} \frac{CF_n}{(1+r)^n} = \sum_{n=1}^{N} \frac{CF_n}{[1+(i_n+k)]}$，其中，$N$ 为金融产品的期限，CF_n 为第 n 期的现金流量，r 为每期票面利率，i_n 为第 n 期的内部资金利率，k 为常量。计算出 k 后，内部资金利率 $= i = r - k$。也就是说，i 是能使某种金融产品在整个生命周期内保持一个固定利差的内部资金利率。

加权本金法（weighted principal）：是以每期偿还的本金为权重，对各期现金流对应的内部资金利率进行加权平均，求出适用于产品整个生命周期的单一的内部资金利率的方法。用公式表示为：加权平均内部资金利率 $= \frac{\sum_{n=1}^{N} i_n \times p_n \times n}{\sum_{n=1}^{N} p_n \times n}$，其中，$N$ 为金融产品的期限，i_n 为第 n 期的内部资金利率，p_n 为第 n 期偿还的本金额。

加权平均价格法（weighted average price）：是指以每期现金流的现值为权重，对各期现金流对应的内部资金利率进行加权平均，求出适用于产品整个生命周期的单一的内部资金利率的方法。用公式表示为：加权平均内部资金利率 $= i = \frac{\sum_{n=1}^{N}\left[i_n \times \frac{CF_n}{(1+r)^n} \times n\right]}{\sum_{n=1}^{N}\left[\frac{CF_n}{(1+r)^n} \times n\right]}$，其中，$N$ 为金融产品的期限，CF_n 为第 n 期的现金流量，r 为每期票面利率，i_n 为第 n 期的内部资金利率。

隐含融资利率法（implied funding rate methods）：该方法假设银行用一系列的零息票债券来为一笔分期偿还的贷款融资。零息票债券采用折扣的形式发行，到期以面值支付本息。因此，该笔贷款的每期现金流可以看做是那一时期到期的零息票债券的面值，所有零息票债券的面值之和等于该笔贷款在生命周期内的全部现金流之和，所有零息票债券的发行价之和等于该笔贷款的期初余额。用公式表示为：金融产品的期初余额 $=\sum_{n=1}^{N}\frac{CF_n}{(1+i)^n}$，其中，$N$ 为金融产品的期限，CF_n 为第 n 期的现金流量，i 为内部资金利率，即该笔贷款的内部回报率。

3.3　我国商业银行内部资金管理概述

3.3.1　我国商业银行内部资金管理的历史和现状

（一）历史简介

我国商业银行的内部资金管理开始得比较晚，在1988年以前，我国银行实行的是存贷两条线的管理模式，存款与贷款相互非常独立，一个银行可以拥有很大的存款规模，但贷款规模可能很小。这种存款与贷款分离的管理模式使得银行的资产与负债不匹配的情况非常严重，当时这种存贷款规模不匹配所引起的资金缺口一般通过行政手段无偿调拨解决，也就无所谓内部资金转移的概念了。当时的银行资金管理的对象虽然也是资产与负债，但因为资产与负债之间没有任何联系，因而不能被称为资产负债管理。

1988年以后，交通银行在我国首先开始了资产负债管理的尝试，把资产与负债结合起来制定经营方针和考核经营成果，分支机构资产与负债不匹配所造成的资金缺口不再由行政手段无偿解决，而是实行内部资金有偿调拨的机制。但当时的内部资金管理非常简单，在用途上只限于弥补临时性头寸不足，不准用于放贷和弥补长期资金缺口；在定价上利率多以联行利率为基础，不按期限区分利率档次；在管理上未实行资金集中管理，银行分支机构可以选择在系统内拆借资金，也可以选择直接到市场上进行融资。

1994～1998年，我国处于一个高通货膨胀的周期内，中央银行开始对商业银行实行贷款限额下的资产负债比例管理，存贷比和新增存贷比的概念开始成为银行资产负债管理目标。在这一阶段，商业银行的内部资金管理水平比前一阶段又有了发展，具体表现在商业银行对资产负债的结构开始重视，在制定内部资金转移价格的时候，按用途和期限的不同分别制定不同的利率。

在1998年以后，我国商业银行的内部资金管理开始进入现代内部资金管理阶段。1998年1月1日起，随着中国资本市场规模的发展和壮大，中央银行取消了对商业银行的限额管理，开始实行"计划导向，自求平衡，比例管理，间接调控"的管理体制，商业银行从此进入真正意义上的资产负债管理。

（二）现状分析

1. 现行内部资金管理架构。目前，我国商业银行在资金管理上一般采用设立区域分中心的方式，由总行设立一级资金调度中心，再在各区域分行设立二级资金调度中心。分行二级资金调度中心一般将本分行的资金来源与运用轧差后，将差额通过上存下借的形式转移到总行一级资金调度中心。同样，分行二级资金调度中心对辖内支行的资金调度也是如此，支行将自身的资金来源与运用轧差后，将差额以上存下借的形式转移到分行二级资金调度中心。因此，我国商业银行现行内部资金管理是差额管理，而西方发达商业银行现行的内部资金转移体系是对每笔业务进行全额转移的，这就是两者最大的区别。

在实行差额管理的情况下，分支机构的资产负债情况就如同被打了一个包，上级机构只能看到下级机构塞不进包里的那部分东西，而对于包里的情况则完全看不到。在这种内部资金管理架构下，上级机构缺乏足够的信息，无法对下级机构的资产负债业务进行指导和管理。因此，总行一级资金调度中心对分行二级资金调度中心的管理职能就只能停留在调剂各分行资金余缺的水平上，基本上属于一个内部资金拆借市场，而分行二级资金调度中心对辖内支行的作用也大抵如此。

2. 现行内部资金管理职能。我国现行的内部资金管理架构决定了我国内部资金管理只能停留在以保支付为目标的流动性管理层面上，无法对资金进行利率风险管理，职能非常单一，资金管理工作得不到足够的重视。而之所以会造成这样的情况，与我国以前的金融环境有很大的关系。

我国商业银行以前一直是处于利率管制的金融环境中，利率风险长期以来一直被利率管制所压制，且相对于商业银行高不良贷款率所反映出的巨大的信用风险来说，利率风险实在是不值一提。但随着我国利率市场化进程的推进，商业银行的利率风险正在逐步凸显，若利率风险管理水平跟不上的话，将会给商业银行造成灭顶之灾。因此，我国商业银行的内部资金管理职能决不能仅仅停留在流动性管理的层面上，而必须将利率风险管理纳入到内部资金管理的基本职能中。

3. 现行内部资金定价方式。由于我国商业银行的内部资金管理是通过上存下借的形式来实现的，因此，我国现行的商业银行内部资金价格即上存下借利率，一般由总行一级资金调度中心确定对分行二级资金调度中心的内部资金转移价格，而分行则各自制定其对辖内支行的内部资金转移价格。

在总行对分行制定内部资金转移价格的过程中，由于分行可直接参与外部资金市场进行融资，因此，FTP 通常与市场融资价格存在一定的关联。一般来说，总行会参考全国银行间同业拆借市场的利率，在此基础上减少一定点数，鼓励分行先从内部解决资金余缺。当总行需要对分行的业务发展进行引导时，可通过调整内部资金转移价格（即上存下借利率）来实行，但这种调整的引导效果并不明显，因为分行可以选择在外部市场上进行投融资以规避总行的价格杠杆。

在分行对支行制定内部资金转移价格（即上存下借利率）的过程中，分行可以较多地体现其管理意图，因为支行无法直接参与外部市场进行融资。分行一般会在参考总行内部资金转移价格的基础上，加减点数以引导支行资产负债业务的发展方向。但这其中存在着一个严重的问题：总行的内部资金转移价格一般是依据资金市场的收益率来制定的，而在我国，存贷款业务的利率与资金市场的收益率是完全无关的。因此，分行通过在一个基于资金市场收益率的内部资金价格体系上加减点数的方法来制定存贷款业务的转移定价，必然导致该定价缺乏科学的依据，常常出现由领导“拍脑袋”定价的现象，使得内部资金转移价格被人为地扭曲，加大了资金管理的难度。

综上所述，内部资金转移定价是目前我国银行业利率管理的最薄弱环节，从银行业整体来看，不论是对内部资金转移定价的研究还是实践，都近乎空白。现阶段，大多数银行都只有总分行之间上存和下借的内部资金利率，而没有真正意义上的适用于不同部门、不同分行、不同产品的内部资金利率。而且，现有的内部资金利率期限档次少、调整不频繁，与市场利率联系不紧密。内部资金利率完全失去了反映银行的资金成本与资金收益、调节银行的资金配置作用。中国建设银行在内部资金利率管理方面走在其他银行的前面，除总分行之间的上存下借利率外，开始尝试在银行内部制定适用于不同部门和产品核算的内部资金利率，但是这种尝试还只处于初级阶段，与西方商业银行内部资金利率管理的实践相比，仍有很大差距。资金转移定价体系只运用了单一资金池法、期限匹配法等简单方法，没有根据准备金成本、流动性溢价等对原始市场利率进行调整，没有考虑本金分期偿还对账户实际期限的影响。而且该行现行的内部资金利率是双轨制的，一种是适用于总分行之间的利率，另一种是适用于各产品和各部门之间的利率，两种内部资金利率并不相同。而西方银行通常只有一种内部资金利率涵盖以上全部范围。

内部资金转移定价是银行利率定价的核心，内部资金转移定价水平的高低将直接影响到银行存贷款价格的合理性与竞争力，而且内部资金转移定价还会影响到银行利率风险管理的有效性。我国银行业内部资金转移定价的管理水平如此之低，如果一旦实现利率市场化，商业银行拥有金融产品的自主定价权，制定的存贷款利率不能弥补自己的各项成本和合理利润，届时商业银行受到的冲击将是巨大的。

3.3.2 我国建立商业银行内部资金转移定价体系的必要性和重要性

随着我国利率市场化的逐步深入，利率的波动性不断增强，利率风险越来越大，从而影响到商业银行经营的安全性、流动性和收益性，因此，我国商业银行亟须改革现行的内部资金管理模式，建立现代内部资金转移定价体系。

（一）利率风险防范的需求

随着我国利率市场化进程的逐步推进，在放松利率管制的环境下，商业银行的利率风险日益凸显，如何管理好利率风险成为商业银行生死存亡的关键问题。内部资金转移定价体系作为能够集中商业银行利率风险的管理工具，在中国拥有了广泛推广和应用的空间。图 3－5 显示了我国 1996 年以来存贷款利率的走势：

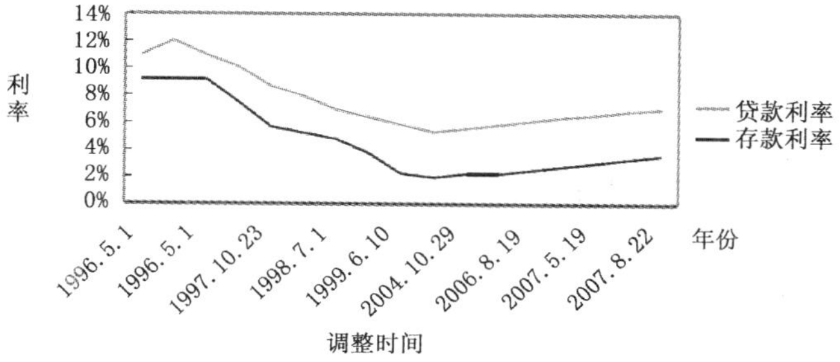

图 3－5 1996 年以来我国一年期存贷款利率走势图

资料来源：中国人民银行网站：http：//www. pbc. gov. cn。

从图 3－5 中我们可以看到，自利率市场化不断推进以来，我国商业银行面临存贷款利率的大幅波动。虽然对于银行来说，承受利率波动是正常的，它正是银行利润的一个重要来源，但过度的利率风险会对银行的收益构成严重的威胁。因此，我国商业银行迫切需要一套有效的资金管理体系来预防和化解在利率市场化进程中不断凸显的利率风险。

（二）金融产品定价的需求

以前，我国商业银行在利率管制的环境下，一直是坐等中央银行调整利率水平，商业银行没有金融产品定价的自主权，是价格的被动接受者。而现在，商业银行开始拥有自主定价的权利，价格机制开始逐步在金融领域的资源配置中发挥基础作用，金融产品定价成为利率市场化的基本任务。我国利率市场化的目标是“建立以市场资金供求为基础，以中央银行基准利率为调控核心，由市场资金供求决定各种利率水平的市场利率管理体系”，换句话说，就是要由资金的供求来决定资金的价格，其实也就是金融产品实现市场化定价这样一个目标。因此，我国商业银行的利率管理工作也必须以市场化为导向，建立市场化的金融产品定价机制，以适应我国利率市场化改革的需求。

商业银行内部资金转移定价体系作为一个能够科学衡量银行业务成本与收益的资金管理工具，在金融产品定价机制中发挥着不可或缺的基础性作用。

（三）商业银行转型的需求

我国传统的商业银行经营模式一直是以占领市场为主要目标的，而随着利率市场化进程的推进，由于利率的不确定性，存贷款的规模与创利之间的必然联系被打破，商业银行的经营模式从传统的规模导向转为国际通行的利润导向，商业银行事业部制改革已成为目前的发展潮流。随着这一改革进程的推进，商业银行逐渐被分为一系列相对拥有较大自主权的业务单元，如国际业务单元、零售业务单元、公司业务单元等等。这些不同的业务单元一方面拥有各自不同的产品、客户、渠道等，另一方面共同使用银行的某些资源。为了能够正确地评定各业务单元对整个银行的贡献，将对各业务单元的业绩考核建立在一个公开、公平、科学的基础之上，银行需要设立一套整体统一、客观性强、可比性明确的绩效考核体系，而内部资金转移定价体系正是为绩效考核搭建了一个科学的数据平台。

3.3.3　在我国推行商业银行内部资金转移定价体系面临的困难

基于我国商业银行资金管理的现状，以及金融环境的发展程度，在我国推行商业银行内部资金转移定价体系必然会遇到许多来自体制、市场和观念等方面的问题和困难，需要我们针对国情，积极探索解决之道。

（一）缺乏公认的市场收益率曲线

从以上对我国利率市场化进程的描述中我们可以看到，目前我国的存贷款利率虽然已经实现了一定程度的浮动，从表面上来看商业银行享有了一定自主定价的权力，但这还远远不能称为利率市场化。利率市场化的核心就是要由市场供求决定各种利率水平，而从我国存贷款利率的形成机制来说，还是建立在央行公布利率基础上的浮动，而不是由市场供求来决定的市场自主定价机制。这种与市场脱节的利率形成机制也给我们建立商业银行内部资金转移定价体制带来了相当大的困难，这使得我国商业银行的各项业务无法放在同一标准下进行衡量，尚未形成一条公认的市场收益率曲线，而该曲线正是商业银行建立内部资金转移定价体系的基础所在。

从 2007 年初开始，央行推出上海银行间同业拆放利率（SHIBOR），这是取信用等级较高的银行每日自主报出的人民币同业拆出利率计算算术平均值而得出的，央行希望能够将 SHIBOR 培育成我国资金市场的基准利率，以此完善我国的利率形成机制。但 SHIBOR 的运行时间尚短，且我国的存贷款利率仍以央行公布的基准利率为定价基础，与 SHIBOR 完全不挂钩，SHIBOR 所反映出来的仅仅是商业银行资金面的宽紧，无法直接反映商业银行的主流业务——存贷款业务的机会收益和成本。因此，SHIBOR 无法直接作为商业银行存贷款业务的定价基础。相比较之下，国外的金融市场已经发展得相当完善，商业银行可以直接在金融市场取得适用的市场收益率曲线，这是商业银行制定内部资金转移定价体系最重要的一个环节。我国市场收益率曲线的缺陷，使得我国缺乏内部资金转移定价的基础。

因此，我国商业银行在建立内部资金转移定价体系的时候，应先按资金业务的种类建立不同资金池，如存贷款业务资金池、同业拆借业务资金池等，对不同的资金池，选取不同的市场收益率曲线来建构该资金池的内部资金转移定价曲线，在不同种类资金业务的资金池内，再按期限进行进一步的细分。

（二）人民币金融避险工具匮乏

商业银行内部资金转移定价体系将利率风险集中到资金中心进行统一管理，因此，该体系的运行效果在很大程度上决定于资金中心的利率风险管理能力。而我国大部分商业银行的资金中心都是在利率管制的环境中建立和成长起来的，对利率风险的识别和驾驭能力尚有待提高。且在利率集中管理的模式下，资金中心对利率风险的管理一旦失效，其对整个银行的影响之大是无法估量的。因此，资金中心需要一个完善而发达的金融衍生产品市场，使其能够找到合适的金融避险工具来对集中起来的利率风险进行有效对冲。而目前国内人民币市场的避险工具非常有限，与西方发展多年的金融衍生产品市场相比，我国的金融市场交易品种相对匮乏、市场相互割裂，这就使得内部资金转移定价体系的运行效果受到很大的影响。

随着我国人民币金融市场的不断健全和发展，相信我国商业银行的利率风险管理环境会得到进一步改善。但在现阶段，我国商业银行在推行内部资金转移定价体系的时候，应首先从外币入手，因为外币金融市场比较发达，资金中心可以运用较多的避险工具来有效对冲外币利率风险，并在此过程中不断积累利率风险管理经验，提高对利率风险的识别和掌控能力，在条件成熟的时候，再真正实行全行整体的内部资金转移定价体系。

（三）银行竞争环境的非理性化影响

商业银行内部资金转移定价体系的一大功能就是为银行产品定价，这个定价过程是建立在银行对成本、收益和风险进行科学量化的基础上的，是一种理性的定价。但我国部分商业银行目前还未从盲目追求规模扩张的粗放式经营中转型过来，它们在对产品定价的时候，通常宁愿牺牲掉一定的利润也要把规模搞上去，因为它们相信牺牲利润提高市场占有率是银行发展初级阶段的重中之重，这种盲目定价的行为必将使市场陷入非理性竞争的泥淖。面对这种非理性竞争的情况，实行理性定价的银行将无可避免地面临失去市场的威胁。

因此，在我国推行商业银行内部资金转移定价体系为产品实行定价的时候，应该充分考虑到我国银行业的竞争现状，将银行的战略综合收益纳入到产品定价的范畴中来。首先由资金中心通过内部资金转移定价体系对产品进行本量利分析，使业务部门明确该产品在市场竞争中的底线；再与业务推动部门一起对市场上的非理性竞争因素进行分析，在对产品进行内部资金转移定价的基础上，加减非理性竞争因子调整项。这样既能使产品定价建立在科学、理性的基础之上，又能兼顾业务部门在非理性竞争中的竞争力。

（四）银行原有内部利益格局的打破

商业银行实行内部资金转移定价体系以后，对业务部门的业绩考核就不像过去那样仅仅停留在账面利润的考核上了。我们知道，银行业务的利润一般可以分解为两部分：一块是承担信用风险产生的利润；另一块是承担利率风险产生的利润。但在过去，由于我国的利率管制，利率风险被掩盖，银行业务所产生的收益大部分都被确认为业务部门承担信用风险所产生的收益，因此，银行在绩效考核中未能将利率风险正确地反映出来，造成绩效考核的不公平。

实行内部资金转移定价体系后，利率风险被从分支机构集中到资金中心进行统一管理，由此必然引发利益在信用风险与利率风险之间的再分配，体现在绩效考核方面，就是利益在商业银行内部各部门、各分支机构之间的再分配问题。这个再分配的过程，打破了银行原有的利益贡献格局，尤其在目前利息收入占据银行收入大半壁江山的情况下，势必会影响到某些分支机构的既得利益，对内部资金转移定价体系的推行带来不小的阻力。

另外，有一点需要指出的是，在西方发达银行的内部资金转移定价体系中，利率风险的管理成本一般在20个点左右，而在我国，由于金融市场割裂、缺乏有效的风险对冲工具等原因，利率风险的管理成本一般高达50个点左右。也就是说在我国银行的利益再分配中，有更多的部分要分配到利率风险管理部门以维持其运行，这势必造成信用风险的利润空间被压缩，而这种压缩并不是因为信用风险本身的降低，而是因为利率风险管理成本太高所造成的，当然对信用风险管理部门非常不公平，这也将成为分支机构阻碍该体系推行的一大原因。

（五）资金管理专业人才的缺乏

和其他任何体系一样，商业银行内部资金转移定价体系运行成功与否，最终取决于人们对它的认知和运用水平的高低。目前我国商业银行对内部资金转移定价体系的基本原理、实施方法和运行机制还缺乏充分的认识，在具体实施的过程中，可能产生各方面的问题，直接影响到内部资金转移定价体系的实施效果。只有在对内部资金转移定价体系及本行情况非常了解的情况下，资金中心才能准确地运用内部资金转移价格杠杆效应，及时引导银行的资产负债业务发展方向，并有效管理银行的利率风险。

目前，我国商业银行资金管理专业人才匮乏，这一方面是由于我国商业银行资金管理长期以来一直停留在流动性管理的层面上，导致缺乏利率风险管理经验的积累；另一方面则是因为我国人民币金融市场还不够成熟，缺乏培养金融人才的土壤。因此，在我国推行内部资金转移定价体系，必须要注重人才的培养。

另外，也要加强分支机构业务人员对内部资金转移定价体系的认知，只有在他们充分了解该体系的前提下，才能领会总行通过内部资金转移价格表达出来的政策导向，正确把握业务发展方向。因此，国内商业银行必须加强对全行员工的培训和指导，把培训工作作为推行内部资金转移定价体系工作的一项重要内容，不断提高全行对该体系的认知和运用水平。

综上所述，从我国商业银行所处的宏观金融环境和自身微观结构方面来看，如果想要一步到位地全面推行西方发达商业银行内部资金转移定价体系还存在非常大的困难，尤其是我国利率市场化改革中存贷款利率的形成机制尚未实现真正的市场化，存贷款利率以政府颁布基准利率为指导的形成机制造成了其与市场实际供求关系的脱节，导致市场收益率曲线无法正确反映资金的供求关系，这些缺陷从根本上影响了我国商业银行内部资金转移定价体系的建立。

因此，本书以下所提出的商业银行内部资金转移定价体系是基于目前我国尚不完善的金融环境下的一个过渡型的体系，只有等到我国利率实现了完全意义上的自由化，我们才能具备建立全面有效的商业银行内部资金转移定价体系的可能性。

3.4 我国商业银行构建内部资金转移定价体系的整体思路

3.4.1 管理框架

从上文的分析中我们可以看到，我们目前所能建立的商业银行内部资金转移定价体系是基于我国目前金融环境下的一个过渡型体系，在设计的过程中应步步紧扣我国的金融现状。

（一）组织结构

从前文的介绍我们可以知道，目前国际商业银行通行的内部资金管理组织结构基本分为总部集中型、区域分中心型和货币中心银行型。从我国目前金融市场发展的现状来看，尚不具备实行货币中心银行型的条件。在对总部集中型和区域分中心型的选择上，我们可以按照商业银行规模大小、地域分布等方面的不同来确定。一般而言，除一些规模较小、基本只在本地开展业务的小型商业银行以外，我国商业银行较宜采用区域分中心型内部资金管理组织结构，原因主要有以下几点：

1. 我国经济的区域发展不平衡性。在我国的经济建设中，区域经济发展不平衡一直是个非常突出的问题，表现在商业银行的经营管理方面，即体现为各不同区域分行的资产负债结构和资金管理环境均存在较大的差距，这些问题并不是通过分行的努力就可以得到改善的。这就给总行实行统一的内部资金转移定价带来了很大的困难，因为一刀切的定价方法很可能对各分行的业绩评定造成较大程度上的不公平。在这种情况下，较为合理的方法，应该是由各区域分行成立资金中心，各自对其辖内的支行实施内部资金管理，并制定各自辖内的内部资金转移价格。总行资金中心在更大的意义上，是为分行资金中心提供一个内部资金运营市场，通过上存下借和资金调拨等方法调剂各分行资金余缺，同时赋予分行资金中心一定的权限，在外部资金市场上进行权限内的资金运营，提高分行资金中心自我管理、化解风险的能力。

2. 商业银行区域管理体制的历史影响。从前文的分析中我们已经知道，商业银行实行内部资金转移定价体系后，将带来对银行利益的再分配问题，可能在支行间引起较多的矛盾。分行资金中心能够及时了解这些矛盾，并根据实际情况对这些矛盾进行分析处理，在合理的范围内对其辖内的内部资金转移定价体系作出一定的调整。在与支行的及时沟通方面，分行显然比总行更具优势。再者，由于我国商业银行传统的资金管理组织结构中一直是由分行对辖内支行进行内部资金管理的，支行对于这种管理方式比较熟悉和认同，这些都在一定程度上为内部资金转移定价体系在我国商业银行中的推广应用减小了不少阻力。

在实行区域分中心型的资金管理组织结构下，我们可以看到，支行的业务职能主要在于吸收存款和发放贷款，资金中心的职能在于制定内部资金转移定价体系、进行同业拆借、债券回购、现券买卖等资金产品的交易。我们所建立的商业银行内部资金转移定价体系，不仅要对支行的存贷款业务进行定价与考核，同时，对资金中心的资金交易类产品也要实行有效的定价与考核。

（二）管理原则

1. 全局性原则。在建立商业银行内部资金转移定价体系的时候，必须坚持整体利益高于局部利益的原则，定价体系的建立以达到整体收益最大化为目标。由于内部资金转移定价体系将改变银行内部利益分配的格局，因此，各业务单元都会尽量争取使得内部资金转移定价向有利于自身的方向倾斜。资金中心在建立内部资金转移定价体系的时候，要尽量排除掉这些干扰因素，因为局部利益的最大化并不一定能够带来整体利益的增加，有时甚至还将妨碍整体利益最大化的实现。资金中心必须坚持从全局的立场出发，按照银行整体的资产负债管理目标来实施定价，引导业务单元的业务发展方向。

2. 有效性原则。商业银行内部资金转移定价体系的有效性主要表现在其四大功能的实现上。我们对于内部资金的定价，要力求能够突出利率的杠杆作用，充分发挥价格在资源配置中的基础作用，使得银行资源得到合理的配置；要能够准确合理地反映银行各项业务的成本和收益，既不高估也不低估，对金融产品实行准确的定价，并在此基础上建立公平合理的绩效考核体系；要合理划分资金池，将分散在各支行的利率风险有效地集中在一起，并对集中起来的利率风险实行有效的化解。这些都对银行资金管理人员的专业素质提出了很高的要求。

3. 可操作性原则。从我们对内部资金管理的三种模式的分析来看，期限匹配法无疑是最精准的一种定价模式。但由于我国商业银行的外部金融环境的限制、内部会计和科技平台的约束等，使得期限匹配法很难在我国得到有效的运用。因此，我国商业银行内部资金转移定价体系的建立，必须建立在我国现有的条件基础上，确保定价体系的建立具有可操作性，而不只是流于形式的纸上谈兵。

3.4.2 定价方法

基于以上对我国商业银行内部资金转移定价体系总体架构的设想，我们开始尝试构建适合我国商业银行的内部资金转移定价体系。

（一）分类不同资金

从前文对我国金融市场环境的分析中，我们可以看到，我国商业银行的本外币资金管理所处的经营环境是存在较大差别的。我国商业银行的外币资金管理依托于相对成熟的国际金融市场，在公开而活跃的国际资本市场上，外币的收益率曲线可以被认为是真实有效的，因此，外币产品的内部资金转移定价可以采取期限匹配模式，LIBOR 通常被直接取做商业银行内部资金转移定价体系中外币产品的定价基础。

而人民币资金管理则应分为两类情况来讨论，一类是传统的存贷款业务，一般在商业银行的支行层面开展；另一类是资金交易类产品，如同业拆借、债券回购、现券买卖等，一般在商业银行的总行和分行资金中心开展。考虑到我国存贷款业务与资金交易类产品存在于两个完全分割的资本市场中，且在利率形成机制上，一个是由国家公布利率为基准，另一个则是完全由市场供求决定，因此，在建立内部资金转移定价体系的时候，两者要分开处理。这也是针对当前我国金融环境所采取的过渡措施，随着我国利率市场化的进一步深化，应逐步实现人民币资金的统一计价。

人民币资金交易类产品的国内市场正处于不断成熟中，央行 2007 年年初公布的 SHIBOR 在一定程度上正在逐步担当起资金交易类产品的定价基础，因此，在建立内部资金转移定价体系的时候，人民币资金交易类产品可尝试选取 SHIBOR 作为定价基础，根据本行在金融市场中的融资能力加减一定点数，采用期限匹配模式来进行定价。

人民币存贷款业务由于目前仍旧是以国家公布利率为基准利率，尚未完全实现由市场供求来决定利率的形成，因此不适合以市场利率为内部资金转移定价基础，一般宜采用成本法来作为定价基础，按存贷款期限建立不同期限资金池，采取多库模式来进行定价。

综上所述，我们对商业银行的资金可以分为以下三类，分别采用不同的模式制定内部资金转移定价体系：

1. 外币资金，采用期限匹配模式。

2. 人民币资金交易类产品，采用期限匹配模式。

3. 人民币存贷款业务，采用多库模式。

这种对资金进行分类采取不同模式定价的做法并非我们建立商业银行内部资金转移定价体系的最终目标，必须要强调本书所研究的只是基于我国目前金融环境下的一种过渡模式，我们未来的最终目标还是要建立一种对所有资金统一方法定价的体系。

（二）外币资金定价方法

我国外币存贷款利率管理体制从2000年9月21日起进行重大改革，外币贷款利率以及大额外币存款利率由各金融机构根据国际金融市场利率的变动情况以及资金成本、风险差异等因素自行确定。所以，对于外币存贷款和资金交易产品，吸取国外成熟市场银行的经验，使用市场价格（LIBOR、HIBOR）作为内部资金转移定价的基础，美元产品采用LIBOR，港币产品采用HIBOR，而所有其他币种则采用LIBOR。

考虑到存款要缴纳存款准备金的因素，因此，我们将外币贷款业务和资金交易产品归为一类，将外币存款业务归为一类，分别采用期限匹配模式定价如下：

1. 外币贷款业务和外币资金交易产品。

$\text{内部资金转移价格}_{ij} = \text{资金市场价格}_{ij}$

其中：

i——币种；

j——期限；

内部资金转移价格_{ij}——币种 i 期限 j 的资金所适用之内部资金转移价格；

资金市场价格_{ij}——币种 i 期限 j 的资金的市场价格，一般采用LIBOR、HIBOR。

2. 外币存款业务。

$$\text{内部资金转移价格}_{ij} = (1 - \text{外币法定存款准备金比率}) \times \text{资金市场价格}_{ij} + \text{外币法定存款准备金比率} \times \text{外币法定存款准备金利率}$$

其中：

i——币种；

j——期限；

内部资金转移价格$_{ij}$——币种 i 期限 j 的资金所适用之内部资金转移价格；

资金市场价格$_{ij}$——币种 i 期限 j 的资金的市场价格，一般采用 LIBOR、HIBOR。

（三）人民币资金交易类产品定价方法

由于人民币资金交易类产品一般集中在总行及分行的资金中心进行，因此，人民币资金交易类产品的价格主要适用于总分行资金中心的同业拆借、债券回购等资金业务。

我国商业银行目前的人民币资金交易类产品主要是在银行间市场运行，自 1996 年央行放开银行间同业拆借利率以来，该利率运行良好，能够在很大程度上反映出市场资金的松紧；2007 年初推出的 SHIBOR 更是为市场各参与方提出了一个基准参考利率，进一步完善了银行间同业市场（以下简称“银行间市场”）的利率形成机制。央行对于银行间同业市场采取准入制度，即所有银行间同业市场的参与者都是在得到央行批准的前提下才能在市场上进行交易的，在交易中，各交易主体的信用度、流动性等各方面的因素都影响到其融资能力。

对于像中国工商银行、中国建设银行这样的大型国有商业银行来说，其超额备付率较高，在资金交易方面一般以拆出资金及逆回购等业务为主。为鼓励这些大型商业银行的资金中心充分运用资金，降低超额备付率，提高资金使用率，应在制定内部资金转移定价的时候，在市场利率的基础上减少一定点数。由于这些大型国有商业银行资金量巨大，因此其对市场利率的影响也非常巨大，在市场利率形成方面处于一个优势地位。换句话说，如果在银行间市场存在信用评级体系的话，这些大型国有商业银行的评级要高于全国商业银行的平均水平。在制定内部资金转移定价体系的时候，在市场利率基础上减少的那些点数，可以理解为风险补偿。

而对于其他一些小型的商业银行来说，由于其管理层长期以来非常注重资金使用的收益率，因此在一定程度上造成了备付率较低，流动性受到一定程度的影响，这些商业银行有时需向大型商业银行拆入资金以解决其流动性风险。为提高这些商业银行对流动性风险的重视程度，同时保障资金中心不因拆入资金解决流动性风险而背负过高的成本，应在制定内部资金转移定价的时候，在市场利率的基础上加一定的点数。这些小型商业银行在银行间市场中与大型国有商业银行相比，处于比较被动的地位，在制定内部资金转移定价体系时在市场利率基础上加的那些点数，可以理解为风险补偿。

因此，人民币资金交易类产品的内部资金转移定价可采用期限匹配模式计算如下：

1. 第一步：确定计算方法。

$内部资金转移价格_j = 资金市场价格_j + 本行适用风险补偿率$

其中：

j——期限；

$内部资金转移价格_j$——期限 j 的人民币资金交易类产品所适用之内部资金转移价格；

$资金市场价格_j$——期限 j 的人民币资金的市场价格，一般采用 SHIBOR。

2. 第二步：确定风险补偿率。

由于不存在银行间市场的信用评级体系，因此我们可以采用标准普尔或穆迪的评级体系来替代，计算各行的风险补偿率（见表 3 - 13）。

首先，分别获取银行间市场中所有商业银行在评级体系中的违约风险，即预期违约率乘以违约损失率，按规模进行加权平均；其次，将本行的违约风险与全国商业银行的平均水平进行比较，计算出本行的风险补偿率。

表 3 - 13　　商业银行风险补偿率计算表

商业银行	规　模	对应违约率	违约损失率
$商业银行_1$	M_1	PD_1	LGD_1
$商业银行_2$	M_2	PD_2	LGD_2
……	……	……	……
$商业银行_n$	M_n	PD_n	LGD_n

商业银行 a 的风险补偿率 = 本行对应违约风险 - 加权平均违约风险

$$= PD_a \times LGD_a - \frac{\sum_{i=1}^{n}(M_i \times PD_i \times LGD_i)}{\sum_{i=1}^{n} M_i}$$

由于大型国有商业银行的信用等级较高，对应违约率和违约损失率较低，所以，适用的风险补偿率表现为负值；小型商业银行的信用等级较低，对应违约率和违约损失率较低，所以，适用的风险补偿率表现为正值。

（四）人民币存贷款业务定价方法

由于人民币存贷款业务一般在商业银行的支行层面进行，因此，人民币存贷款业务的价格主要适用于各支行。

由于我国商业银行的存贷款利率是以央行公布的基准利率为定价基础的，尚未实现完全的市场化，因此，与外币资金和人民币资金交易类产品的以市场利率为基准的内部资金转移定价方法不同的是，人民币存贷款业务的内部资金转移定价是建立在商业银行自身的成本收益分析的基础之上的。其基本思路是，由分行资金中心首先按期限分类资金池，其次计算各资金池内存款吸收的平均成本率，再次计算各资金池内贷款发放的平均收益率，将收益率减去成本率后得出利差，将该利差按照一定的分配比例在存款业务和贷款业务间进行分配，计算出每个资金池的内部资金转移价格，由分行资金中心定期向辖内各支行公布各资金池转移价格。支行在吸收存款和发放贷款时只要将业务利率与对应期限资金池的利率轧差，即可衡量出其存贷款业务的收益。

因此，人民币存贷款业务采用的是多库模式下的内部资金转移定价，分行资金中心在进行定价时的计算步骤和方法如下：

第一步：按期限分类资金池。

由于中国人民银行统一将存款、贷款利率分为1年期（含）以内、1~3年期（含）、3~5年期（含）及5年以上期四个档次，因此，商业银行在建立内部资金转移定价体系的时候，可以按此期限定义资金库，即分为4个资金库，1年期（含）以内、1~3年期（含）、3~5年期（含）及5年期以上。对于活期存款、通知存款等没有固定期限的产品，将其归类为1年期（含）以内的人民币资金，适用1年期（含）以内的资金转移定价，如遇中国人民银行对存款、贷款利率调整，人民币资金转移价格在次月也随之进行调整，否则人民币资金转移定价每年年初调整一次，1月1日生效。

第二步：确定资金池成本率。

资金池成本率就是该资金池内存款的成本率。吸收存款的成本率不简单是支付给存款者的利率支出，还必须考虑存款准备金等各项因素。由于内部资金转移价格每年初调整一次，因此各资金池的成本率计算一般按照上年度的日均来进行，如遇央行存款利率调整，则在次月按相同幅度调整资金池的成本率。

由于商业银行对相似期限内存款吸收的利率档次有限，因此，我们首先将资金池j内的存款按吸收利率的不同加以区分（j代表资金池期限），分别计算上年度日均规模，加权计算出资金池j内吸收存款的加权平均利率r_j（见表3－14）：

表3－14　　资金池j吸收存款平均利率计算表

商业银行	上年度日均规模	吸收存款的利率
利率为r_1的存款	L_1	r_1
利率为r_2的存款	L_2	r_2
……	……	……
利率为r_n的存款	L_n	r_n

$$r_j = \frac{\sum_{i=1}^{n} L_i r_i}{\sum_{i=1}^{n} L_i}$$

再将法定存款准备金的因素考虑进去，扣除从央行获得的存款准备金利息收入部分，同时在存款规模中扣除上缴法定准备金的部分，得出资金池j的成本率C_j：

$$C_j = \frac{r_j - \text{法定存款准备金比例} \times \text{法定存款准备金利率}}{1 - \text{法定存款准备金比例}},$$

第三步：确定资金池收益率。

资金池收益率就是该资金池内贷款的收益率。由于内部资金转移价格每年初调整一次，因此各资金池的收益率计算一般按照上年度的日均来进行，如遇央行存款利率调整，则在次月按相同幅度调整资金池的收益率。

由于商业银行对相似期限的贷款发放利率档次比较有限，因此，我们将资金池 j 内的贷款按发放利率的不同加以区分（j 代表资金池期限），分别计算上年度日均规模，加权计算出资金池 j 内发放贷款的加权平均利率 R_j（见表 3－15）：

表 3－15　　资金池 j 发放贷款平均利率计算表

商业银行	上年度日均规模	发放贷款的利率
利率为 R_1 的存款	A_1	R_1
利率为 R_2 的存款	A_2	R_2
……	……	……
利率为 R_n 的存款	A_n	R_n

$$资金池\ j\ 的收益率 = R_j = \frac{\sum_{i=1}^{n} A_i R_i}{\sum_{i=1}^{n} A_i}$$

第四步：确定利差分配比。

在分别得出资金池 j 的成本率和收益率之后，将成本率和收益率进行轧差，计算出利差，将该利差在存款吸收者和贷款发放者之间按照一定的分配率 P_j 进行分配，计算出最终资金池 j 的内部资金转移价格：

资金池 j 的内部资金转移价格 = 资金池 j 的成本率 + （资金池 j 的收益率 - 资金池 j 的成本率）$\times P_j = C_j +（R_j - C_j）\times P_j$

P_j 的取值体现了商业银行对存贷款业务的政策倾斜程度。一般来说，由于存款吸收的信用风险要大大小于贷款发放的信用风险，因此，P_j 的取值一般要小于 0.5。商业银行如果将 P_j 提高，表明商业银行鼓励发展期限为 j 的存款业务；反之，如果商业银行将 P_j 调低，则表明商业银行鼓励发展期限为 j 的贷款业务。

3.4.3　相关配套措施的完善

（一）组织流程的再造

目前，我国商业银行在业务处理流程上，前、中、后台的职能区分并不很明确。对于一个支行来说，通常是集各种职能于一身，如存贷款业务的营销、会计账务的处理、客户信息的反馈等。从专业化的角度来说，这种组织流程并不利于商业银行发挥集约化效应；从风险控制的角度来说，也加大了商业银行的人员操作风险和道德风险。目前，我国商业银行纷纷设立业务处理中心，通过对会计数据的统一处理来实现数据的集中管理。也就是说，今后支行的会计人员主要职责就是接收客户的业务需求，通过银行内部的影像系统等将单据上传至会计业务处理中心进行记账处理，对账工作也由相应的对账业务处理中心来进行，这样既能防范支行人员的道德风险，又能充分发挥业务中心的专业化，提高会计数据的真实性和可比性，为建立商业银行内部资金转移定价体系打下良好的基础。

（二）管理会计的推行

管理会计系统是汇集、整理和计算管理信息，提供管理层以充分的参考资料和数据为经营和管理做出决策的信息处理系统。作为商业银行决策支持系统的一个重要组成部分，管理会计系统通过对主机集成数据进行收集、整理、加工、分析，建立起了从业务数据到分析数据的有效途径。它里面不仅包含了单纯的会计信息，还包含了许多经过分类统计比较的管理信息，能够帮助管理层及时掌握全行整体、各业务分部以及其他分析维度的经营状况，这就为我们实施内部资金转移定价体系并充分发挥其效用提供了重要的数据基础。因此，管理会计在我国商业银行中的推行必将促进内部资金转移定价体系在我国的发展。

（三）科技平台的提升

我国商业银行所有的这些改革，包括内部资金转移定价体系的建立和管理会计的推行等，都离不开科技平台的提升。目前，我国商业银行的科技平台都在向着数据集中处理的方向发展，在这个过程中，各行都投入了极大的人力和物力对旧的科技平台实施改造，但其中依然存在着一些问题。部分商业银行在科技平台改造的过程中，眼光不够长远，对新系统的设计仅能满足目前的管理需求，当新的管理手段出现，需要科技支持的时候，科技平台往往面临再次改造的窘境。商业银行内部资金转移定价的推行，仅仅依靠科技平台给予的数据集中的保障是不够的，它还对科技平台的数据整理、加工和分析能力提出了非常高的要求，因此，商业银行必须加快科技平台提升的脚步。

3.4.4　实施前后的对比

（一）资金管理模式的优化

在推行内部资金转移定价体系之前，我国商业银行内部资金管理普遍是差额管理的模式，即各分支机构只有在对自身资金来源与运用进行轧差以后，才将余额通过上存下借的方式转移至上级资金管理部门。在推行内部资金转移定价体系之后，我国商业银行内部资金管理实现了全额转移，即分行资金中心作为区域资金中心，对辖内支行的每笔资金业务都通过内部资金转移价格予以全额转移。管理模式的变化，带来的不仅仅是内部资金流程的变化，更重要的是资金管理理念、内容和职责等由此而引发的一系列变化。

（二）利益分配格局的变化

在推行内部资金转移定价体系之前，我国商业银行各分支机构的收益主要是由资产业务利息收入减去负债业务利息支出构成的，其中，与上级机构的上存下借业务均属于本机构的资产负债业务范畴。在推行内部资金转移定价体系后，各支行的收益是由每笔资产负债业务的价格与内部资金转移价格之间的差构成的。由于各支行的资产负债结构各不相同，因此，推行内部资金转移定价体系对各支行收益的影响也是不尽相同的。这必将带来利益在各支行之间的重新分配问题，尽管这种重新分配是基于一个更为科学的管理平台的，但也势必会引起一些既得利益损失的支行的抵制，且由于我国商业银行的利息收入一直占到总收入的绝大部分，因此该影响显得尤为重要。

（三）管理调节手段的强化

在推行内部资金转移定价体系之前，我国商业银行是利用上存下借利率来调整对下级机构的业务发展方向的引导的，这在一定程度上，也体现了价格杠杆在商业银行经营管理中的作用。而内部资金转移价格与上存下借利率相比，两者同样是价格杠杆，但内部资金转移价格的作用更为直接有效，因为内部资金转移价格的调整可以直接作用到某一类业务上。如当银行需要限制长期贷款的发放时，可以通过调高长期资金池内部转移价格的方法来直接缩小支行的利润空间，实现银行的资产负债管理目标；而如果通过调高长期下借资金利率的方法来进行引导的话，支行可以通过以不断吸收短期存款支撑长期贷款的方式来规避这一调整的影响。

（四）风险管理职能的转移

在推行内部资金转移定价体系之前，我国商业银行的分支机构不仅要承担信用风险，还同时要承担利率风险。实施内部资金转移定价体系以后，支行的利率风险被统一集中到分行资金中心管理，支行只需承担信用风险，实现了风险管理和控制的专业化。且风险的集中管理有利于风险的内部消化，对于银行整体风险的降低有着非常积极的作用。当然，这也对资金中心管理利率风险的能力提出了更高的要求。

（五）基础管理平台的提升

在推行内部资金转移定价体系之前，我国商业银行的经营管理停留在比较粗放的阶段，对许多关键问题，如金融产品定价、业务绩效考核等缺乏科学定量的基础。在实施内部资金转移定价体制以后，通过对各项业务成本、收益的科学计量，使得银行的经营管理开始走上与国际先进水平接轨之路，也为我国商业银行正在进行的事业部制改革提供了切实可行的管理平台。

第4章
实现利率市场化后我国商业银行存贷款利率定价管理研究

4.1 商业银行存款定价的相关理论概述

4.1.1 商业银行产品定价与一般生产性企业产品定价的区别

商业银行是经营货币信用的特殊企业，存款是商业银行的特殊产品，那么商业银行的存款定价与一般生产性产品定价有很多相似的地方，比如，它们的理论基础相同，都以营销理论为指导，但是更多的是不同。我们试图总结这些区别，为以下的我国商业银行存款定价模型设计做好铺垫。

（一）商业银行经营业务的特殊性

与一般生产性企业相比，金融企业的业务有其特殊性。首先，非金融企业依赖于提供、销售实用性产品获得收益，如计算机、电视机或其他生产性、消费性物资等。而商业银行并不提供具体的生产性或消费性产品，而主要通过提供金融服务获得收益，如通过存贷款获得利差等。在美、日等发达国家，与资产运用无关的表外业务、中间业务的收入在商业银行总收入中占有50%以上。这些中间业务主要依赖于商业银行的资金实力和商业信誉，为别人提供一种承诺或担保，如开立信用证、提供担保等，然后收取一定的费用作为风险补偿。因此，在进行业务过程中，一般并不需要商业银行进行实际支付。

（二）商业银行资产的特殊性

从商业银行的资产来看，商业银行的有形资产大部分是有价证券的形式，这些资产具有合同的性质，合同在实际运作和法律上都有极大的不确定性。此外，发达国家商业银行同时从事多种业务，如衍生产品交易、保险承保等。这些未来负债具有较大的不确定性。

（三）商业银行产品同质性

从商业银行提供的产品和服务的内容来看，商业银行之间具有明显的相似性或同质性。生产性企业的产品往往在某一方面具有一定的垄断性，如在某一关键部件上的技术垄断等，产品之间差别性较大，因而往往各自具有相对的竞争优势，并且这种技术上或其他方面的差异很难在一个较短时期内在企业间传播或模仿。但商业银行则不同，由于银行服务的技术壁垒较低，传播和模仿的障碍很小，因此，某家银行推出的一项创新性服务，会在很短时间内被其他银行所模仿，其他银行也能够在短期内就推出该项服务，并且有可能条件更优惠，更能赢得顾客青睐。商业银行的这种业务特性，必然成为其提高利润率的瓶颈，同时，也决定了在竞争性环境中，商业银行不可能存在像软件或其他高科技行业一样的暴利基础。

（四）商业银行的经营与宏观经济的联系更密切

商业银行不仅是一个企业，也是国家货币政策传导机制的重要一环。商业银行的经营与宏观经济的联系更密切。由于这种业务上的特殊性，使银行在经营管理中，必须充分考虑社会性、盈利性、安全性和流动性。与一般生产性企业相比，商业银行的安全性和流动性的要求更高，因为一家银行的倒闭往往会发生连锁反应，进而影响整个宏观经济。

从以上的不同我们发现，在银行存款定价时，我们要特别注意宏观经济形势的变化对银行业产生的影响。在银行存款定价时，首先就要把握目前宏观经济所处的位置，即在经济周期中处于哪一个阶段。若处于衰退期的底部或复苏阶段，则商业银行的经营业绩可望得到增长；若经济已经处于波峰或正进入衰退期，那么商业银行的经营业绩就要面临着滑坡的可能。不同的经济周期，采取定价和营销策略不同。其次，要注意政策风险。银行业对政策的敏感程度相当高。由于银行业在国民经济中的重要作用，各国都对商业银行实行了比较有力的监管。银行业与各行各业都相关，在对我国商业银行存款定价进行分析时，主要看政策对商业银行某些业务的收缩程度以及可能性有多大等。

4.1.2 存款定价的影响因素、目标及原则

（一）存款定价影响因素分析

由于存款价格制定是否合理对银行具有十分重要的意义，存款定价过程是一个复杂的过程，商业银行必须将影响存款价格的因素综合在一起考虑，认真权衡，只有在此基础上才能制定出科学合理的存款价格。综合以上的研究，影响银行存款定价的因素主要有：

1. 金融市场借贷资金的供求状况。存款既然是一种商品，其价格也必然受供求的影响。资金的供给是指所有银行在该时期能够提供的贷款量，而贷款的需求是指借款人在某一时期希望从银行借入的资金量。存款的供求对存款价格的影响方式是：在某一时期存款供给量大于需求量时，银行将降低存款的价格；反之，如果存款需求量大于供给，银行一般将提高存款价格。不仅存款的利率要受到资金供求的调节，中央银行利率、存款利率及同业拆借利率也同样受到资金供求的调节，而后者直接对银行的资金成本产生影响，从而又间接影响存款的利率。

2. 预期通货膨胀率。在存在通货膨胀的条件下，存款的利率会存在名义利率和实际利率的差异。银行注重的是实际利率，因此，在预期通货膨胀上升时，银行就要相应提高名义利率，从而使实际利率保持不变或相应提高。

3. 存款的成本。存款定价的基本前提是对存款成本结构进行分析和测定。存款成本包括资金成本和运营成本两方面。资金成本为资金的利息成本。商业银行贷款所使用资金大部分来源于负债（包括客户的存款和借款）。其中，客户存款主要包括储蓄存款和企业存款，对外的借款主要指商业银行主动通过金融市场或直接向中央银行融通资金。这些负债都是需要支付利息的，因此资金的利息成本将直接影响存款的价格。不同银行的负债规模和结构不相同，资金成本也不相同。除了资金成本外，银行在经营存款过程中还会发生各种业务费用，也就构成了银行的运营成本。具体说来是商业银行吸收存款、发放贷款并维持与客户的借贷关系所需要的非利息性成本，包括人员工资、设备成本及其他需要补偿的费用。

4. 银行存款的目标收益率。商业银行都以盈利为目标，为了实现

该目标，对各项资产运用都应当确定收益目标。存款既是一种货币资产，也是一种要素资产。从存款向贷款的转化，就是从资产向资本的转化，银行存款的目标收益率就是其投资于各种盈利资产所获的无风险收益率。

需要注意的是：存款账户中的资金并不能全部投资于盈利资产，其中有些处于托收阶段，有些作为法定储备金。考虑了所有这些因素后，我们在制定银行存款的目标收益率时，应该要考虑转化的百分比。

5. 存款的风险程度。存款的风险主要来自于利率风险和流动性风险。利率风险是指银行的财务状况在利率出现不利的波动时面对的风险，将影响存款的经济价值。流动性风险是指银行无力为负债的减少提供融资，即当银行流动性不足时，它无法以合理的成本迅速增加负债或变现资产获得足够的资金，从而影响其盈利水平。因此，银行的资产负债风险管理显得尤为重要，银行在存款定价决策中必须考虑相关的风险程度。

6. 存款的期限和方式。存款利率的高低首先取决于存款期限。期限越久利率越高。可转让支付凭证存款和储蓄存款都可即时提取，因而提供的利率最低。可转让定期存款比一年或一年以上存款有更高利率，一般高 1 个百分点或更多。

7. 客户关系。客户对存款的需求决定了存款定价的下限，存款需求取决于市场规模和存款价格弹性。规模和弹性的确定，需要客户对银行的偏好和认知。

（二）定价目标

商业银行在给银行存款制定价格之前必须要有一个明确的定价目标，这样才有一个清晰的方向。所谓定价目标就是指商业银行通过制定特定的价格水平，凭借其产生的效用所要实现的预期目的。定价目标是商业银行营销目标体系中的一项具体目标，它的确定是我们了解与掌握市场营销活动的一个重要方面。由于商业银行条件各异，银行产品所处的营销环境不同，因此也就形成了不同的定价目标。归纳起来，商业银行存款的具体定价目标有以下几个：

1. 获取合理的资金利润率。从财务角度来看，商业银行的存款定价，是指确定存款的利率，附加收费和相关条款。解除管制后对银行来讲最重要的是资产收益率。资产收益率指标为净利润与资产平均余额之比，它体现了一家商业银行的资产获利能力，反映了商业银行使用经济资源的效益和效率，是体现其经营效益和管理水平的重要综合性指标。

净利润与资产平均余额变动，信贷资产质量的好坏，中间业务收入的多少，盈利资产收益的高低及占比不同，非生息资产多少，利息及经营支出高低，税款多少都将会影响资产收益率。在商业银行的总支出中，如果不考虑损失准备和税款支出，则最大的支出是存款利息支出，它是一家商业银行总成本中最主要的组成部分；其次是费用支出和折旧支出。存款成本的高低、费用开支的多少、固定资产的分布及折旧计提政策的变化等对资产收益率影响重大。哪家银行能够在持续经营的基础上使其资产收益率最大化，哪家银行就可以在市场竞争中保持有利地位。对存款定价决策的考虑应多集中在“要求的利差”上，不经常讨论利率水平。

2. 市场竞争能力。竞争是市场经济永恒的规则，因此，“市场利率比较定价”常常是存款定价中最具决定性的准则。由竞争形成的市场价格原则上是存款定价过程中最重要的参考指标，迫于竞争的压力，如果商业银行测算出的存款利率低于市场利率，一般会按照市场利率执行，除非市场利率很难弥补存款风险或者令银行出现难以接受的亏损。存款定价时充分考虑市场竞争是必须遵守的准则。

存款定价是一个系统工程，商业银行的目标是盈利，如果单纯用利率确定存款价格，很可能制定出来的存款价格不具有竞争性，而应该用一部分服务费来弥补银行为了增加竞争能力而提高的存款利率成本，因此，服务费也应纳入存款定价中。

3. 巩固市场份额。存款是立行之本，四大国有商业银行在存款市场上的垄断地位是历史的和体制的特殊原因造就。伴随金融竞争的日趋激烈，国有商业银行存款市场份额的缩减是必然趋势。“巩固市场份额”是针对占客户总体比例不大的高端客户群体，存款定价应建立在对客户与银行整体关系分析基础上，根据客户对银行的贡献确定价格。

4. 风险控制。通过一定的价格策略，商业银行可以优化资产负债的客户结构、产品结构和期限结构，将信贷风险和利率风险控制在可接受的范围内。

（三）定价原则

价格是价值的货币表现。银行是一个特殊的企业，其经营对象与一般企业不同。一般企业经营对象是具有特殊使用价值的物质商品，而商业银行则是以具有一般使用价值（与其他商品进行直接交换）的特殊商品——货币及其借贷活动——信用作为经营对象，这使商业银行的定价策略与一般企业的策略有着显著不同。

在利率市场化下，存款的价格确定将由消费者（客户）和出售者（银行）共同达成。在不同的客户眼中，虽然一定的市场价格代表了一定的服务水准，但对某一特定金融产品的内在价值和使用价值的评价是不一样的，而不同的生产和营销目标也会产生不同的定价要求。但价格的确定最终取决于客户使用产品的综合成本和市场供求情况的变化。商业银行为了在选定的细分市场上尽可能地吸引更多的客户并使利润最大化，应该主要从价格水平、价格弹性和价格折扣上进行综合考虑。由于我国没有相关的信息统计，在此借鉴西方商业银行的做法。

1. 价格水平上。西方商业银行定价时，一般会从金融产品的均衡价格出发，综合考虑金融市场的竞争程度、产品的生命周期以及政府立法等因素的影响，定一个合理的价格水平。如美国银行业对活期存款定价时，就是综合考虑银行间市场均衡价格、政府和央行监管等，为避免恶性竞争，实行对活期存款统一不支付利息。

2. 价格弹性上。西方商业银行在制定存款的价格时，为保证利润或收益的最大化必须对其产品的市场需求弹性有所了解，并由此产生测算需求价格弹性的问题。根据西方经济学原理，价格弹性就是指商品的需求量、供给量对价格变动的相对反应程度，用价格变动引起的其他因素的变动率与价格变动率的比率即价格弹性系数来表示。价格弹性策略是指银行对不同的客户购买同一数量的同一存款品种收取不同的价格。

3. 价格折扣上。体现在银行对老客户或对季节性存款品种的销售方法，在存款的基本价格上作一定幅度的下调，或给予适当的价格贴补。如实行大额存单、有奖储蓄等。

4.1.3　西方商业银行存款定价模型评析

（一）西方商业银行存款定价主要模型

西方商业银行一般按照本身的营业状态与客户的信用评估，弹性地调整存款利率的定价。主要定价模型分传统的定价模型和创新的定价模型。传统定价模型主要有历史成本加成模型、集中资金模型、边际成本模型、市场渗透模型和差别利率模型，创新的定价法主要有组合定价模型和风险定价模型。商业银行通过高质量的银行服务让客户满意，通过市场导向战略奠定竞争基础，这是现代西方银行业作出定价的基础。西方商业银行存款定价的主要模型有：

1. 边际成本模型。银行边际成本指银行吸引一个单位资金所需付出的成本增量，而银行的边际资产回报则指每增加一个单位的资产所带来的额外收益。银行可以通过比较资金的边际成本与边际资产回报来决定是否吸引新资金。当边际成本小于边际回报率时，应吸引新资金来支持资产增长。另外，银行也可以对不同资金来源的边际成本加以比较，来决定吸引哪一类的存款。

例如，某银行可转让提款单存款账户的资金成本为8%，其中22%为无利息收入资金率，其他费用为2.5%，因此该账户的边际成本为：

$$\text{边际成本}=\frac{\text{利息成本}+\text{其他成本}}{1-\text{无利息收入资金率}}=\frac{0.08+0.025}{1-0.22}=13.46\%$$

2. 市场渗透模型。即采取简单的提价政策以赢得更多的客户，从而迅速占领市场份额，实现客户的最大化。这种方法在短期内不重视弥补成本和利润，而以高于市场的平均存款利率或以较低的服务成本吸引尽可能多的客户，以薄利多销的形式争取更大的市场占有率。

3. 差别利率模型。这种模型旨在吸引有大额存款并需要多种银行服务的客户。

4. 组合定价模型。指银行按照客户的不同需求，把一系列相关的金融产品和服务匹配在一起综合定价，力求以成本低的服务收益补偿成本高的服务收益。在这种情况下，银行不再单独对某个金融产品进行报价，而是采取度身定做的方法，推出集众多金融产品与服务于一身的“一揽子服务”（package），或称综合产品服务的报价。

5. 风险定价模型。此定价法近年来较流行于西方银行业，被称为“受风险调整的资本收益”（return on risk - adjusted capital，RORAC）。基本做法是将每笔贷款的收益都按其风险度进行测定，并相应准备一定数量的风险资本，用以衡量风险业务的实际收益率是否达到预定的资本收益率。

（二）西方商业银行存款定价模型的比较分析

西方商业银行存款定价模型针对各种情形下的存款类别进行区分和确

定，有一定的适用范围和优劣势。

边际成本法不仅使银行可以确定适当的存款利率，还可确定边际成本超过边际收益造成银行利润下降前的最佳存款基础，比较适用于确定单一存款的有效性。但缺点是对存款的不同的风险度未作考虑，如存款的流动性风险、利率敏感性风险和资本杠杆风险。

理论上讲，采用市场渗透法，客户的趋利性将其吸引到价格相对较高的银行，价格越高，客户越多。采取这一策略，可使银行在巩固老客户的同时，拓展目标市场中的新客户。但是，如果多个银行采取同样的提价策略，其结果只会降低银行业的整体利润水平。同时，存款价格取决于市场需求的性质以及市场需求的价格弹性。当价格弹性较小时，采用市场渗透法不仅不会给银行带来利润，甚至会被竞争对手挤垮。

差别利率法比较适用于对大客户的吸引手法，也有利于银行细分市场，采取差别对待的政策，缺点是容易使存款者因为歧视待遇问题而流失相应的部分存款；另外，此方法存在对消费者剩余的不同程度剥夺的准确定性问题。如上述中，对3万港元与对3.1万港元的利差达0.8125%，较原来利率增幅达21%，如果存期为一年的话，3万港元利息支出为1 162.5港元，而3.1万港元的利息支出为1 453.1港元，而多出的1 000港元一年增加利息达290.6港元，其利率高达29.06%，显然不能正确反映存款的价格水平。

组合定价法向客户提供系列化服务，可使银行在保持一定价格水平的同时，既能密切银企关系，又能保证甚至增加市场占有额。但缺点是不能对筹集某笔存款进行准确定价，在实行部门成本核算时又不能明确划分有关部门具体应分摊的成本额。

风险定价法一方面为银行客户经理拓展业务品种提供了衡量标准，如果融资的回报率达不到RORAC的要求，银行可以提高金融产品的定价，从而使收益率足以反映其风险度；另一方面，在不同的产品中分散了融资风险，如果银行将不同程度的风险交叉分散于所提供的产品和服务中，以降低整体风险水平，从而减少需配置的风险资本数量，使银行得以在用低收益率确保盈利的同时，游刃有余地降低金融产品定价，吸引更多客户。其缺点同样是不能对筹集某笔存款进行准确定价，在实行部门成本核算时不能划分有关部门具体应分摊的成本额。

（三）西方商业银行存款定价模型对我国的启示

1. 存款定价模型可以灵活运用并进行创新。如前所述5种西方商业银行存款定价模型，各有其适用的范围。因此，对存款的定价可根据实际情况采取相应的定价模型，而总的原则是吸引更多客户并获得利润最大化。

2. 存款定价模型只有在一定的条件下才能顺利运作。利率市场化是存款实行定价的必要条件，但能否很好运用存款定价模型，还需要其他条件的配合，如要求有成熟的金融市场、银行经营管理者对利率变化及时反应、金融监管充分有效等。反观我国金融环境，虽然经过近几年来不断的深化改革，金融市场、四大银行的商业化转轨，以及金融监管大为改善，但商业银行产权不明晰、金融市场发展不平衡、金融监管的“时滞”和手段单一，是制约商业银行实施存款定价模型的外部条件。因此，从长远而言，我国必须在宏观政策实施利率市场化的同时，尽快发展和完善金融市场，给商业银行和存款户一个大致公平的融资环境，培养高素质的银行经营管理者和投资者，完善金融市场监管，为商业银行实施适合我国国情的存款定价模型创造有利的内外部环境。

4.2　我国商业银行的存款定价计量模式及流程设计

4.2.1　我国商业银行存款定价现状

到目前为止，在商业银行的全部资产负债业务中，除大额外币存款、外币贷款和人民币协议存款这几个有限的品种外，商业银行在利率定价方面几乎没有什么自主权。但是，从仅有的这几个品种的市场报价可以看出，我国商业银行的利率定价水平不高，甚至可以说是非理性的。究其原因，我国银行业一方面由于有利率定价权的时间还不长，缺乏利率定价的经验；另一方面由于银行间的恶性竞争，互相抬价，因此在利率定价方面表现出了不成熟的非理性的行为。只有一两个品种的定价失误影响有限，但是一旦存款利率放开，商业银行可以对全部存款产品定价后，利率定价失误将是致命的。

4.2.2　我国商业银行存款定价计量模式——客户关系定价模型

从第一节的分析我们知道，银行作为一个服务性的企业，其定价模型与一般产品的定价有明显的区别，借鉴西方国家商业银行的存款定价模型，虽然对不同类型的存款成本计算进行了详细的区分和明确，但都具有一定的局限性，因为银行在存款成本计算中不可能只用一种定价法，而具体种类的存款适用何种定价法，如何正确使用，都是需要详加分析和运用的问题。能否有一种定价法，对不同来源的存款成本进行综合评价或统一定价？我们拟借鉴前述西方商业银行的定价模型（主要是借鉴组合定价模型），结合我国国情，从可操作性的角度出发，设计我国实行利率市场化后的存款定价模型称为“客户关系定价模型”。

客户关系定价模型是指从市场营销的核心出发，一是考虑客户从中所能得到的利益，即银行提供的产品和服务应该让客户觉得有价值，易于被客户理解和接受；二是提供的存款产品和服务的价格应有利于吸引客户成为忠诚的客户群，强调银行与客户的整体关系；三是产品和服务的价格应尽可能简化银行与客户的关系，减少客户对银行的疑虑，增强客户对银行的信任感。即将客户在银行账户中获得的整体收益，该账户管理应支付的除银行存款利息成本外的其他成本，及该账户预计可给银行带来的目标利润，倒推算该账户的银行存款利息成本，确定该客户的存款利率银行应给付高低。

由于：

账户总收入 = 账户总成本 + 目标利润

账户总收入 = 客户存款投资收入 + 服务费收入 + 贷款利息收入

账户总成本 = 变动成本（利息支出）+运营成本 + 违约成本

因此，客户存款定价公式为：

$$存款利率 = = \frac{账户总收入 - 目标利润 - 运营成本 - 违约成本}{存款额 \times 期限}$$

（一）账户总收入的计算

账户总收入包括该客户账户的所有能获得的收入，分客户存款的投资收入、服务费收入和利息收入，该收入并非为客户直接所有，而是银行通过客户在该行开立的账户及账户上的资金给银行带来的收入，即客户对银行的贡献度的匡算。

计算存款的投资收入的方法是：先确定该客户在计算期内的平均存款额，再减去托收中现金额和法定准备金，最后根据银行的存款收益率计算客户存款带来的投资收入。

表 4-1 A 客户某月份存款的投资收入计算

A 客户的活期存款	
平均存款额	335 000（元）
平均托收金额	92 500（元）
实收存款额	335 000 - 92 500 = 242 500（元）
法定准备金（6%）	242 500 × 0.06 = 14 550（元）
可投资金额	242 500 - 14 550 = 227 850（元）
存款收益率	按三个月短期国库券平均利率 4.21% 计算，该客户活期存款的投资收入为：227 850 × 0.0421 ×（30/365）= 788.4（元）

如果 A 客户在银行还有定期存款户头或其他户头，只要再把定期存款或其他存款的可投资部分考虑进去，就可计算该客户全部存款在某段时间的投资收入。

计算客户对银行的贡献度，银行必须对客户的存款先按预定的某项收益率进行测算，通常可参照国际通用做法，活期存款按 3 个月短期国库券的平均利率计算，定期存款按 3 个月定期存单的平均利率计算。

服务费收入。由于中国加入了 WTO，国有商业银行面临着来自国内同业和国外有先进管理经验的银行的激烈竞争，银行存贷款利差将逐渐缩小，再加上国家逐步遵循国际惯例的做法，按《巴塞尔协议》对资本金的要求逐渐严格，国内银行将越来越多地依靠服务费收入来保证盈利，增加收益。服务费的计算可直接按该账户发生的每笔业务应缴纳的服务费计算。值得注意的是，服务费的制定也可以纳入存款定价中来，因为市场竞争的存在，单纯从利率确定存款价格，很可能制定出来的存款价格不具有竞争性，而应该用一部分服务费来弥补银行为了增加竞争力而提高的存款利率成本。

贷款利息收入。体现了银行与客户的关系，如果该客户在银行进行了一定的贷款，那么它的存款价格就会比没有贷款的企业高。在本书计算存款利率时，由于一个公式不能同时有两个以上的未知变量，因此，对贷款的定价就必须参照某一基准利率预先进行确定。国际上一般采取的参考利率有美国联邦基金利率（the federal funds rate）、定期存单利率（CD rate）、商业票据利率（commercial paper rate）和伦敦银行同业拆借利率（LIBOR）。对我国贷款利率的确定，实行利率市场化后，银行的贷款利率将不再是由央行直接管制和制定，因此，我国贷款利率的参考利率只能是央行对商业银行的再贷款利率，测算时应根据央行的再贷款利率再加上一定的百分点。增加的百分点视贷款的风险度而定，期限长的贷款，加价部分应较高，因为贷款期限越长，风险越大。

（二）目标利润的计算

目标利润是指银行资本从每笔存贷款中应获得的最低收益。如果某家银行的资本金为总资产的8%，那么，贷款的8%是由银行资本金支持的，另外92%则是通过负债获得的资金来支持的。所以，目标利润实际上是资本的目标收益。目标利润根据银行既定的目标收益率、贷款额和贷款的资本金比例确定来计算：

$$目标利润=\frac{资本}{总资产}\times 资本的目标收益率\times 贷款额$$

（三）违约成本的计算

由于贷款存在无法收回的风险，银行在核算账户利润时就必须考虑到违约损失。计算违约成本时，可以把贷款划分为不同的风险等级，再根据历史资料计算不同风险等级贷款的平均违约率，最后根据平均违约率和贷款额确定违约成本。

（四）利用作业成本法计算商业银行产品运营成本

1. 运营成本分析。运营成本是指银行在经营存款过程中发生的各种业务费用。具体说来是商业银行吸收存款、发放贷款并维持与客户的借贷关系所需要的非利息性成本，包括人员工资、设备成本及其他需要补偿的费用。

（1）工资性支出。职员工资是商业银行经营总成本的重要部分。按目前我国工资制度，商业银行的职员工资基本上仍套用国有企业工资发放，与外资银行相比处于较低的水平，因而对人才的吸引力不强。从发展趋势看，国有商业银行的工资应参照国外商业银行的人才市场定价的方法，采取年薪制和岗位市场定价。据此估计，我国与国际接轨后，商业银行的工资性支出将是一项较重的负担。在会计处理中，目前商业银行通常把管理部门的职员工资与业务部门的职员工资分列计算，分别计入银行的管理费用和业务费用进行核算和分析，有利于今后进行部门成本核算时计算具体分摊额度。

（2）经营管理费用。这里所说的经营管理费用与会计中所说的管理费用有所不同，它不仅包括管理部门的办公用品费用、房租费、差旅费、公杂费、宣传费、会议费、差旅费、邮资费、车船燃料费、低值易耗品等，还包括业务部门的业务营业用房房租费、钞币运送费、出纳费、业务宣传费、律师费、公共关系费、诉讼费、咨询费等，因而是指商业银行进行日常管理、开展业务所必须支付的各项成本。由于经营管理费用的种类繁多、构成复杂，所以，降低该成本往往要对每一项具体成本进行分析，现实地考虑降低每项具体成本的办法。如对广告宣传费用开支的分析，要视市场开拓的进度、品种的生命周期等因素确定。

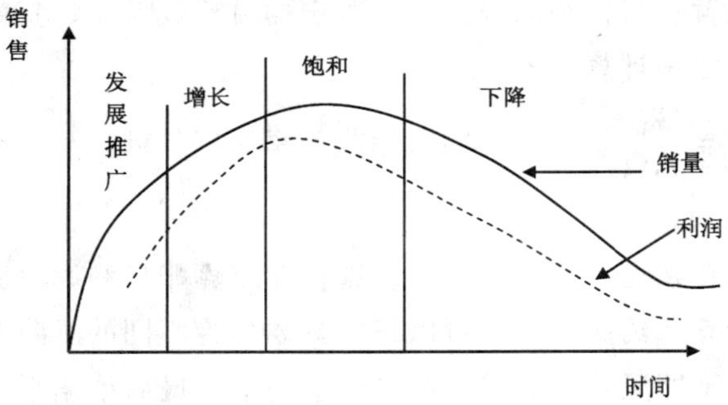

图 4－1　金融产品生命周期图

如图 4－1 所示，金融产品的生命周期与物质产品的生命周期相似，分为推广阶段、增长阶段、饱和阶段和下降阶段。因此，在对存款品种进行宣传推广时，不仅要分析市场对金融产品的接受程度、市场的饱和率，也要考虑消费者的接受速度，由于公关宣传费用的支出在产品的不同阶段有不同的需要和效果，因此，要对每一项支出进行深入细致的分析，联系实际综合权衡。

（3）与固定资产有关的支出。商业银行的固定资产，主要指商业银行开展业务、实施经营管理所需要的房屋、办公场所、各种银行设备、交通工具等。与固定资产有关的支出包括固定资产折旧费、大修理费、日常修理费和维护费、设备租赁费等。商业银行对固定资产的投资往往是一次性的，而固定资产的损耗则是随着使用时间的增加，一部分一部分逐步发生的，因此，固定资产的补偿也应采取逐步提取折旧的方式进行。商业银行应当根据国家规定的折旧方法，按月按季或按年提取折旧费，并将其归入相应时期的经营总成本中。另外，由于固定资产的使用年限较长，因而在使用过程中往往需要大修理，如储蓄所装修、仪器设备重要部件更新等，才能保证固定资产顺利发挥作用，这些大修理费应在修理后的一段时期内逐步摊销。降低与固定资产有关的成本关键是提高固定资产的使用效率，降低磨损和耗费，加强保养和维护，以及在购买和租用中选取成本较低、获益较大的方案。

2. 作业成本法的特有概念及计算步骤。目前我国商业银行在成本核算上还未做到以某类产品或服务为对象来归集成本信息，一般以部门或期间作为成本信息的归集对象和承担者，尚不能提供产品或服务的真实成本信息。商业银行引入作业成本法有利于商业银行适应日益激烈的市场竞争，有利于商业银行相对准确地计算产品或服务成本，有利于分析客户盈利能力，有利于有效地进行成本管理，有利于商业银行进行战略价值管理。

作业成本法是指以作业为间接费用的归集对象，通过资源动因的确认、计量、归集资源费用到作业上，再通过作业动因的确认、计量，归集作业成本到产品或顾客上去的间接费用分配方法。

资源：企业生产经营过程中，初始形态上的各种劳动耗费。目前商业银行业务活动所消耗的资源一般可分为七大类，即资金费（包括储蓄利息支出、银行拆借利息支出等）、人事费（包括薪金、福利费等）、场地费（包括房租、水电费等）、折摊费（包括交通工具、各种设备的折旧）、事务费（包括交通费、电脑作业费、印刷费等）、营销费（包括广告费、交际费等）、信用形象塑造费。

作业：作业是汇集资源耗费的第一对象，是连接资源耗费和产品成本的中介。在作业成本中，从作业的层次上把作业分为：（1）单位作业；（2）批别作业；（3）产品作业；（4）维持性作业。

作业链和价值链：企业实质上是一个为了满足顾客需要而建立的一系列有序的作业集合体。这个有序的作业集合体分布于从产品设计到产品售出的整个生产经营过程，由一系列前后有序的作业构成，将它们由此及彼、由内到外连接起来形成一条作业链。每项作业既是前一项作业的延续，又是后一项作业的开始。将作业链上的所有作业汇总起来，就形成了为顾客提供的有价值的产品。

与作业和作业链相关的是价值链。每一个企业都是在研发、设计、生产、销售、发送和辅助其产品生产过程中进行种种活动的集合体，所有这些活动都可以用一个价值链来表示。价值链是分析企业竞争优势的根本，也是成本控制的重要内容之一，它紧紧地与服务于客户需要的作业链相关联。作业链的形成过程就是价值链的形成过程，价值链分析是基于作业的成本管理的重点，因为其目标在于发现和消除对价值链无贡献的作业，提高每一个增值作业的效率。

成本动因：作业是由产品引起的，而作业又引起了资源的耗用。成本是由隐藏其后的某种推动力所引起的，这种隐藏在成本之后的推动力就是成本动因，或者说成本动因就是引起成本发生的因素。资源动因反映的是作业中心对间接资源的消耗情况，是间接资源成本分配到作业中心的标准；作业动因反映的是最终产品对作业的消耗情况，是将作业中心的成本分配到最终产品或劳务中去的标准。

成本库：它是指作业所发生成本的归集。在作业成本法中，将每一个作业中心所发生的成本或资源归集起来组成一个成本库。作业管理：是将企业管理深入到作业层次，对作业链进行分析，消除非增值作业并使增值作业更有效率，从而将企业置于不断改进的状态之中。与此相应，企业管理的着眼点和重点应从传统的产品转移到作业上来，实行“以作业管理为基础的管理”。

在作业成本法系统中，产品成本分为两部分：一部分为直接成本；另一部分为进行二阶段分配的间接费用。产品成本是生产产品所需的各个作业的成本之和，而作业成本是作业耗用资源数量与资源价格的乘积，或者说是资源动因数量与资源价格的乘积。该原理是构建作业成本计算模型的基础。设某商业银行提供 m 种产品，有 n 种作业，消耗 s 种资源，令矩阵 C，DM，DL，D，R，P 分别表示产品成本、产品消耗的直接材料、产品消耗的直接人工、产品消耗作业的数量、单位作业消耗资源数量和资源的单价。根据作业成本计算的原理，可得：$C = D \times R \times P + DM + DL$。

3. 作业成本法计算存款运营成本案例分析。构建存款定价计量模式，第一步就是要将成本法引入，对银行各个业务进行成本分析。由于资料有限，我们仅以某国有商业银行一单点支行为例，对其 5 年期企业定期存款的运营成本作出说明。该网点发生费用累计发生额为 152 498 元，其中直接费用46 646元，间接费用105 852元，根据资源动因，计算出每项作业消耗的资源（见表4－2）。

第一，根据该网点办理产品业务的操作环节，划分产品作业类型，并确认作业动因。对作业的动因量进行统计后，可得出各作业动因分配类别。

表4－2　网点成本分类及资源动因表　单位：元

成本类别	金额	分配至	资源动因
与招待相关的费用	974	作业	估计的比例
计算机设备费用	22 400	作业	各作业所耗费的工时
办公设备费	1 040	作业	各作业所耗费的工时
基础设施类费用	6 420	作业	各作业所耗费的工时
网络通讯费用	6 650	作业	网络通讯的次数
低值易耗品费用	3 280	作业	各作业所耗费的工时
电信费用	350	作业	各作业所耗费的工时
邮政费用	112	作业	邮寄数
促销费用	1 284	作业	估计的比例
安全防卫费用	3 040	作业	与安全防卫相关的交易次数
人力费用	49 138	作业	各作业所耗费的工时
税金	224	作业	估计的比例
水电费	1 976	作业	各作业所耗费的工时
一般业务管理费	286	作业	各作业所耗费的工时
出纳费	372	作业	与现金相关的交易次数
印刷费	3 628	作业	前台交易次数
差旅费	3 120	作业	估计的比例
车辆费用	1 560	作业	业务用车的行驶里数

资料来源：银行内部资料。

第二，将网点费用按成本类别进行分类。在该国有商业银行会计总账中费用科目分为一级、二级至三级，将属性基本一致的费用科目归并为同一成本类别中。

第三，确定成本动因。资源动因可以通过以下途径取得：一是可以从分行运行的城市综合网系统中直接取得，如设备费用的动因；二是通过各种手工登记本取得，如安全防卫费的动因；三是通过发放调查表，统计每个员工一周内或一个月内花费在每个作业的时间，如人力费用的动因；四是补充设置登记本，对费用进行逐笔登记，计算出所占比例，如招待费的动因，具体情况见表4－3。

第四，计算各作业所消耗的间接费用，某一作业所消耗的间接费用等于该作业所消耗的各项间接费用之和；计算单位作业成本，某一项作业的单位作业成本等于该作业的成本除以作业量，计算结果见表4－3。

表4－3　网点作业成本、作业量及单位作业成本表（与存款有关）

作业	间接费用	作业量	单位作业成本	作业	间接费用	作业量	单位作业成本
开户	4 945.78	872	5.67	审查法律文件	1 055.32	212	4.98
办理收费事项	2 062.8	4 756	0.43	邮寄对账单	603.38	1 720	0.35
查询——柜台	3 660.74	1 472	2.49	客户营销	4 012.94	90	44.59
存折补登	4 375.78	156	28.05	上门服务	2 151.42	58	37.09
代收代扣	3 006.8	4 050	0.74	打印对账单	4 242.86	2 378	1.78
冻结解冻	1 309.2	46	28.46	存款结息	3 891.32	7 260	0.54
挂失解挂	2 102.86	52	40.44	打印凭证	4 175.62	4 312	0.97
换折、转存、换卡	2 727.24	90	30.30	销户	2 151.26	44	48.89
解付	2 654.36	312	8.51	转账——柜台	4 988.98	2 964	1.68
现金存款——柜台	6 921.56	7 824	0.88	修改印鉴	2 388.68	16	149.29
现金取款——柜台	6 969.92	7 562	0.92	修改密码——柜台	2 946.56	94	3.35

第五，计算产品的间接作业成本，产品作业成本等于某一作业单位成本乘以产品消耗该作业的量。

第六，将产品的间接作业成本与从营业费用系统中记录的直接费用相加便可得到各个产品的实际成本状况，再与产品的毛利益比较，可得到各产品的盈利状况，具体见表4－4。

表 4－4　　作业成本法成本数据表　　单位：元

产品名称	直接费用	间接费用	费用合计
企业定期存款	6 218	3 254	9 472
企业活期存款	13 772	20 630	34 402
个人定期存款	11 396	4 272	15 668
个人活期存款	13 060	27 516	40 576

从表 4－4 可以得出，企业定期存款账户的年度运营成本为 9 472/5 = 1 894.4 元（因为是 5 年期存款，这些一次性成本应在储蓄账户的 5 年寿命期内平均分配）。

4.2.3 客户关系定价模型案例分析

客户关系定价模型案例分析见表 4－5：

表 4－5　　案 例 分 析

A 公司在中国工商银行的账户一季度情况（单位：元,%）

贷款合同

500 万元上限的循环使用贷款承诺

贷款利率：央行一年期再贷款利率（5%）+4%

账户活动	次数		单位管理成本
活期存款			
提取	4 187		0.13
转账	15 906		0.12
存入	90		0.13
账户维护	3		6.75
电子转账	362		2.00
工资发放	3		1 500.00
存款和贷款额			
平均贷款额		4 400 000	
贷款利率		9%	
贷款年管理费		0.7%	
贷款年风险费率		1%	
平均存款额		174 516	
平均托收中现金		60 112	
法定准备金率		6%	
存款收益率		5.8%	

续表

据此，可计算如下

A 公司账户总收入

账户总收入	
平均存款额	174 516
托收中现金	60 112
实际存款额	114 404
法定准备金	6 864
可投资金额	114 404 − 6 864 = 107 540
投资收入	5.8% ×（90/365）×107 540 = 1 538
服务费收入	略
贷款利息收入	9% ×（90/365）×4 400 000 = 97 644
合计	1 538 + 97 644 = 99 182

A 公司目标利润

目标利润	
资本税前目标收益率	15%
贷款资金来源	8% 来自资本金，92% 来自银行负债
合计	8% ×（90/365）×15% ×440 000 = 13 019

A 公司账户总成本中除利息外的费用

账户总成本中的其他费用	
活期存款提取	4 187 ×0.13 = 544
活期存款转账	51 906 ×0.12 = 6 299
活期存款存入	90 ×0.13 = 12
活期存款账户维持	3 ×6.75 = 20
电子转账	362 ×2 = 724
工资发放	3 ×1 500 = 4 500
贷款管理费	0.7% ×（90/365）×4 400 000 = 7 594
违约成本	1% ×（90/365）×4 400 000 = 10 849
合计	30 472

如果该公司此时提出存入一笔 350 万元的存款，期限为 4 个月，银行要实现预期目标收益率，其存款价格应确定为：

$$\frac{99\ 182-13\ 019-30\ 472}{3\ 500\ 000\times(120/365)}=4.84\%$$

如果该公司提出存入一笔 100 万元期限为 1 年的存款，银行要实现预期目标收益率，则该笔存款定价为：

$$\frac{99\ 182-13\ 019-30\ 472}{1\ 000\ 000\times 1}=5.57\%$$

可见，客户关系定价模型可以直接对客户的新存入存款进行定价，并对客户的多个账户情况有一个综观全局的了解，可为客户提供全方位的多功能的银行服务。

4.2.4　开发利用先进的技术和方法

产品定价能力的提高不仅需要树立正确的理念、建立规范的制度，而且需要运用先进的技术和科学的方法。由于我国对银行产品定价问题的研究起步较晚，相比较国外成熟的定价技术和方法，我国银行产品的定价技术和方法还处于初级阶段。因此，我国商业银行应该利用国外先进的技术，同时开发适合我国银行特点的定价方法，缩小与国外银行的差距，提高竞争力。

（一）采用作业成本法，加强成本分析和管理

加强成本分析和管理的最终目的是为了给产品确定一个合理而有竞争力的价位，以使银行在市场竞争中处于相对有利的地位。随着利率市场化的不断推进和服务价格的放开，商业银行应强化产品中的成本分析，提供丰富而完备的成本资料，以便寻求降低成本、提高效益的有效途径，更好地发挥成本管理对产品定价的积极作用。由于传统成本核算方法存在的缺陷，国有商业银行可以采用作业成本法，加强成本分析和管理。

针对我国国有股份制商业银行分支机构多、人员多的现实状况，应由总行建立统一的产品分类、业务流程和作业构成标准，以避免各分支行自行投入导致资源浪费，提高整体工作效率。可以采取由粗到细的方法确定产品分类和划分作业，即先由产品大类入手，随着经验的积累，逐渐细化产品分类，循序渐进地取得产品成本的详细资料。由于各银行较早开展了分部门核算，可以把分部门核算和作业成本结合起来，即将费用先归集到业务部门，再按照一定的标准分摊到各个作业，再按照产品所属的作业归集产品成本。

随着市场化的推进，以往的做法是：价格 = 成本 + 利润，已不能适应银行的发展，取而代之的是“倒逼成本”法的经营观念：成本 = 价格 - 利润，它的经济意义是价格是由市场决定，企业要获得利润就要学会降低成本，也就是商业银行为保证目标利润的实现应确定在一定时期内其营业成本控制的限额，也就是进行目标成本管理。而作业成本的实施与运用可以在很大程度上有助于目标成本管理的顺利进行。国有股份制商业银行在目标成本管理过程中可以采取以下步骤：

1. 计算目标成本 = 目标售价 - 目标利润，并将目标成本与目前的产品成本相比较，计算出成本差距。

2. 运用作业成本法分析出目前各作业的成本，找出各种不同作业的成本动因，应认真辨析各类作业，以选择高收益作业，削减没有价值的作业，或寻求最佳作业组合，优化资源配置，降低成本。区分作业的方式为：主要作业和次要作业；核心作业、支持作业与连带作业；增值作业和非增值作业。

3. 对目标成本进行追踪考核。即将成本指标的分解归口管理，在各自责任范围内有效地控制成本，严格划分各责任单位的经济责任。银行建立起以部门、业务、客户为对象的全面成本评价和核算体系，从各种角度压缩成本。一是建立客户成本效益评价和客户核算体系：制定客户间接成本分摊标准和方法，以分客户、分群体进行成本效益评价，逐步建立对客户收益成本核算体系。据对客户效益评价，实施重点开拓与收缩并举的发展战略，优化客户结构。二是建立分业务成本效益评价和核算：对业务种类进行划分，建立分业务成本台账，制定间接成本在各业务种类中的分摊依据、标准和方法。建立各业务成本控制和考核标准，对各业务的成本收益进行考核。三是建立分部门成本效益评价和核算：按部门划分成本责任中心，把成本管理责权明确到各个动因责任中心，把相关成本管理的责任和权力划归该主管部门。

（二）完善定价信息系统

加大科技、人力、财力投入，建立完善信息系统。目前，国内各商业银行的信息共享水平不高，而且上述所论及的成本管理、资金成本测量系统等在国内商业银行还没有完全建立。因此，需要在科技、人力、财力上加大投入，整合现有信息资源，开发新系统，尤其是建立和完善客户资源信息系统，通过掌握客户的信用水平（有无违约历史）、经济实力、所处行业及所处地位、财务状况等，测算客户对银行的综合贡献度，划分客户类别，为推行差别定价提供支持。

客户关系管理（CRM）是在国外用了几十年的基础上发展起来的，我国同国外的商业银行有很大的差距，因此引进这个系统要结合自身的情况，制定逐步实现的规划，因为，客户关系的建设过程就是银行提高管理水平和提高竞争能力的过程，而且是业务流程再造的过程，并不简单是一套系统。目前我国国有股份制商业银行着力做以下工作：

1. 完整的客户信息。许多国外银行引以为傲的就是自己完备的客户档案和数据库，整合记录银行各部门、每个人所接触的客户资料并进行统一管理。没有完整的客户资料可供使用，那么客户关系管理系统的功能无法实现。为此我国银行应该积累完善客户资料，如果现在不积累客户资料，仅仅有一个客户的姓名、电话号码，别的资料都没有的话，CRM 建起来也实现不了差别个性化服务。客户的基本分析首先是提供一个客户的单一和全面的视图，即能够提供一个统一的关系客户在本行的所有信息，又能从各种评价指标衡量单一客户基本信息分析。协助业务和决策人员全面理解和掌握客户的基本信息。

2. 建立客户信用评级系统。客户信用评级，也称内部评级，是银行准确评估借款人的资信水平，测算借款人的违约概率，把握授信风险，从源头上提高授信资产质量的一种有效途径。客户信用评级体系主要包括客户信息模块、评分及核定信用等级和风险限额模块、审批流程模块、汇总统计模块。客户信息模块涵盖评级行、客户名称、客户编号、企业标准码等重要信息，以及客户经理的初评报告。评分及核定信用等级和风险限额模块包括：提供录入的财务和非财务指标界面，根据既定的评分模型，自动计算出信用等级和风险限额。审批流程模块实现从初评到复核、初审到终审的所有过程。汇总统计模块主要应按不同的统计口径自动生成各种统计结果，便于各级业务人员和管理人员及时掌握有关评级结果。此外，建立的客户信用评级系统应制定相应程序，当客户资信发生较大变化时可以自动调整客户的信用等级，以便银行掌握客户的风险状况，及时调整产品价格。

3. 建立客户利润贡献度。客户贡献度也称之为客户利润贡献度，是指客户对企业的利润贡献程度。从广义的、客户生命周期的角度来看，客户终身的贡献度包括现有的贡献以及潜在的贡献。因此，企业在考虑客户的利润贡献度的时候，不能仅仅考虑目前的贡献程度，更需要考虑该客户的潜在利润贡献程度。

采取何种定价模型取决于银行对经营环境、竞争策略和银行管理水平的判断，商业银行的成本计算与分配提出了更高的要求，要求银行不仅要采用分产品核算的方式，还要做到分客户核算的方式，国外银行建立了完善的客户关系管理系统来达到上述要求，而我国银行目前却难以做到国外银行的“让利”，往往是根据客户的要求主观判定，缺少量化的依据，且大多停留在简单地把利率浮动几个百分点的基础上。而西方商业银行在客户盈利分析的基础上，大多开发了简便实用、标准化的定价软件，如利润分析报告。

客户定价模型方法体现了以客户为核心的经营理念，是商业银行存款定价的发展方向。由于实际条件的限制，我国商业银行应开发符合自身情况的客户盈利率定价方法，可以先考虑分客户核算每个客户总的贡献度，以此为依据来定价。

总之，存款定价是商业银行战略管理的重要组成部分，随着竞争的加剧，银行要想其产品具有价格优势，提高定价能力，必须在政府放权和科学的监管下建立完整高效的定价体系。

4.3 商业银行贷款定价方法研究

4.3.1 我国商业银行贷款定价现状及存在的问题

（一）我国商业银行贷款定价的基本情况

我国人民币存贷款利率还未市场化，在现行利率管制体制下，中国人民银行规定了不同期限、不同主体的人民币存款利率，规定了不同期限、不同贷款主体的贷款基准利率，商业银行相应贷款利率在基准利率基础上最高可上浮 30%，最低可下浮 10%，非试点地区农村信用社贷款利率最高可上浮 50%。

虽然商业银行现行贷款定价只能以相应期限的基准利率为基础，选择 -10% ~30% 的浮动，但贷款定价的自主权较计划经济时代已经有很大提高。随着国有商业银行改革力度加快，中小股份制商业银行的兴起，外资银行的进入，国内银行业竞争日趋激烈，商业银行更加关注资产的流动性、收益性和安全性，重视对重点客户的培养，贷款定价方法与策略成为商业银行竞争的一个重要筹码。概括起来我国商业银行贷款定价主要方法有贷款成本定价法、关系定价法和市场参照法。

贷款成本定价法就是要使贷款价格能够弥补银行提供贷款服务的成本，并有一定的盈利空间，公式表述为：

贷款价格 = 贷款所用资金成本 + 风险准备金 + 分摊的营业费用 + 银行计划利润

贷款所用资金成本主要包括存款成本、债券成本及筹集资本金的成本。风险准备金是指银行贷款作为一种风险资产，存在形成坏账损失的可能，因此银行要对贷款提取准备金，记入贷款的成本。营业费用主要是指非利息支出的费用，如员工的薪金、营业设施、设备的折旧等。

关系定价法是指银行根据客户与银行的业务往来密切程度、客户对银行的贡献度或客户对银行的潜在价值等因素来为产品定价，是银行吸引关系密切的最佳客户的一种手段。该办法增加了客户对银行的忠实程度，并且使客户对其他金融机构提供的利率及其他银行服务收费变动的敏感性降低。

市场参照法是指银行在为其金融服务定价时，主要基于竞争者对同类产品或服务提供的价格、产品特性、服务水平等因素，目的是在保证弥补全部或绝大部分总成本支出的前提下，使银行的产品定价具有一定的市场竞争力。在测算成本有困难或竞争者不确定时，市场参照法是一个较有效的定价解决办法。

上述是国内商业银行贷款定价的主要方法，但由于央行的利率管制，使得我国商业银行贷款定价管理具体表现形式如出一辙，商业银行现行贷款定价基本上沿袭计划经济模式下定价方法，以相应期限的基准利率为基础，选择 -10% ~30% 的浮动，浮动幅度取决于贷款企业与商业银行的关系、存款结算等联动业务。

现行贷款利率管制决定了商业银行贷款实际定价时很难全面考虑贷款的资金成本、风险准备、费用、目标利润、市场竞争等因素，影响贷款定价的因素在具体贷款时很难细化体现，利率敏感性不强。

（二）我国商业银行贷款定价中存在的问题

商业银行是经营货币的特殊企业，利率是货币价格的表现形式。货币的价格受供求关系的影响，供大于求时，价格下降，供小于求时，价格上升。同样贷款的需求大于贷款的供给时，贷款价格会上升。但实际生活中，由于货币是特殊商品，对贷款总是存在着超额需求，从而使传统的价格供求曲线发生偏差，这即是约瑟夫·斯蒂格利茨所说的信贷配给的存在。

我国商业银行现行贷款定价存在的问题主要有：

1. 利率缺乏价格弹性，信贷资源配置效率降低。

（1）高额的存贷利差，主要是出于对四大国有商业银行的保护与发展而定的。国有商业银行由于历史原因，人员包袱、机构包袱和不良资产包袱过于沉重，需要国家给予支持与扶持。但从长期而言，国家通过维持较高的存贷利差来使得商业银行具有稳定的较高的垄断收益，达到解决国有商业银行历史问题，并非是明智之举。国有商业银行的症结还是在于产权制度不明确，产权对银行经营的约束力不够，国有商业银行没有真正转变为现代商业银行。高额的存贷利差以及存贷款利率管制，使得商业银行贷款扩张需求强烈，在各家商业银行不同程度上造成贷款倒逼机制。商业银行尤其是下属分支机构受高额利润驱动，信贷规模扩张迅速。各级信贷员受内部考核机制影响，对贷款也是只要能获得批准尽量多放。贷款资金不足就先“生米煮成熟饭”，找上级行要资金，或向同业拆借。这种依托信贷规模扩张所带来的利润增长和繁荣，在宏观经济形势好的时候尚可，一旦形势发生变化，要压缩信贷规模，则很多不良贷款就会如雨后春笋般冒出来。

（2）成本约束作用弱化，银行盈利能力下降。以目前市场平均拆借利率3.3%左右作为银行资金成本，再加上银行固定资产折旧、工资福利费用分摊、提取风险准备金等，商业银行以往所发放基准贷款利率和利率下浮的贷款，如不算客户其他关系价值，基本上没有收益，有的已经是银行在亏本做生意。事实使得各家商业银行意识到贷款合理定价的重要性，成本因素是商业银行贷款定价首先要考虑的因素。

（3）利率浮动空间过小，利率激励效应增强，可能会出现劣质贷款驱逐优质贷款，信贷风险加大。商业银行贷款利率只能以央行基准贷款利率为基础，最低下浮10%，最高上浮30%，利率可供选择在一个较窄的幅度空间内，银行很难通过利率的逆向选择来达到优化信贷资源目的。

假定有A、B、C三家企业同时向某商业银行S申请流动资金贷款

1 000万元，期限 1 年，1 年期基准利率为 5%。其中 A 企业为低风险贷款企业，属各家银行积极营销对象；B 企业为一般企业，符合该商业银行贷款要求条件；C 企业基本上达到贷款要求条件，但估计较难从 S 行贷款。对于 S 行来说，A 为优质目标客户，贷款风险较小，从利率的逆向选择效应分析，A 倾向于付较低利率来获取贷款。考虑到竞争对手因素，S 行给予 A 最优惠的利率，基准利率下浮 10%，即 4.5%，同时由于 A 公司为低风险贷款企业，考虑到竞争因素，S 行短期内从 A 公司只能取得贷款收益，其他收益较少。B 企业为一般企业，达到 S 行贷款要求，如若没有其他业务联动，此时 S 行可能考虑会贷款给 B，但利率在基准利率基础上浮 10%。如上浮超过 10%，B 可能会另外选择贷款行。假定 B 承诺此时给 S 行返存 500 万元人民币，同时为降低成本，S 行同意按基准利率贷款1 000万元给 B。C 企业较难从 S 行贷款，但 C 企业承诺如能够贷款1 000万元，不仅愿付基准利率上浮 10% 以上利率，同时愿意将此1 000万元作为质押向 S 行再按基准利率下浮 10% 贷款 1 000 万元，C 企业实际拿到1 000万元敞口，S 行可获得 2 000 万元贷款收益和 1 000 万存款，在综合考虑收益后，S 行答应 C 的请求。

假定此时遇到 S 行收缩信贷规模，要在 A、B、C 中选择 1 家压缩 1 000万元贷款，实际情况很可能是风险最小的 A 公司贷款首先被压缩。一方面由于 A 公司是低风险贷款企业，融资来源多，资金较宽裕，容易压缩，而 B 与 C 企业尤其是 C 企业很难压缩，压缩了企业马上要破产，贷款也马上变成不良贷款，此时银行难压，轻易也不敢压；另一方面 B 和 C 给 S 行带来存款分别是 500 万元和 1 000 万元，丰厚利益回报也使银行陷入两难选择，难以割舍，造成实际上的“劣质贷款驱逐优质贷款”。

商业银行贷款均希望能够得到最大限度回报，但此时要对风险与收益有较清醒的认识，要认真比较分析利率的激励效应和逆向选择效应。根据利率的激励效应，高成本地融资必然会将资金投入到更高风险的项目上，势必加大了商业银行信贷风险。银行在认真分析了企业的借款原因和真实用途后，就要不为眼前利益所动，把好贷款风险关，控制信贷风险。

2. 贷款定价的期限差异不合理。中国人民银行定期颁布不同期限存贷款基准利率表，商业银行严格按利率表执行，贷款利率在相应期限的基准利率基础上有限制地浮动。央行管制的利率模式在计划经济时代发挥了较大作用，但随着我国市场经济改革的深入，现行利率模式已较难适应商业银行市场化经营需要，使得商业银行实际贷款定价中贷款的期限风险不能合理得到补偿。

就央行规定的利率期限档次而言，期限从6个月（含）以下、6个月以上至1年（含）以下、1年以上至3年（含）、3年以上至5年（含）、5年以上五个期限档次利率。该期限档次利率时间跨度大，与贷款资金实际使用期限和周期不匹配，不适应实际贷款需要。

央行利率期限结构限制了商业银行在期限方面贷款定价的自主空间。而商业银行实际融资成本的期限结构受宏观经济形势、银行信贷资金来源等约束，成本的期限结构和风险很难与央行利率期限结构匹配。商业银行只有被动地去调整信贷资金成本结构和资金用途来迎合央行贷款利率期限，导致商业银行贷款期限结构风险得不到合理补偿。

3. 贷款定价忽视了行业性风险。从我国央行颁布的贷款基准利率表和商业银行实际执行的利率情况来看，贷款定价时对贷款行业差异未充分细化和重视。如央行基准利率表只考虑了贷款期限，给不同期限予以风险补偿。对贷款所涉及的产业、行业种类未细分，未能体现产业差别、行业差别对贷款定价的影响。

商业银行贷款面临的对象是千差万别的，从产业分类有第一产业、第二产业和第三产业，从行业分类来分有轻工业、重工业、商业、房地产业、建筑施工业、交通运输业等。每个行业又可以细分，比如轻工业包括纺织、服装、食品、饮料、烟草、家电、计算机、造纸、印刷等。对于不同行业，其行业本身所蕴含的风险就不同，比如工业和商业，工业一般有厂房、机器设备等，工业生产周期较商业要长；商业企业尤其是流通企业，很少有厂房、设备等固定资产，产品销售周期较短，对银行而言，两类行业特点本身所蕴含的风险因素就不同，风险度也不同。即使是同一行业，比如轻工业中的纺织业、家电业和烟草业，由于所经营产品不同、产品周期不同、宏观经济面不同，所蕴含的风险也不同。

美国一些商业银行根据本行历年来贷款数据、行业分布、风险收益和损失等，将所有贷款企业分成五大类，对每类企业根据统计概率设定一个风险调整利率参数，对具体某一类企业该参数可以是固定的，也可以由另外几个已知参数共同决定，这样在具体贷款定价时要加上该参数值，以达到对贷款企业所处产业、行业风险控制和风险补偿的目的。

我国商业银行贷款实际定价是以央行基准利率为中心浮动，行业与产业风险在贷款定价中被忽视，有些国内商业银行在此方面甚至还没有建立一套对不同行业企业不同的信用评级标准，更谈不上对行业、产业风险予以风险补偿。国内上海浦东发展银行（以下简称“浦发银行”）在与花旗银行合作以后，已开始注意对行业、产业风险的风险补偿，但也只是做了部分工作，未能在贷款定价时对行业风险完全量化。上海浦东发展银行对所有贷款企业分为 11 个大类，对不同大类企业设定不同的评级标准，在同一大类企业中又根据该类企业共性和特点设立不同的加减分标准，将企业行业背景、行业特点与企业具体经营、产权结构以及财务非财务因素结合起来，给企业评定不同信用等级，同时对不同信用等级赋予不同的风险系数，然后结合贷款的保障方式系数得出贷款的风险度，最后根据贷款风险度高低在具体贷款报价时给予一定的价格升贴水。浦发银行贷款定价考虑到企业所处的行业、产业背景，但由于其对价格的影响通过间接企业信用等级和风险度表现出来，因此，作用不直接，对贷款结构风险考虑也不充分。

随着我国宏观经济发展和产业结构升级，行业因素和产业因素对贷款风险的影响越来越大，商业银行必须重视贷款定价中行业性风险。

4. 金融市场不完善对贷款定价的制约。金融市场不完善首先限制了商业银行的信贷资金来源。我国商业银行目前信贷资金来源主要有居民储蓄存款、企业存款、财政性存款、金融机构同业存款、银行自有资本和借入资金。借入资金中系统内借入的主要用于贷款，向系统外借入的资金主要是用于满足资金流动性需要。企业存款受经济周期、银行信贷规模和宏观形势影响，不够稳定。金融市场不完善导致巨额储蓄资金沉淀在银行，银行信贷规模又受资金来源（存款规模）影响。巨额储蓄资金对国民经济贡献主要通过银行信贷媒介来完成货币乘数的作用，对整个资金市场的货币资金供应极其有限。商业银行狭小的资金进水管道，决定了商业银行贷款定价只能服从于很多非价格因素。

我国商业银行尤其是中小商业银行在成长期普遍遇到自有资本不足的问题。根据巴塞尔协议，商业银行资本充足率要达到 8%，按此要求，我国商业银行普遍存在资本充足率不足情况，与外资银行竞争处于不利地位。我国信贷市场的现状，决定必然有些企业的合理贷款需求没有得到满足，存在严重的超额信贷配给，在此作用下利率很难起到风险识别和防范作用，利率的逆向选择和激励效应均不明显。

不完善的金融市场还限制了商业银行信贷风险分散渠道，加大了商业银行信贷规模收缩和扩张的影响。由于资本市场不完善，国内企业的融资90%以上依靠银行贷款，企业经营资金在银行结余构成银行重要的信贷资金来源。当银行压缩信贷规模时，往往形成恶性循环，信贷规模收紧造成企业资金紧张，企业资金紧张导致企业在银行存款减少，银行信贷资金来源减少，又要压缩信贷规模。由于企业融资主要依靠银行，在经济形势变化时，往往对商业银行形成贷款倒逼机制，这时商业银行贷款定价完全无效。银行只要压缩企业贷款，该笔贷款马上反映为银行的账面不良资产，变成压就死，不压等经济形势好了还可能会好一点。

5. 银行同业恶性竞争对贷款定价的负面影响。我国商业银行改革已初步建立起现代的商业银行体系，四大国有专业银行转变为自主经营、自负盈亏的商业银行，交通银行、招商银行、中信实业银行、广东发展银行、华夏银行、深圳发展银行、兴业银行、民生银行、上海浦东发展银行等股份制商业银行相继成立并取得较快发展，其中深圳发展银行、浦发银行、招商银行、华夏银行在国内主板上市，北京、上海、广州、杭州等大中城市的城市信用社组建成城市商业银行。新兴商业银行的兴起发展，对打破原有四大专业银行垄断，引入竞争机制，提高金融效率和金融服务水平，促进我国金融健康快速发展起到积极作用。但随着竞争的加剧，同业间恶性竞争趋势加剧，带来很多风险隐患，不利于我国商业银行长期稳定发展。恶性竞争加剧的原因之一是国内商业银行经营的大而全模式，业务大同小异、产品雷同、竞争手段相似，缺乏金融创新产品。各家银行除了名称差别外很难找到其他差异，尤其是在新兴商业银行之间，相同的资金来源渠道如居民储蓄存款、企业存款，相同的资金用途。产品的同质化竞争，必然导致恶性竞争加剧。

恶性竞争加剧的原因之二是各家商业银行尤其是新兴商业银行片面追求规模和发展速度，忽视对资产质量和效益的监督管理。我国金融改革现状，加上金融市场不发达，迫使中小商业银行只有尽快发展、做大做强，才能在未来竞争中有一席之地。商业银行管理体制是行长负责制，年初总行向各分行行长下存款指标，分行行长再将存款指标分解下达给辖属支行行长，支行行长再将任务分解给客户经理（信贷员）。与当地经济发展水平相脱节的指标任务只能迫使商业银行下属分支机构采取恶性竞争。同时商业银行对客户经理的以存款为核心考核模式，银行对业务成本的软约束性也加深了同业间恶性竞争。

4.3.2　西方商业银行现代贷款定价方法

（一）运用期权定价理论进行贷款定价

1. 用期权定价理论为具有违约风险的商业银行进行贷款定价。

（1）商业银行贷款的期权模型。假设一个厂商在时期 $t=0$ 计划借入一定数量的货币 D_0，在时期 $t=T$ 偿还一定数量的货币 D。收益率 r_L 定义为：$D=D_0e^{r_LT}$

我们用 $V(t)$ 代表时期 t 厂商的总资产的价值，假设这些资产都可以无成本地销售，并假设厂商没有其他未偿还债务。那么，时期 T 上可能出现两种情况：

①$D\leqslant V(T)$，厂商具有偿还能力，同时商业银行按照承诺可获得数量为 D 的还款；

②$D>V(T)$，厂商破产清算，银行获得 $V(T)$ 的偿还。

这样，商业银行的最终收益为 min $(D, V(T))$，同时厂商权益的市场价值为 max $(0, V(T)-D)$，则商业银行损失函数为：

$$\begin{cases} F=0 & D\leqslant V(T) \\ F=V(T)-D & D>V(T) \end{cases} \tag{4-1}$$

商业银行损失情况如图 4-2：

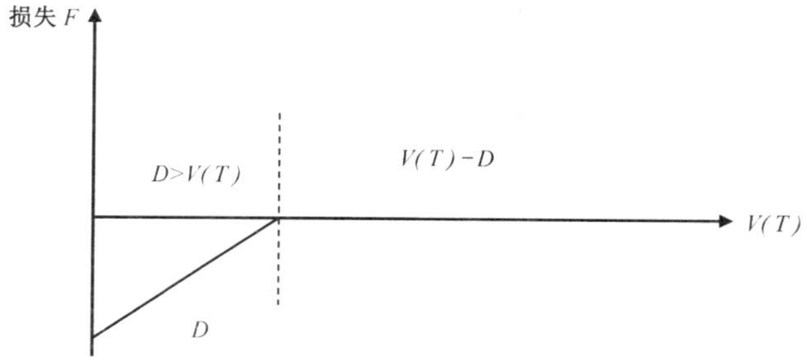

图 4-2　商业银行损失与企业资产价值的关系

商业银行债权的市场价值 C 为：

$$\begin{cases} C=D & D\leqslant V(T) \\ C=V(T)-D_0 & D>V(T) \end{cases} \tag{4-2}$$

商业银行贷款的市场价值与企业资产价值之间的关系如图 4-3：

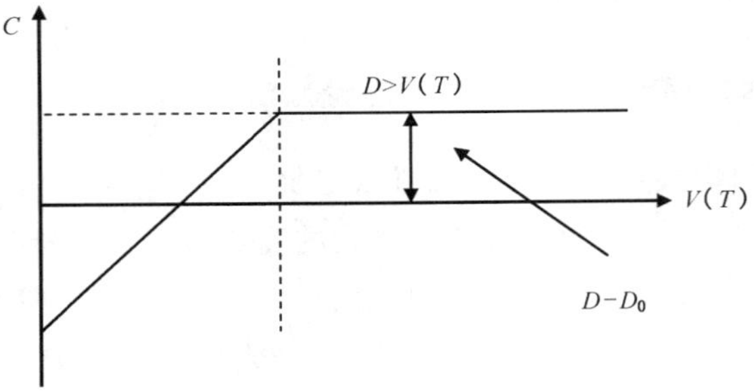

图 4－3 贷款市场价值与企业资产价值关系

由以上分析可知，商业银行出让资金使用权相当于出售以企业价值 $V(T)$ 为标的物，以贷款金额和利息收益 D 为履约价格，以贷款期限 T 为权利期间，以贷款利息 $D-D_0$ 为期权价格的卖出期权行为。这种期权是美式期权还是欧式期权由商业银行根据企业的经营状况灵活决定。

（2）对商业银行贷款风险的期权定价由以上分析可以看出，商业银行贷款的价值取决于企业资产的市场价值。因此，进一步分析企业市场价值对商业银行贷款价格的影响至关重要。而在所有因素中，企业市场价值的概率分布将主要影响商业银行贷款的价格。根据 Merton（1974）提出的观点，V 的瞬时收益服从同一正态分布：

$$dV/V = \alpha dt + \delta dz \tag{4-3}$$

这里 α、δ 是常数（$\delta>0$），z 是一个标准维纳过程。在这种假设前提下，关于 V 的看涨期权的市场价值 C 能用 Black－Scholes 的模型公式（1973）计算出来。由于讨论集中在贷款的市场价值 D_0，直接计算：

$$D_0 = V - C \tag{4-4}$$

随之我们得出：

$$D_0 = VN(h_1) + De^{-rt}N(h_2) \tag{4-5}$$

这里，$$N(x) = \frac{1}{\sqrt{2\pi}}\int_{-\infty}^{x}(\exp - \frac{1}{2}t^2)\,dt \tag{4-6}$$

这是标准高斯分布的累积形式

$$\begin{cases} h_1 = \dfrac{1}{\delta\sqrt{T}}\log\dfrac{De^{-rt}}{V} - \dfrac{1}{2}\delta\sqrt{T} \\ h_2 = -\dfrac{1}{\delta\sqrt{T}}\log\dfrac{De^{-rt}}{V} - \dfrac{1}{2}\delta\sqrt{T} \end{cases} \tag{4-7}$$

另外，利率差距 s 是风险贷款收益率 r_L 和无风险利率 r 的差额，使用公式（4－7）得出：

$$s = -\frac{1}{T}\log\frac{D_0}{De^{-rt}} \tag{4-8}$$

现在，由公式（4－8）可知：

$$s = r_L - r = -\frac{1}{T}\log\left[\frac{N(h_1)}{d} + N(h_2)\right]$$

这里，$d = \dfrac{De^{-rt}}{V}$ 是准债务资本比率；$N(h_2)$ 可以解释为在时期 T 上贷款仍能被归还的概率（经风险调整后的）。这一模型的特点是，贷款的损失概率不是外生的，而是特别依赖于公司的债务状况。另外，贷款风险的市场定价被考虑进去。Merton 研究了参数 d、t 和 T 对 s 的影响，得出了以下结论：

①利率差距 s 随着准资产－负债比率 d 的增加而增加，这样，厂商借款数量越多，所付的利息率就越高。

②利率差距 s 随着厂商资产的可变程度 δ 的增加而增加，这样，厂商风险程度越高，利息率就会越高。

③整体风险加价 s_T 随着贷款期限的增加而增加，这样贷款期限越长，其成本就越高。

2. 运用实物期权对商业银行贷款的利率风险定价。商业银行的许多产品和投资都具有期权的特征，在这些产品中，有的是作为独立的期权产品可以在金融市场上买卖，是金融期权。另外一类产品其期权是蕴含在产品或借款条约中不能独立交易的，但体现了商业银行管理的灵活性，是实物期权。运用实物期权可以对商业银行贷款的利率风险进行定价。

（1）债务期权。债务期权是借款人为规避风险设计的蕴含在借款条件中的选择权。它往往规定一个利率区间，在利率区间内外，借款人或银行需要履行不同的借款条件。最典型的针对利率风险设计的债务期权是针对长期贷款设计的带有利率上限浮动利率贷款，它的定价一般为基准利率＋浮动利率＋基点。简单的浮动利率贷款是没有期权特征的。因为借款人并没有选择的机会。但加上利率上限，情况则完全不同了。当市场利率低于上限时，借款人可以按市场利率支付；当市场利率高于利率上限时，借款人按利率上限支付，因此对于借款人来说，相当于一个利率看涨期权。

假设商业银行现在有两笔浮动利率贷款业务，贷款 1 是年利率 $LIBOR+50bps$，按季计息；贷款 2 是 $LIBOR+75bps$，并保证年利率不超过 7.75%。贷款成本如图 4－4：

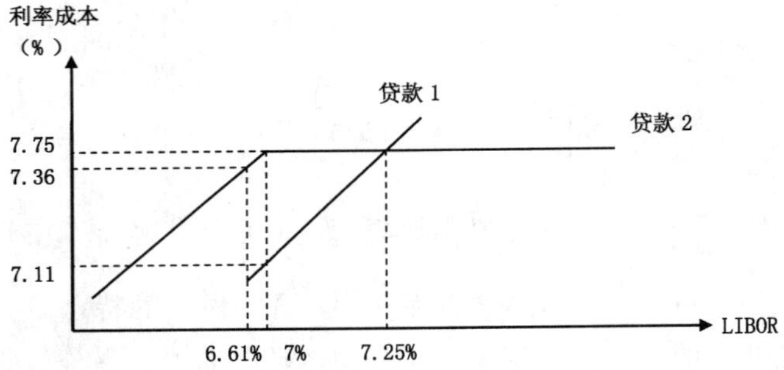

图 4－4 贷款成本比较图

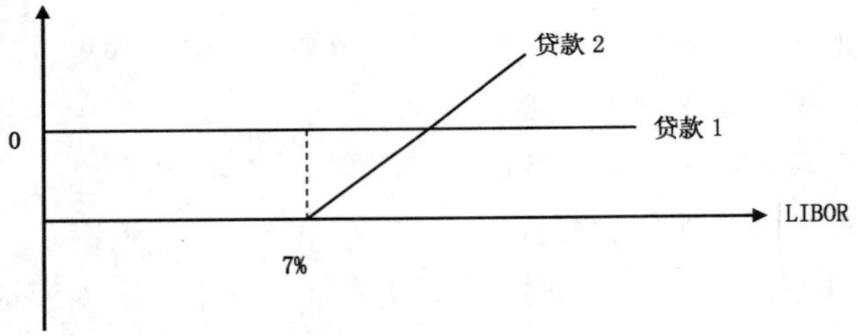

图 4－5 期权价值比较图

可以看出，当利率超出利率上限 7.75% 时，贷款 2 的借款人的收益要高于贷款 1，高出部分就是期权价值。将公式转换为一般形式，假设利率上限为 R_1，浮动利率为 $LIBOR+r$，则该看涨期权的执行价格为 R_1-r，期权的价值 $LIBOR-(R_1-r)$。对于借款人，这是看涨期权，而对商业银行来说，正好相反，是看跌期权，如图 4－5。

（2）贷款承诺。贷款承诺是指商业银行承诺客户在未来一定时期内，按照双方事先约定的条件，随时为客户提供不超过一定限额的贷款，商业银行收取一定的费用作为提供保证的补偿。费用主要分为承诺费用和使用费两部分，前者按贷款承诺金额的百分比计算，后者则按未使用的贷款金额的百分比计算收取。有时还会有服务费和补偿性账户条款要求。

贷款承诺是最典型的含有期权特征的银行产品（见图 4－6）。在固定利率贷款承诺中，商业银行（期权的卖方）承担履行贷款承诺时安排的

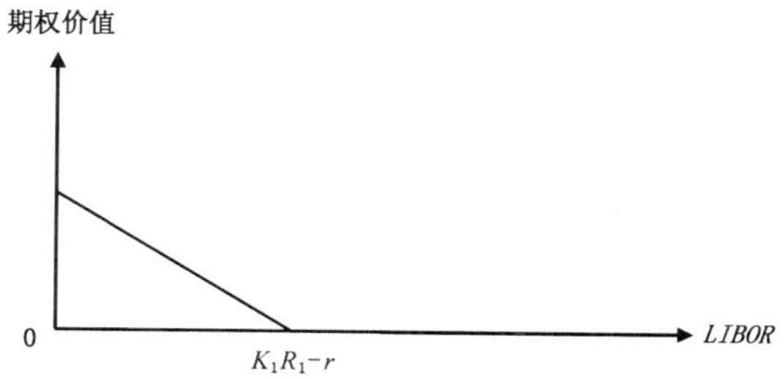

图 4－6　贷款承诺业务中期权价值示意图

贷款额和市场利率上涨风险，潜在借款人（期权买方）无必须接受贷款的义务，视未来资金的充裕状况和市场利率来决定是否履行借款合约，当未来资金较为充裕或贷款市场利率大幅度下降时，潜在借款人可以放弃该贷款；反之，履行合约。固定利率贷款承诺随市场利率变动导致商业银行潜在借款人的盈利反映如图 4－7：

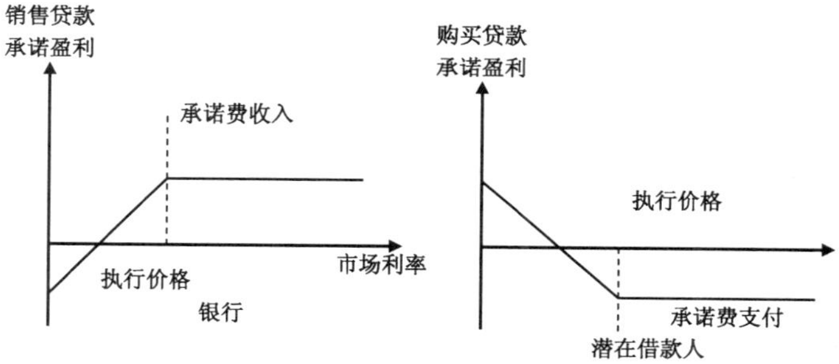

图 4－7　期权买卖双方盈利比较图

从图中可以看出，固定利率贷款承诺存在风险不对称，特定商业银行承担很高利息损失风险，特定潜在借款人最多损失正常承诺费，不存在盈利损失风险。

影响承诺费用的因素有：贷款的当前价值、执行价格（客户同意的贷款利率）、贷款承诺有效期限、市场利率的波动性。

（3）可提前偿还的贷款。可提前偿还的固定利率贷款相当于一个商业银行签发的利率美式看跌期权，它使得借款人在利率市场下降到一定程度的情况下提前还款，重新以较低的新利率融资。提前偿还贷款对于商业银行是一种损失，因此作为提供这种选择权的补偿，这种贷款的利率一般会高出没有期权的贷款利率几个基点，体现为在基准利率之上的溢价。到期时，期权的价值为 max（协议利率 - 市场利率，0）。

3. 运用实物期权对商业银行贷款的信用风险定价。信用期权（credit option）是针对借款人信用风险而设计的实物期权，它不是独立交易的产品，而是蕴含在商业银行的借款条约中。在西方商业银行管理中，商业银行可以通过贷款销售将贷款的预期现金流的要求权出售给第三方，如机构投资者。同时作为一种信用增强的手段，商业银行以某一价格出售给机构投资者针对该借款人信用等级的信用期权，其中规定了借款人违约或贷款价值发生变化时双方应采取的措施和应履行的义务，这样可以顺利地将中长期贷款变现，提高商业银行资产的流动性，优化期限结构，同时将风险分散给两家以上（含）的投资者。这种方法类似于保险。

信用期权可以分为两类：一类是以贷款为基础资产的期权；另一类是以基础资产高于无风险收益的溢价为基础资产的期权。

（1）针对基础资产的信用期权。信用期权是针对借款人的违约风险设计的，它的关键在于估算借款人的违约概率，并在违约造成的资产价值损失的基础上设计赔偿金额。信用期权最简单的形式是欧式二项模型。在该模型中，共有两种状态，违约或不违约。在期权到期日，如果借款人不能偿还到期债务时，期权的卖方将支付给期权持有者一定数目的金额；如果借款人没有违约，则期权持有者不会接受任何补偿，也享受不到期权溢价。通常当借款人信用等级下降时，信用期权就会生效。同样，美式期权在到期的任何时间内都可以执行，如果美式期权处于价内，违约已经发生，则应立即执行期权，因为推延将会降低赔偿收入的现值。这种信用期权不仅仅用于某一笔特定的贷款，它可以用于借款人对任何一种偿还义务的违约。

图 4 - 8 表示的是信用期权的赔偿示意图。我们假设到期不能偿还贷款的损失是贷款金额的 35%。

$$P[\text{贷款金额 } T, 1\,000] = \begin{cases} 350 & \text{违约} \\ 0 & \text{不违约} \end{cases}$$

在实际中违约的临界状态量化是设计信用期权的关键，另一种期权形式可以精确量化期权生效点。

这种期权是期权的卖方（银行）向期权的买方（投资者）签发的同意在某一种金融资产的价值低于执行价格时对期权的买方的补偿。这种规

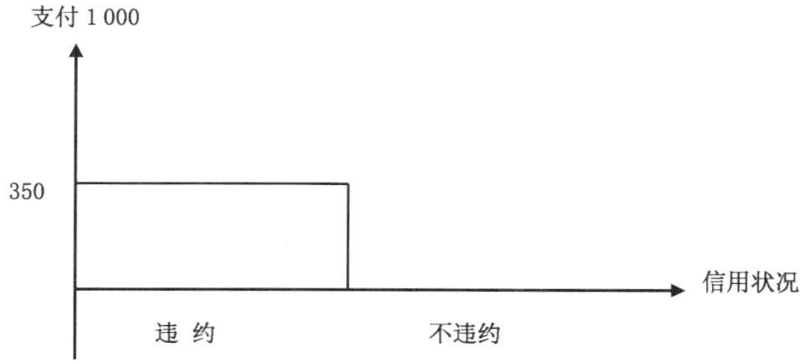

图 4－8　违约损失

定执行价格的期权相比上一种没有规定执行价格的期权有明显的好处。它可以使期权生效点精确化，使损失赔偿金额精确化。同时，没有规定执行价格的期权只有在违约发生时，才处于价内位置。而规定了执行价格的期权不一定要等到违约发生，才可以使期权生效。

根据市场不利情况，信用期权分为两种情况：一种情况是信用状况恶化；另一种情况是违约。

①信用状况恶化。信用状况恶化可能是由于宏观原因引起的也可能是由于微观原因引起的。市场经济状况不好引起的整个工商业的信用危机或者某个借款人的财务状况恶化引起的信用评级下降，都会引起贷款的信用附加利率相应增加，贷款的市场价值相应下降。

我们以实例来说明信用状况恶化（以下简称“信用恶化”）的期权。假设一个机构投资者购买了 1 000 元（单位：元，下同）5 年期 BB 级的银行贷款，利率是 *LIBOR* + 150*bps*。5 年期 *LIBOR* 约为 6%，每年等额还款付息，*PMT*（7.5%，5，1 000）＝247，第一年支付 247（本金 172 + 利息 75）后，贷款额为 1 000 − 172 = 828。如果投资者在第一年末决定购买信用期权以防贷款人信用恶化，他可以购买一年期信用看跌期权价格为 828。如图 4－9 所示，假设借款人在第一年末的信用等级降至 B 级，银行贷款的价值将从 828 降至 800。将今后 4 年的年本息额 247 按 *LIBOR* + 300*bps* 折现，*PV*（9%，4，247）＝800，我们可以得到 800 的市场价格。看跌信用期权的执行价格为 $K_1 = 1\,000 - (A - I_1)$，其中：K_1 是第一年期权执行的价格；A 是年本息偿还额；I_1 是第一年末的应付利息。

由公式可以看出，与一般的实物期权不同，商业信用看跌期权的执行价格与时间有关，随着时间的推移，借款人不断还款，潜在的损失额越来

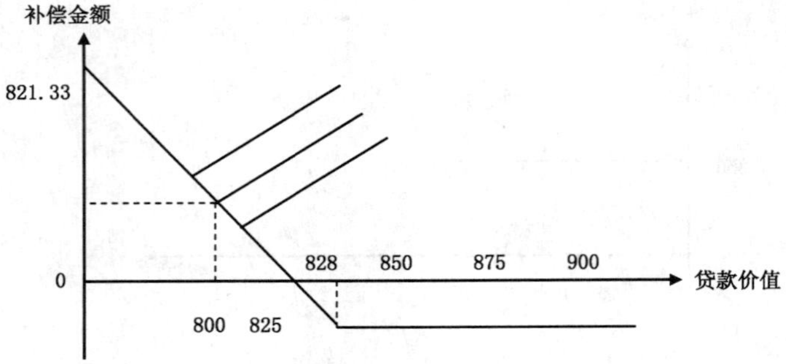

图 4-9　违约补偿示意图

越少。执行价格逐年降低，类似于有股利的期权定价。将时间推广到 t 期，执行价格仍然有以下形式：

$$K_t = P_{t-1} - (A - I_t)$$

$$P_{t-1} = 1\,000 - \sum (A - I_j)$$

$$\Rightarrow K_t = 1\,000 - \sum_{j=1}^{t} (A - I_j) \qquad (4-9)$$

K_t 是第 t 期期权执行的价格；A 是年本息偿还额；I_j 是从第 $t-1$ 期到第 1 期的应付利息；I_t 是第 t 期的利息；1 000 是借款金额。

应用实物期权的定价原理，对二项式信用期权定价。

假设一年期贷款价值和期权价值变化如下：

贷款价值 ⟨ $P = 0.75$　828；$P = 0.25$　800

$T=0$　　$T=1$

期权价值 $P[1\,000; K = 828]$ ⟨ $P = 0.75$　$\max[K - 828, 0] = 0$；$P = 0.25$　$\max[K - 800, 0] = 28$

$T=0$　　$T=1$

假设无风险利率为 5%，信用恶化概率 0.25：

$$P[1\,000; 828] = [0.25 \times (828 - 800) + 0.75 \times 0] / (1 + 0.05) = 6.67$$

以上是期权定价的基本模型，在实际业务中，信用期权的定价非常复杂，需要考虑的因素有：违约或信用恶化的概率、利率、定价基础、违约的时间、还款结构。同时，信用期权的有关条款设计受借款双方的谈判结果影响很大。

②违约信用期权。只要借款人在一年中约定的还本付息日无法偿还当年的本息额，就可以称之为违约。由于借款人已经取消了未来的还款，所以执行价格可以定义为贷款金额加上计划的当年还本付息额。继续沿用上文的例子。在第一年末，借款人计划还款 247，剩余的四年每年还款 247。如果借款人第一年还款日违约，作为投资人的损失为 1 075。为了保护投资人，信用期权的执行价格应该定为 1 075。假设违约的概率为 0.1，违约带来的贷款价值的损失为每 1 000 元 350 元，无风险利率 5%，执行价格 1 075。信用期权的价格为：

$P[1\ 000, K = 1\ 075] = \{0.1 \times 1\ 075 \times 0.35 + 0.9 \times 0\}/1.05 = 35.83$，如图 4－10 所示：

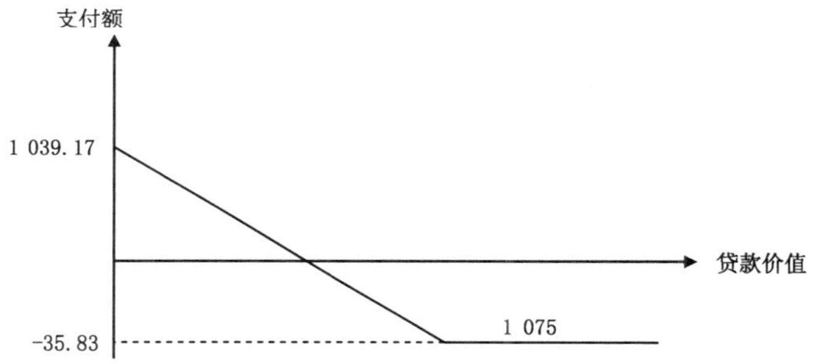

图 4－10　期权价格示意图

同信用恶化的情况一样，当借款人不断还款，借出的本金越来越少，违约期权的执行价格越来越低。

在实践中，信用期权可以用于保证业务。比如在银行的资产证券化业务中，有一种称为资产支持证券（asset backed security，ABS）的业务，即将银行的资产如信用证下应收款作为抵押，以债券的形式融资，从而增加资产灵活性，改变现金收入的期限结构。在 ABS 中，银行出于信用增强的目的，往往保证在抵押的资产发生违约的情况下，向 ABS 的持有者按约定的金额赔付。这个金额就是抵押的基础资产扣除已经偿付的部分。这种保证的原理同信用违约期权的原理一致。

通过这两种期权的比较，可以得出三点结论：

A. 信用违约的期权的执行价格要比信用恶化的期权的执行价格高，因为前者投资者可能损失全部本金，而后者投资者损失的是当前的现金收入。

B. 由于执行价格较高，违约期权的价格要高于信用恶化的期权的价格。

C. 信用期权是借款人公司价值的减函数。公司价值越高，信用等级越高，信用期权的价格越低。另一方面，信用期权是公司价值波动性的增函数。公司资产价值的波动性越大，债务价值越低，信用期权的价格越低。

（2）信用风险溢价期权。以上介绍了针对基础资产信用状况的实物期权，下面介绍信用期权的另一种产品—信用风险溢价期权。

信用风险溢价期权是针对信用风险溢价超出标准利率的水平而设计的看涨期权。风险溢价变大，可以是由于借款人信用恶化、信用等级降低造成的；也可以是宏观经济衰退造成的。比如，在美国大萧条时期，B 级银行借款的信用风险溢价从 205*bps* 涨到 325*bps*，同时 B 级银行借款的收益率比 BBB 级和 BB 级银行借款分别低 6.41% 和 8.64%，违约率 10%；而在 1993 年，B 级银行借款的收益率比 BBB 级和 BB 级银行借款分别高 3.43% 和 1.15%，违约率 1.1%。信用风险溢价上升降低了基础资产的收益率。

我们继续沿用上文的例子。对于一笔本金 1 000 元，5 年期 BB 级的等额还本付息的贷款，年还本付息额为 247。假设 BB 级的信用风险溢价的价值为 S，贷款的公允价值为：

$$247/(1+L+S)+247/(1+L+S)^2+247/(1+L+S)^3+247/(1+L+S)^4+247/(1+L+S)^5=1\ 000$$

L 是 5 年期的 *LIBOR* 为 6%，解这个方程式得到 $S=1.5\%$。从这个方程式可以看出，信用风险溢价是贷款利率的一部分。信用风险溢价上升，借款人的信用下降，贷款的市场价值下降，因此风险溢价期权看涨期权的原理同信用风险看跌期权一样。可以用下式表示到期期权的价值：

$$P[\text{风险溢价}\ T,K]=(\text{风险溢价}\ T-L)\times\text{名义借款额}\times\text{风险因子}$$

其中：风险溢价是指在期权到期日基础资产的收益率高出无风险利率的部分，是市场给出的价格；S 是对该贷款高出 *LIBOR* 部分的利率，也就是上面计算出的；K 是期权执行价格；风险因子是根据到期收益率的 Duration 和凸性计算的，可以视为常数。到期日期权持有者的收入变化如图 4－11；

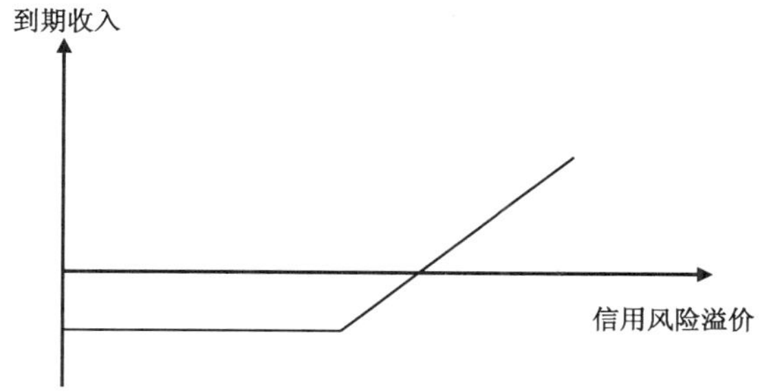

图 4－11　信用风险溢价情况下期权持有者收入变化图

从以上的讨论，我们可以得到以下结论：

①信用风险溢价期权的价值不是来自基础资产价值的变化，而是来自基础资产相对 *LIBOR* 的价值变化。当贷款的收益率相对于 *LIBOR* 的差距越大，期权的价值越高。

②信用风险溢价期权保护的是借款人信用等级下降、信用风险溢价上升时贷款价值的相对变化，并不保护由 *LIBOR* 的上升而引起的贷款价值的绝对变化。换句话说，信用风险溢价期权保护的是借款人的特有风险，而不是系统风险。信用期权可以在银行和多个投资者之间进行，从而分散了风险。因此，信用期权是一种类似保险的期权。信用期权是伴随着信用评级体系的发展、银行资产业务证券化发展起来的，并随着这一趋势，逐渐成为基金经理和银行经理用以规避风险平衡收益的金融工具。

（二）运用资本资产定价模型进行贷款定价

商业银行面对的风险不仅有单个企业所产生的单个风险，同时还面对商业银行资产负债总体而产生的风险。单个风险可以通过对企业的评估定价，而由于市场的变动给企业带来的风险，只能通过商业银行运用一定的手段进行管理才能达到最优风险收益组合。资产组合理论已由马克维茨（1952）、夏普（1964）和林特纳（1965）等经济学家发展起来了。而 Plye（1971）、Art 和 Jaffee（1974）把资产组合理论运用于商业银行，得出了一个新的模型。这种思想主要将商业银行的所有资产和负债视同为一种特殊的证券组合，进而把商业银行看成是一个由这些证券构成的规模较大的资产组合。在这种分析方法中，商业银行负债所具有的唯一特点就是它们相似于商业银行资产组合中的空头。

1. 现代资产组合理论：资本资产定价模型。马克维茨、夏普和林特纳的卓越贡献在于把最优资产选择简单化，其假设条件是投资者的偏好 U 仅取决于他们的资产组合的随机流动性价值的头两阶距 μ 和 δ^2（均值和方差）。通过假设投资者具有二阶偏好，或者资产收益的随机性分布属于一个特定的参数集体，就可以证明他们的观点。

我们用 W 表示投资者的初始财富，X_I（$I=1, 2, \cdots, N$）表示投资于第 I 个风险资产的资金数量。向量 $X_I=(X_1, \cdots, X_N)$ 表示投资者的风险资产组合。投资者财富剩余部分 $W-\sum_{i=1}^{N}x^i$ 被投资于收益 R_0 的无风险资产。风险资产的随机收益的均值和方差分别为：

$$E(\overline{R_i}) = R_0 + \eta_i \tag{4-10}$$

$$\text{cov}(\overline{R_i},\overline{R_j}) = \nu_{ij} \tag{4-11}$$

到末期，投资者的财富为：

$$\overline{W} = [(W - \sum_{i=1}^{N} x_i)R_0 + \sum_{i=1}^{N} x_i \overline{R_i}] \tag{4-12}$$

期末财富随机变量的均值和方差分别为：

$$\mu = E[\overline{W}] = WR_0 + \sum_{i=1}^{N} x_i \eta_i \tag{4-13}$$

$$\sigma^2 = \text{var}(\overline{W}) = \sum_{i=1}^{N}\sum_{j=1}^{N} v_{ij}x_ix_j \tag{4-14}$$

在均值的假设前提下，投资者将选择以使得在以上均值和方差约束条件下其效用函数 $U(\upsilon, \sigma^2)$（这里 $\frac{\partial U}{\partial v}>0, \frac{\partial U}{\partial \sigma^2}<0$）最大化，最大化的一阶条件是：

$$\frac{\partial U}{\partial \mu}\frac{\partial \mu}{\partial x_i} + \frac{\partial U}{\partial \sigma^2}\frac{\partial \sigma^2}{\partial x_i} = 0 \tag{4-15}$$

用 $\eta = (\eta_1, \cdots, \eta_N)$ 代表预期的额外收益的向量，同时用 $V=(v_{ij})$ 代表风险资产的方差－协方差矩阵，假设矩阵是可逆的，那么最大值一阶条件可以进一步简写为：

$$-\lambda\eta + Vx = 0 \tag{4-16}$$

这里 $\lambda = -\frac{\partial U}{\partial \mu}/(2\frac{\partial U}{\partial \sigma^2})$ 表达式又可以写为：

$$x = \lambda V^{-1}\eta \tag{4-17}$$

由于 V 和 η 都与投资者本身相对独立，这种关系意味着所有的投资者将选择其具有共线性的风险资产组合，这个资产将由无风险资产和一个固定的资产组合 $V^{-1}\eta$ 所共同组成。这种共同资产实际上也就是通常的共同基金。投资者行为的唯一区别在于共同系数 λ 的刻画：一个风险规避程度较大的经济部门将购买更多的无风险资产和更少的风险性共同基金。

在均衡状态下，任何资产 i 的预期额外收益率 R_I 对市场资产组合的收益 R_M 的回归系数 β_I 成比例。β_I 只不过是向量 V_{XM}的第 i 个分量。

2. 作为资产组合管理者的商业银行：Pyle（1971），Hart－Jaffee（1974）方法。考虑只含两种风险的金融产品 L 和 D 的简单情形。商业银行实际上成为资产组合的管理者，必须决定投资于这两种风险产品上的资金数量 X_L、X_D，再把剩余的财富作为准备金（无风险资产）持有，商业银行按规定获取收益 r_L和 r_D。二者均为随机变量，以及给定的准备金收益 r。因此，该家银行的随机利润为

$$\overline{\pi} = [\overline{r_L}x_L + \overline{r_D}x_D + r(W - x_L - x_D)] \tag{4-18}$$

沿用前面的概念，该商业银行的目标利润函数能被改写为：

$$\Phi(x) = U(E(\overline{\pi}), \mathrm{var}(\overline{\pi})) \tag{4-19}$$

如果 x^* 能使得 Φ 达到最大，则一阶条件意味着：$x^* = \lambda V^{-1}\eta$

这里

$$V = \begin{bmatrix} \mathrm{var}(\overline{r_L}) & \mathrm{cov}(\overline{r_L}, \overline{r_D}) \\ \mathrm{cov}(\overline{r_L}, \overline{r_D}) & \mathrm{var}(\overline{r_D}) \end{bmatrix},$$

$$\lambda = -\frac{\partial U}{\partial \mu} / (2\frac{\partial U}{\partial \sigma^2}),\ \eta = \begin{bmatrix} \overline{r_L} - r \\ \overline{r_D} - r \end{bmatrix} \tag{4-20}$$

因此，我们可以得到以下结论：如果满足条件

$\overline{r_D} < r < \overline{r_L}$，而且 $\mathrm{cov}(\overline{r_L}, \overline{r_D}) > 0$，

那么 $x_L^* > 0$，$x_D^* < 0$。

该结论可以看作是对商业银行的中介活动的一种内生性解释。如果存款业务和贷款业务的预期额外收益率分别是负的和正的，并且这两个收益率的协方差是正的。那么一个竞争性的资产组合管理者将在存款方面进行负的投资，在贷款方面进行投资。

3. 资本资产定价模型在贷款定价方面的应用。在这里借助于资本资产定价模型对商业银行某一特定贷款进行定价。

商业银行的总收益：

$$\max[(1-\delta)(1+r_L)-\{\gamma_L+(1-\chi)(1+r)+\alpha(1+r+\pi)\}]L(r_L) \quad (4-21)$$

取一阶导数：$(1-\delta)(1+1/\varepsilon_L r_L)-\gamma_L+(1-\chi)(1+r)+\alpha(1+r+\pi)]=0$

$$\frac{(1-\delta)(1+1/\varepsilon_L r_L)-\gamma_L-(1-\chi)(1+\gamma)}{\alpha}=1+r+\pi \quad (4-22)$$

其中：χ 是项目中企业投资比例；$(1-\chi)$ 是银行投资比例；δ 是无法偿付的贷款概率，假定一笔无法偿付的贷款收益为0；r_L 是贷款利率；$(1-\delta)(1+r_L)$ 是银行贷款的收益；$(1-\chi)(1+r)$ 是银行的机会成本；$\alpha(1+r+\pi)$ 是股东的机会成本；γ_L 是单位贷款的管理成本；r 是银行之间的同业拆借利率，作为无风险利率；π 是资本要求的风险加价；α 是这种类型贷款所要求的资本系数；$\varepsilon_L=-\dfrac{r_L L'(r_L)}{L(r_L)}$ 为贷款的需求弹性①（假设二阶条件满足）

运用这种方法对贷款进行定价，贷款的预期收益为：

$$E(1+\bar{\eta})=(1-\delta)(1-r_L)-r_L=\alpha\pi+r+1 \quad (4-23)$$

因此，所建议贷款定价公式等于 $E(\bar{\eta})-r=\alpha\pi$。

而资本资产定价模型要求某一特定资产的预期收益等于 $E(\bar{\eta}-r)=\beta\pi$。

把上式与资本资产定价模型进行比较可以看出，只要使得 $\beta=\alpha$，则两个公式即为等价。这就是商业银行运用资本资产定价模型进行贷款定价的公式。同时上式表明，商业银行贷款价格是贷款需求弹性的函数，这样，商业银行通过测算一个市场贷款需求弹性，就可以对一笔贷款进行风险定价。

如果国家对商业银行的所得利润征收税率为 τ 的所得税，那么上述公式可以通过以 $(r+\pi)/(1-\tau)$ 替代 $(r+\pi)$ 即可以对贷款进行定价。通过以上讨论可以知道，商业银行可以通过对整体和个别的贷款进行分析，从而对一笔贷款进行定价。

① 贷款需求弹性：贷款的利率变动一个百分点，相应贷款变动的百分比。

4.4　现代贷款定价方法在我国商业银行的运用

4.4.1　现代贷款定价方法在公司贷款定价中的运用

（一）资本资产定价模型在公司贷款定价中的运用

在第三节里，我们介绍了资本资产定价模型在银行贷款定价中的运用的基本原理，下面具体举例说明其在公司贷款定价中的运用。

中信银行有一客户某高速公路股份有限公司，该公司为上市公司，主要开展投资开发、建设、经营公路，截至 2005 年 12 月 31 日，其主要财务指标如下：总资产 55.13 亿元，主营业务利润 8.79 亿元，每股净资产 3.27 元，每股收益 0.42 元，每股现金含量 0.76 元。该公司拟贷款进行某高速公路段建设项目投资，预计投资回收期 8 年，投资资金 2 000 万元，公司投资比例 20%，其余资金从商业银行融资，即银行投资比例为 80%。公司信用等级较高，且该项目属于基础设施建设，过路费收入比较稳定，所以公司在贷款到期后可以全额偿还贷款本息。贷款所需的资本系数为 20%，银行对贷款的管理成本为万分之五，无风险利率为 2%，资本回报要求的风险加价为 20%。

暂不考虑贷款需求弹性情况下，我们根据公式（4－23）确定对该公司贷款的年利率。

$$\frac{(1-\delta)(1+1/\varepsilon_L r_L)-\gamma_L-(1-\chi)(1+r)}{\alpha}=\pi+r+1$$

$$1+r_L=1.22\times 0.2+0.8\times 1.02+0.0005=0.244+0.816+0.0005$$
$$=1.0605$$

$$r_L=6.05\%$$

在这个案例中，商业银行可以综合考虑公司在项目中的投资比例、银行资金的机会成本、贷款所需的资本系数、无风险利率、贷款管理成本、资本回报要求的风险加价等因素来对贷款进行定价。

当然商业银行还可以对贷款弹性进行测算，来确定一个在信贷市场上更具有竞争力的贷款价格。

此外，在贷款定价中若把国家征收所得税 33% 因素考虑进去，则贷款利率可以按下式计算：

$$1+r_L=(1+0.22/(1-0.33))\times 0.2+0.8\times 1.02+0.0005$$
$$=0.266+0.816+0.0005=1.0825$$

$r_L=8.25\%$

（二）实物期权对商业银行贷款的信用风险定价

在上例中我们假设，某高速公路股份有限公司从第三年起以过路费等额偿还银行贷款，商业银行为了提高资产流动性，优化资产期限结构，在第三年初向投资者转让该资产。

第三年末，某高速公路股份有限公司等额偿还贷款本息 505 万元（其中本金 340 万元，利息 165 万元，执行年利率 8.25%）。

第四年初，从各种信息表明，某高速公路股份有限公司有 70% 概率产生信用状况恶化，信用等级下降，第四年末贷款的市场价值将从 1 320万元（=1 660 - 340）降至 1 278 万元，我们将今后 4 年的等额还款按 9% 折现，得到现值 1 278 万元。

假设投资者无风险利率为 2%，则实物期权价值：

$P[2\ 000,1\ 320]=\{0.7\times(1\ 320-1\ 278)+0.30\times 0\}/(1+0.02)$ $=29.40/1.02=28.82$ 万元

因此，投资者和商业银行双方可以谈判以信用期权执行价格1 320万元，期权价格 28.82 万元进行信用期权买卖。如果第四年某高速公路股份有限公司实际信用状况未恶化，那么投资者将付给商业银行期权价格 28.82 万元。

第五年末，某高速公路股份有限公司财务状况恶化，并有 10% 概率违约偿付当年本息，违约损失为每千万元 350 万元，则投资者可以购买看跌期权，期权执行价格为 980 万元，期权价格：

$P[2\ 000,980+165]=\{0.1\times 1\ 145\times 0.35+0.9\times 0\}/1.02=$ $40.075/1.02=39.29$ 万元

从上面分析可以看出，投资者和商业银行针对贷款进行信用期权买卖，一方面促进商业银行资产证券化，提高资产流动性。另一方面，对投资者面临的信用风险进行一定的补偿，有利于提高投资者的投资愿望。

（三）现代贷款定价方法在公司浮动利率贷款定价中的运用

我们现在分析下面案例：

中信银行有两家资质相似公司，即厦门宏利进出口贸易有限公司（以下简称公司 A）和厦门市中信隆进出口有限公司（以下简称公司 B），两家公司均有向银行贷款金额的意向，且贷款金额各 1 000 万美元，期限均为一年。在谈判中，商业银行了解到公司 A 欲先贷款 500 万美元，且看跌 *LIBOR*，但为了避免 *LIBOR* 大幅上扬，欲在借款合同中约定执行年利率不超过 6.80%，同时，公司 A 要求商业银行做出贷款承诺 500 万美元；公司 B 全额贷款且看涨 *LIBOR*。商业银行根据了解的信息，确定对公司 A 贷款执行利率为 *LIBOR* + 80*bps*，对公司 B 贷款执行利率为 *LIBOR* + 50*bps*，利率均为一季度一定，根据季度末的 *LIBOR* 确定，对公司 A 的贷款利率比对公司 B 贷款利率高 30*bps*。对公司 A 承诺贷款 500 万美元，且按承诺金额收取 3% 的贷款承诺费和 1% 的使用费。对公司 B 贷款 1 000 万美元则在合同中约定执行年利率不低于 5.60%，且对提前还款违约行为对银行的损失进行补偿，补偿金额按协议利率与市场利率价差的二分之一在剩余期限内进行补偿。

根据上述情况，若第一季度 *LIBOR* 为 5.5%，则商业银行对公司 A 贷款 500 万美元执行年利率 6.30%，第一季度收取公司 A 贷款承诺费 500 × 3% = 15 万美元，未使用贷款费用 500 × 1%/4 = 1.25 万美元；对公司 B 贷款 1 000 万美元则执行 6.00%。

在第二季度，若第一季度末 *LIBOR* 为 6.50%，则商业银行对公司 A 贷款 500 万美元仍执行 6.80%，收取公司 A 未使用贷款费 1.25 万美元，对公司 B 贷款 1 000 万美元则执行 7.00%。

假设在第三季度出现如下三种情况：

1. 在第三季度，若第二季度末 *LIBOR* 为 7%，公司 A 未使用另外 500 万美元，则商业银行继续收取公司 A 未使用费 1.25 万美元，对其贷款 500 万美元执行年利率 6.80%；而对公司 B 贷款 1 000 万美元则执行年利率 7.5%。

2. 在第三季度，若第二季度末 *LIBOR* 为 5.00%，且公司 A 在第三季度初贷款使用另外 500 万美元，则商业银行对公司 A 贷款 1 000 万美元执行贷款利率 5.80%，不再收取使用费；对公司 B 贷款 1 000 万美元则执行 5.60%。

3. 在第三季度，若第二季度末 *LIBOR* 为 4.50%，公司 A 在第三季度初贷款使用另外 500 万美元，公司 B 在第二季度末仍然判断 *LIBOR* 继续走低，提出提前还款，重新以较低新利率融资。为此，商业银行对公司贷款1 000万美元执行5.30%，不再收取使用费；而对公司B提出收取提前还款违约补偿，补偿金额为1 000×（5.60% -4.50%）/2×2/4=0.2750万美元。

上面我们用实例说明了债务期权、贷款承诺、提前还款违约补偿等贷款定价方法在商业银行贷款定价中的应用。当然，商业银行可以根据对*LIBOR*走势的科学判断，对执行浮动利率贷款限定上限，或下限，或者上下限区间，以避免利率波动对信贷资产盈利产生不利影响。

4.4.2　现代贷款定价方法在个人贷款定价中的运用

个人贷款的种类很多，限于篇幅本书选择国内商业银行最具代表性同时也是规模最大的个人贷款品种——住房按揭贷款为例进行分析。

（一）固定利率住房按揭贷款涵义

住房抵押贷款是借款人以商品房作为抵押，向银行或其他专门机构借入购房所需资金的行为。

我国的个人住房抵押贷款利息按浮动利率计算，贷款利率每年调整一次，还款方式以按月等额还款方式为主。借款人承担了大部分利率风险，一旦市场利率上升，借款人的月还款额增加，反之，借款人的月还款额下降。最近光大银行率先推出了固定利率住房抵押贷款。

所谓固定利率住房贷款，就是在贷款合同签订时即设定好固定的利率，不论贷款期内市场利率如何变动，借款人都按照固定的利率支付利息，不会“随行就市”。

（二）商业银行在固定利率住房按揭贷款业务中面临的风险

中南财经政法大学唐文进博士通过CIR模型——风险资产定价模型对固定利率住房按揭贷款合同的风险价值进行了数值分析①，分析结果表明，由于提前偿还期权和违约期权的存在，贷款合同对于借款人的风险价值远远小于放款金额；房屋价格波动与抵押贷款合同价值负相关，而利率波动幅度与抵押贷款合同价值正相关。借款人的违约和提前偿还行为转移了利率风险和房屋价格风险，而银行则承担了相应的风险。因

---

①　资料来源：唐文进：“住房抵押贷款定价模型与数值分析”，2005年12月，第三届全国中青年投资理论研讨会交流论文。

此，对于银行而言，固定利率住房贷款隐含了巨大的违约风险和提前还款风险。

为了补偿违约风险和提前还款风险，银行应该合理估计面临的风险损失，应用期权定价方法进行风险定价，同时，通过向提前还款者征收提前还款罚款或在贷款初期征收初始费用以补偿提前还款风险。

（三）商业银行在固定利率住房按揭贷款业务初期通过向提前还款者征收初始费用以补偿提前还款风险损失

1. 住房按揭贷款初始费用。所谓住房按揭贷款初始费用①，是指住房按揭贷款发放者按照贷款额度一定比例，在贷款初期向借款者收到的一笔费用。借款者实际获得的借款是银行贷款额减去贷款初始费用后的剩余金额。

2. 征收初始费用抵押贷款提前还款余额及银行贷款的内部收益率计算。例如，初始费用为名义借款的 3%，银行名义贷款 103 092.78 元，其收取初始费用是 3 092.78 元，借款者实际借款 10 万元，贷款期限 20 年，无初始费用抵押贷款年利率 5.04%，征收初始费用抵押贷款年利率 4.6781%，月还款均为 662.17 元（见表 4－6）。

表 4－6　　利率及月还款比较表　　单位：元，%

贷款期限（年）	5	10	15	20	25	30
无初始费用抵押贷款年利率	4.77%	5.04%	5.04%	5.04%	5.04%	5.04%
月初还款额	－1 876.60	－1 062.61	－792.88	－662.17	586.92	－539.27
征收初始费用抵押贷款年利率	3.5253%	4.3826%	4.5801%	4.6781%	4.7360%	4.7739%

不同期限提前还款的抵押贷款余额、无初始费用抵押贷款的贷款余额、征收初始费用抵押贷款提前还款时贷款银行在该笔贷款额的内部收益率 *IRR* 见表 4－7。

① 资料来源：刘照鑫："商业银行住房抵押贷款征收初始费模式探讨"，《新金融》2004 年第 4 期。

表 4－7 内部收益率比较表

还款年期（年）	征收初始费用		贷款余额	差额	差额/实际借款	差额/贷款余额
	贷款余额	银行贷款内部收益率				
（一）	（二）	（三）	（四）	（五）=（二）－（四）	（六）=（五）/10 万	（七）=（五）/（四）
0.5	101 515.9	10.91%	98 531.65	2 984.22	2.98%	3.03%
1	99 901.7	7.85%	97 025.91	2 875.79	2.88%	2.96%
2	96 558.09	6.33%	93 898.42	2 659.67	2.66%	2.83%
3	93 054.67	5.82%	90 609.61	2 445.06	2.45%	2.70%
5	85 537.46	5.42%	83 514.32	2 023.14	2.02%	2.42%
10	63 365.97	5.14%	62 315.11	1 050.86	1.05%	1.69%
15	35 364.48	5.06%	35 054.67	309.81	0.31%	0.88%
20	0.00	5.04%	0	0.00	0.00%	—

从表 4－7 可以分析，征收初始费用后，借款者在第 5 年提前还款，银行从该笔贷款获得的 *IRR* 为 5.42%，贷款余额与无初始费用的贷款余额之差额部分相当于征收贷款额的 2.02% 的提前还款罚款，或者相当于贷款余额的 2.42% 的提前还款罚款。

3. 固定利率住房按揭贷款中征收初始费用的意义。

（1）商业银行在固定利率住房按揭贷款中征收初始费用，是在提前还款自发生时才体现其补偿风险的意义。

（2）固定利率住房按揭贷款中征收初始费用，利用各还款月度的抵押贷款余额与无初始费用抵押贷款余额的差额，补偿商业银行因借款者提前还款而产生的风险损失。

（3）固定利率住房按揭贷款中征收初始费用，并不改变还款者的各月还款额，不加重借款者按合同不提前还款时的还款义务，而且征收初始费用在前，借款者容易接受，借款者提前还款时，只需按照合同约定余额还款，能够有效避免借款者在支付提前还款违约金时的不愉快。

（4）固定利率住房按揭贷款中征收初始费用，并没有增加银行的收益。因为银行所支出的金额和各期的收回的还款金额并没有因征收初始费用而增加，只有当借款者提前还款时，银行才会获得差额补偿，银行并没有因此不当得利。

4.5　确定科学的贷款定价计量公式

我国商业银行贷款定价要充分考虑利率的逆向选择效应和激励效应，在利率之外必须通过附加条款、风险度等信贷契约，通过贷款合理定价，来达到有效信贷配给。

商业银行当务之急应该根据其自身经营特点，结合国外先进经验方法，建立起符合本行特点的科学的贷款定价计量公式。该公式作为系统内统一标准，客户经理在做具体贷款业务时首先要用此公式计算出对该企业贷款的银行定价，然后据此调整做出相应的金融服务方案。

国内的浦发银行已在做这方面尝试，在花旗银行协助下，专门成立课题组研究适合浦发银行经营特色和风险偏好的贷款定价公式。定价公式确定以后将以应用程序形式下发给每位客户经理，总行负责定期调整有关定价公式中的参数。客户经理只要会用即可。同时还开发出客户贡献度考核程序，大到该客户所有贡献度，小到具体每笔业务给银行带来多少收益和给客户经理本人带来多少考核收益，一目了然。这样就避免了客户经理创办业务时可能为了个人利益而损失银行利益的情况发生。

根据上述我国商业银行贷款定价存在问题分析，我们认为商业银行内部应该建立以贷款成本、风险补偿、客户关系价值为基础的科学的贷款定价计量公式，同时强化该货款定价对商业银行贷款的约束力，以达到商业银行经营的流动性、安全性和盈利性，贷款定价计量公式为：

贷款价格 = 贷款基准收益率 + 贷款期限风险升水 + 贷款风险度升水 + 非客户因素 β + 客户关系价值贴水

4.5.1　贷款基准收益率的确定

贷款基准收益率指的是商业银行贷款全部按照该利率发放、银行的全部资产成本能够收回、全部费用能够摊销并取得一定的平均利润时的利率。公式表述为：

贷款基准收益率 = 筹资成本均摊率 + 间接费用率 + 贷款业务费用率 + 贷款含税率 + 贷款利润率

用 R_a 代表贷款平均收益率，R_b 代表筹资成本均摊率，R_i 代表间接费用率，R_c 代表贷款业务费用率，R_r 代表贷款含税率，R_n 代表贷款利润率，则用公式表示为：

$$R_a = R_b + R_i + R_c + R_n + R_r + R_d$$

各分项公式为：

（1）R_b = 筹资均摊利率（T_r）+ 筹资业务费用率（C_c）

T_r = $\sum$ 负债利息额 / $\sum$ 生息资产平均余额 ×100%

C_c = 筹资部门可变费用支出额/生息资产平均余额 ×100%

（2）$R_i = (F + K_v \times K_a \times K_e) / Y \times 100\%$

其中，F 代表商业银行在一定时期内的固定费用，K_v 代表可变费用，K_a、K_e 分别代表筹资部门和贷款部门的可变费用，Y 代表生息资产的平均余额。

（3）R_c = 贷款部门可变费用支出额（含预计坏账准备）/ $\sum$ 贷款平均余额 ×100%

（4）R_r = 营业税额/ $\sum$ 贷款平均余额 ×100%

（5）R_d 表示 100 元贷款应为银行业平均利润水平，亦机会成本，一般依据同业平均水平。

4.5.2 贷款期限差异的风险价格补偿

贷款随着期限的延长，影响贷款风险的不确定性因素增加，贷款潜在风险增加，为此商业银行贷款定价中要对该风险收取一定的风险补偿费。现行贷款利率管制体制下，央行在制定不同期限贷款基准利率时，也给予了一定的升水。商业银行在制定贷款内部定价时，要根据本行实际，不同类型、不同贷款期限，通过计量模型，给出相应期限的风险升水。

4.5.3 非客户因素 β

影响 β 值的非客户因素主要有宏观经济、企业所属行业背景和银行的风险偏好以及市场竞争因素，由于市场竞争因素在贷款定价的其他因素如风险度、客户关系价值等中已经予以充分考虑。银行的风险偏好就商业银行而言，商业银行本身经营信用就是要与风险打交道的特殊企业，风险偏好型与风险中立型对贷款定价影响在贷款定价其他因素中已经给予一定考虑，此处对风险偏好只考虑风险厌恶型对贷款定价的影响，对此可以根据该行与同类银行相比或不同时期相比较，给予统计估计。假设对于风险厌恶型银行对贷款平均定价较风险偏好型与风险中立型，贷款定价要升水 0.1%。

在剔除了市场竞争和银行风险偏好因素以后，影响 β 值的非客户因素主要有宏观经济和行业背景。在此引入宏观经济景气指数 γ 和行业景气指数 δ，γ 和 δ 数据由国家发展与计划委员会定期公布，各地市亦有就本地市的宏观经济景气指数 γ 和行业景气指数 δ。

$$\beta = a\ln\gamma + b\ln\delta + 0.1\eta + c + d \tag{4-24}$$

其中 η 在银行为风险厌恶型时取值为 1，其他情况取值为 0。系数 a 和 b 为某一可变常数，商业银行可根据一段时期内宏观经济景气指数、行业景气指数、贷款数量、贷款平均利率水平等进行计量分析，得出 a 和 b 的常数估计值。常数项 c 为调节因子，我们将其他影响贷款升贴水因素归为 c。d 为贷款行业升水值，为某一确定值，商业银行可以根据统计经验和各行业特点，对不同行业给予不同的行业升水值，如美国有些商业银行将贷款投向分为五大类，分别是农业、工商业、消费信贷、房地产和国际业务类，对该五类分别设定不同的风险升水值。

4.5.4 贷款风险差异的价格补偿

贷款风险度是以数值的方式来量化债权风险的可能性。

贷款风险度 = 客户风险度 × 担保方式系数

其中客户风险度是根据客户信用等级确定。信用评级是指根据债务人所在地经济发展程度，政治稳定情况、自身经营水平并结合债务人历史上履行债务的信用情况及其他各种必要因素，对其到期履行债务可能性给予量化的等级指标。信用评级是对各类企业所负各种债务能否如约还本付息的能力和可信任程度的评估，是对债务偿还风险的评价。我国企业信用等级目前中国人民银行下属机构由专门机构对企业对信用等级评定，由于评定标准不同，对商业银行缺少较大借鉴意义，目前各家商业银行各自均有其企业信用等级评级体系。如浦发银行信用评级体系，由专门的信用评级软件程序，客户经理只需根据程序要求，输入相关信息即可。软件程序包括企业行业种类、财务报表因素、非财务报表因素、产权制度等方面，具有较强的科学性，将企业信用等级评定分为 AAA +、AAA、AA、A、

BBB、BB、B、CCC、CC、C、DD、D、E级，每个信用等级对应的风险系数为（见表4-8）：

表4-8 银行贷款企业信用等级

客户信用等级	对应的客户风险度
AAA+	0.50
AAA	0.60
AA	0.65
A	0.70
BBB	0.74
BB	0.77
B	0.8
CCC	0.85
CC	0.90
C	0.95
DD	1.00
D	1.1
E	1.2

该银行还规定，对C级以下企业原则上不予授信，不与其发生信贷业务关系，对AA级以上信用等级客户，可发放信用贷款。

贷款担保方式系数信用贷款为1，其余按不同的担保分类：

（1）保证：①企事业单位担保系数即为担保人信用等级相对应的信用等级系数；②金融机构担保（含STBLC、LG，银承汇票贴现、出口押汇视同金融机构担保）中，浦发行给予授信额度的外资银行为0.1，国家政策性银行（地市级以上）为0.1，国有商业银行（地市级以上）为0.2，国有商业银行（县、区级）为0.3，股份制商业银行（授权分支行以上）为0.3，信托投资公司（国家级）为0.4，综合类券商（法人或法人授权担保）为0.5，财务公司为0.6，信托投资公司（省级）为0.6，一般券商（法人或法人授权担保）为0.6，信托投资公司（地市级）为0.8。

（2）抵押：商品房（住宅）产权房现房抵押为0.6，商品房（住宅）产权房期房抵押为0.8，写字楼（产权）现房抵押为0.7，写字楼（产权）期房抵押为0.85，自建办公楼现房抵押为0.9，（出让）国有土地使用权抵押为0.8，（划拨）国有土地使用权抵押为0.9，集体土地使用权抵押为0.9，（开发区内）标准厂房抵押为0.8，一般厂房抵押为0.9，通用设备（成新率80%以上）抵押为0.8，其他设备抵押为0.9，交通运输工具（车、船、飞机）抵押为0.7。

（3）质押：国债质押为0.1，公司债券质押（AAA级债券）为0.2，公司债券质押（AA级债券）为0.7，公司债券质押（A级债券）为0.9，该行人民币存款质押为0.1，该行美元存款质押为0.2，该行除美元外其他外汇质押为0.3，其他银行存款质押为0.5，商品交易所的标准仓单质押为0.6，大宗生产资料、适销的产成品移库质押为0.7，一般动产质押为0.8，上市公司流通股质押为0.6，上市公司法人股质押为0.8，股份制商业银行、证券公司、保险公司股权质押为0.8，非上市公司股权质押为0.95，道路收费权质押为0.8，其他权利质押为0.95。

银行通过计算贷款加权风险度和逾期贷款风险度值的概率分布，给出不同贷款风险度确定的利率浮动幅度。

贷款加权风险度 $=\sum$ 单笔贷款金额 × 单笔者贷款风险度值)/$\sum$(单笔贷款金额)

银行可以根据其贷款加权风险度和每笔贷款风险度，对利率给予一定升贴水，如表4-9所示：

表4-9　银行贷款利率浮动幅度

贷款风险度	利率浮动幅度（%）
≤0.1	-0.5
0.1～0.2	-0.25
0.2～0.3	0
0.3～0.4	+0.2
0.4～0.55	+0.5
0.55～0.65	+0.75
0.65～0.75	+1（慎重贷款）
>0.75	停止贷款

4.5.5 客户关系价值的影响

根据前面分析，客户关系价值指银行除了贷款收益外与客户业务合作所带来的其他业务收入，银行可以通过获得该收入来弥补因贷款利率下浮减少的贷款收益，取得一定竞争优势。

（一）存款业务收入

贷款派生存款余额包括企业在银行的活期存款账户余额和定期存款余额，不包括企业在银行开立银行承兑汇票、信用证、保函等中间业务所交纳的保证金存款，因此中间业务银行承担了一定的风险，100%保证金存款应归为贷款派生存款余额中，商业银行可以通过计算各类存款积数得出与贷款期限相应的派生存款额。通过派生存款额可以大致估算银行贷款利率浮动程度。

利率最大贴水 = -（贷款额×派生存款比例）×（存放同业利率 - 存款利率）/贷款额

上式中，银行派生存款所使用获得收益标准按资金存放同业利率计算，存款利率按企业各类存款的加权平均利率水平计算。

（二）其他业务收入

客户关系中还包括银行为客户提供各类结算服务，如银行为客户提供人民币结算服务、提供国际结算服务，收取相应的手续费。银行为客户提供国际结算同时，还附带提供了结售汇服务，获得结售汇汇兑收益。银行其他业务收入还包括向客户提供财务咨询、代收代付等业务所收取的收入。现代电脑技术的发展，国内商业银行技术上已达到综合考核客户贡献度能力，客户在该行的其他业务收入可以随时统计计算。同时随着商业银行竞争日趋激烈，各家银行纷纷将竞争重心向中间业务收入转移，为鼓励中间业务做大做强，商业银行可以根据各行实际在贷款定价中对中间业务收入给予优惠定价。

$\alpha = A \times$ 其他业务收入/贷款平均金额余额　　$(A \geq l)$

A 为权重系数，同某一相对固定值，各商业银行可根据本行实际情况和经营策略，对 A 赋予某一定值。其他业务收入为与贷款相应期限内的收入。各行可根据其实际对 α 不同区间取值给予相应的利率升贴水，如表 4 - 10 所示：

表 4－10　　贷款利率浮动幅度

其他业务结算收入与贷款余额比（%）	利率浮动幅度（百分点）
<0. 1	+0. 5
0. 1～0. 3	+0. 25
0. 3～0. 6	0
0. 6～1	－0. 25
>1	－0. 5

第5章 我国商业银行存贷款利率市场化的条件分析、制度安排与配套措施

5.1 我国存贷款利率市场化的条件分析

根据前文对于我国存贷款利率市场化改革历程的回顾，目前主要是商业银行的存贷款利率尚未全面放开。商业银行存贷款利率是利率市场化改革的难点，这是世界各国的普遍现象，我国也概莫能外，而能否顺利推进存贷款利率市场化改革关键取决于条件是否成熟。

5.1.1 存贷款利率市场化的一般条件

对于存贷款利率市场化应该具备哪些基本条件，人们的观点并不一致，但至少在以下几个方面达成共识。

（一）稳定的宏观经济环境

利率管制放开后，宏观经济环境是引起利率水平异常波动的最重要的因素。宏观经济稳定主要是指实际部门保持较长时间的稳定增长，价格水平保持稳定，即使遇到意外的冲击也能在较短的时间内得以恢复。

宏观经济环境对利率水平的影响是通过银行和企业来进行的。宏观经济的稳定，有助于银行和企业维持稳定的关系，降低信息不完全对双方的约束。对企业而言，银行信贷获得的可能性与获得成本均可预见，便于其安排投资活动，特别是长期投资活动，也为银行获益提供可靠来源；对银行而言，与某些企业维持长期稳定的借贷关系，可以大幅度降低其信息获得成本的支出，保持经营的安全长久。这种银企稳定关系的建立，有助于

保持市场利率的平稳，降低波动幅度，显然为利率市场化创造了重要条件。

当宏观经济不稳时，利率一旦放开，银行便可能为获得高收益而有意提高贷款利率，当贷款人的经营状况变坏时，银行风险就会产生。从企业角度看，当宏观经济不稳定，企业投资的不确定性增加时，企业投资就会大大削减，而企业的投资需求行为直接影响信贷市场的利率水平。同时，宏观经济不稳定还会引起企业对短期信贷的过度需求，从而对信贷市场的短期利率形成压力，如果利率放开会导致短期利率骤升，对存贷款利率市场化不利。

（二）健全的微观基础

利率水平的决定必然要涉及对借贷双方行为的分析。健全的银行才能有效地去寻找具有潜力的投资机会，而有效率的企业才能保证资金被有效运用。对于企业而言，建立良好的企业产权制度，资产负债率比较适中，盈利能力较强，这样才会对于利率有较好的敏感性，能够承受利率市场化的风险。存贷款利率直接作用于银行本身，银行要按照资金的安全性、流动性和盈利性进行经营管理，这要求商业银行要有完善的法人治理结构和内部控制制度，不良资产比率降至安全水平，有良好的内控机制和利率定价能力，盈利能力较好，可以有效地防范存贷款利率市场化的风险。因此，健全的微观基础是存贷款利率市场化的最为重要的基本条件之一。

（三）完善的金融市场

金融市场建设对于利率市场化具有十分重要的意义。利率是资金的价格，其高低变化反映资金市场的供求，没有发达健全的金融市场，就不可能存在价格形成的市场机制，利率市场化也就不可能真正实现。因此，利率市场化改革之前，应进行必要的金融市场结构调整和改造，进一步完善金融市场。

金融市场主要包括货币市场和资本市场。货币市场是一年以内的短期资金的融通市场，主要包括同业拆借市场、银行间债券市场和票据市场。利率市场化要特别强调货币市场基础，这是因为市场化的利率首先是货币市场交易的结果，另外，政府或货币当局可以通过货币市场来调节货币供应量和利率以贯彻其货币政策。资本市场是指期限在一年以上的资金买卖市场，主要是长期债券市场和股票市场。货币市场可以形成基准利率，而包括货币市场和资本市场在内的金融市场则形成收益率曲线，基准利率和收益率曲线是银行制定各种期限档次存贷款利率的依据和参考。另外，资本市场通过改善微观企业的治理结构，加强企业的监督机制，提高企业的经营绩效来塑造存贷款利率市场化改革的微观基础，为推进利率市场化提供良好的基础条件。

（四）有效的调控与监管

利率市场化并不意味着货币管理当局不再对利率水平的形成施加任何影响，相反，当局应该保持货币政策的独立性，通过再贴现率、存款准备金率和公开市场操作等货币政策工具来调节基准利率，从而对市场利率的形成加以影响。在任何情况下货币当局都必须保持对利率的调控权。在管制利率的条件下，货币当局对存贷款利率拥有直接的调整权；存贷款利率市场化的条件下，货币当局这种调控则表现为货币当局拥有足够和有效的市场手段，通过市场上的资产交易活动去影响基准利率的走势，进而达到调控存贷款利率水平及其结构的目的。某种意义上说，当中央银行具备了通过间接货币政策工具调控市场利率的能力，商业银行有了完善的自我约束机制时，放开利率就是水到渠成的事情。

存贷款利率市场化还要求审慎的金融监管。存贷款利率市场化以后，要求有关监管部门能够适应新的商业银行定价机制，监管理念与方式做出相应的变革，从传统的合规性监管转向通过资本充足率和其他资产负债比率等指标，对银行面临的信用风险和利率风险等各类风险进行“审慎监管”。同时，在存贷款利率市场化的过程中和完成后，会出现很多的利率产品，其中不乏既管理风险又会带来风险的利率衍生产品，对这些利率衍生产品及原有利率相关产品的利率风险必须进行恰当的监管。健全的监管体系还可以弥补改革政策设计的不足，缓和短期内释放出的冲击，保证改革能按给定的方向进行下去。

5.1.2 我国推进存贷款利率市场化的条件分析

当前，我国宏观经济运行状况良好，国有企业改革和发展取得了巨大的进展，金融体制改革取得实质性突破，中央银行的宏观调控日益成熟，监管机构也发挥专业化监管的优势，金融市场建设稳步推进，我国推进存贷款利率市场化的条件日益成熟。

（一）宏观经济运行状况良好

“十五”期间在优化结构、提高效益和降低消耗的基础上，我国国民经济保持持续、快速、健康发展，经济增长质量和效益不断提高。“十五”期间，我国GDP年均增长8.76%，CPI年均增长1.7%（见表5-1）。良好的宏观经济运行保证了储蓄和投资的双增加，降低企业的经营风险，减缓存贷款利率市场化可能引起的通货膨胀给宏观经济带来的冲击和社会震荡。

表5-1　我国“十五”期间主要宏观经济指标（2001~2005年）

年　份	2001	2002	2003	2004	2005	五年平均
GDP增长率	7.3	8	9.1	9.5	9.9	8.76
CPI（%）	0.7	-0.8	1.2	3.9	1.8	1.7
外汇储备（亿美元）	2 121.65	2 864.07	4 032.51	6 099.32	8 188.72	—
财政赤字（亿元）	2 516.54	3 149.51	2 934.7	2 004.9	2 080.14	2 537.16

资料来源：《中国统计年鉴》（2001~2005年）和国家统计局网站：http：//www.stats.gov.cn。

从2002年底开始，我国新一轮经济增长进入上升通道，2003~2008年，经济增长持续保持了10%或略高于10%的增速，经济运行总体平稳，没有出现大的起伏，经济增幅基本在1个百分点的区间内波动。这五年是中国经济平稳快速增长、波动较小的时期，其间我们克服了“非典”的冲击，消除了国际市场原油和部分初级产品价格大幅上涨的不利影响，战胜了地震等重大自然灾害。2008年是极不寻常、极不平凡的一年，在党中央、国务院的正确领导下，全国人民同心同德、顽强拼搏，努力克服历史罕见的特大自然灾害和国际金融危机的不利影响，国民经济总体呈现增长较快、价格回稳、结构优化、民生改善的发展态势。但由于受到世界性金融危机的冲击，2008年中国经济运行不可避免的由升转降。客观地讲，这种变化既由于美国经济和世界经济变化的影响，也由于我国国内结构调整和发展方式转变的影响，还因为数年来宏观调控政策效果的综合体现。因此，2008年中国经济增长的转折性变化，是内外因素共同作用的结果。

进入2009年，世界经济在各国政府刺激政策的作用下开始逐步复苏，美国、欧洲在2009年三季度国内生产总值环比恢复正增长，日本经济在二季度走出衰退，三季度经济增速进一步增长，新兴市场国家和发展中国家复苏势头相对比较强劲，以致于部分国家已经开始收紧货币政策（澳大利亚、挪威在四季度先后升息，印度也提高了流动金比率）。2009年，中国经济复苏强度明显强于世界其他主要经济体。2008年四季度以来，为“保增长”而出台的一系列扩内需政策收到超预期的效果，2009年中国经济呈现“V”型走势。分季度看，GDP增速在一季度触底（6.1%），二季度强劲反弹（7.9%），三季度继续上升（8.9%），四季度可能达到年内峰值（>9%）。与之相伴随的是，投资高速增长，工业生产增加值同比增速持续反弹，消费保持强劲，出口止跌企稳回升，物价逐步走出通缩。

2009年中国经济总体呈现出加速复苏态势，从三驾马车——投资、消费和出口对经济增长的贡献率看，投资是2009年经济强劲复苏的主要动力。国内消费增速基本保持稳步上升态势，而出口疲软是迄今为止我国经济复苏基础不稳固的关键因素。由于世界主要发达经济体经济复苏的步伐相对缓慢，且力度较弱，我国出口的好转也将相对滞后。从2009年的月度数据看，自3月份开始出口环比就已经出现改善，但直到年底出口增速才开始明显反弹，主要原因是海外企业开始再库存化，2009年我国机电产品出口大幅收窄。考虑全球经济的回暖和基数效应，预计2010年上半年出口的反弹会非常明显。

2010年1月19日中国社会科学院的最新预测显示，2009年我国GDP增长速度可以实现“保八”经济增长目标。如果2010年世界金融危机不再进一步严重恶化，国内不出现大范围严重自然灾害和其他重大问题，GDP增长率将稳步回升到9%左右的增长水平。

当前经济运行中的突出矛盾问题是，价格过快上涨的压力仍然较大，农业稳定发展和农民增收的制约因素依然较多，国际金融形势还比较严峻，世界经济发展中的不确定因素仍然较多。下阶段，要保持宏观经济政策的稳定性和连续性，进一步增强宏观调控的预见性、针对性和灵活性，努力促进国民经济又好又快发展。总之，2003年至今的宏观经济，总体上保持了增长速度较快、物价基本平稳、就业增加较多的良好态势，经济运行中出现的新矛盾，有的已经有效缓解，有的正在采取措施，形势健康良好。

（二）微观经济主体基本合格

经过30多年的改革，目前我国各类经济主体已日趋成熟，商业银行、企业部门和居民对利率波动的敏感性不断增强，他们对利率政策的弹性也明显增强。当市场利率发生变革时，在利益的驱动下他们已能对市场利率变动信号做出灵敏的反应并相应调整自己的经营投资和消费行为。

1. 商业银行。经过多年的改革，我国商业银行已经基本成为按照“三性”原则自主经营、自求平衡、自我发展、自我约束的金融企业，竞争手段日趋理性，具备了一定的利率风险承受能力和防范能力，应对利率市场化冲击的能力有了显著的提高。

我国的银行业大体可以分为股份制商业银行、国有商业银行和城市商业银行等。股份制商业银行产权关系比较明确，以利润最大化为目标，资产质量和盈利能力总体上很好。国有商业银行是我国银行业的主体，主要是通过财务重组、注资、股份制改造、引进战略投资者并最终达到上市的模式进行改革的。目前国有商业银行股份制改革已经取得重要进展，除中国农业银行之外的三家国有商业银行都已经获得外汇储备注资并成功上市：中国建设银行于2005年10月成功实现在香港上市，建设银行A股（601939）于2007年9月25日在上海证券交易所挂牌交易；中国银行（601988）2006年7月5日在上海证券交易所上市交易；2006年10月27日，中国工商银行（601398. SH；1398. HK）A股和H股分别在上海证券交易所和香港联合交易所同日挂牌，其A+H发行募集资金刷新全球IPO纪录。国有商业银行的经营效益大幅度提高，资产质量持续改善，最近几年四家国有商业银行的不良贷款比重下降明显，2007年末不良贷款比率降至8.05%（见表5-2）。实际上，工、中、建三行的不良贷款比率已经降至国际先进银行的水平[①]。国有商业银行逐步形成现代公司治理架构，构建了有效的内部控制机制，初步建立了风险管理体系。

表5-2　　　　国有商业银行不良贷款比例

年份	2001	2002	2003	2004	2005	2006	2007
不良贷款比率（%）	25.37	26.12	20	15.57	10.49	7.09	8.05

资料来源：2001年、2002年数据转引自施华强、彭兴韵：“商业银行软预算约束及中国银行业改革”，《金融研究》2003年第10期；2003年、2004年数据引自《中国金融年鉴》（2004年、2005年）；2005年、2006年、2007年数据引自中国银监会网站：http：//www.cbrc.gov.cn。

① 2005年末交、工、中、建、农五家银行的不良贷款率分别为2.5%、4.5%、5.4%、3.8%和26.31%（资料来源：“积极稳妥推进国有商业银行改革”，《金融时报》2006年2月10日）。

城市商业银行主要通过资产置换方式处置不良资产，资产质量明显提高，财务状况显著改善，初步具备健康发展的能力。农村信用社（以下简称“农信社”）从2003年改革试点以来，按照股份合作制、股份制和农村商业银行等模式稳步推进产权制度改革。国家采取财政补贴、税收优惠等一系列扶持政策，农信社历史包袱得到初步化解，经营状况明显改善，资本充足率有所提高，不良贷款率下降，2004年实现整个农信社系统十年来的首次盈利。

但是，与国际先进银行相比我国商业银行仍然存在内控机制不够成熟、部分商业银行不良资产比率较高、利率风险管理和利率定价能力不强、经营管理水平有待进一步提高。各类银行机构发展不平衡，股份制商业银行各方面条件较好，城乡信用社较差。

2. 企业。目前我国的企业大体可以分为国有企业、集体企业、民营企业、股份制企业和三资企业等。

民营企业、股份制企业和三资企业等非国有企业改革开放以来快速发展，其经营理念、经营机制、经济效益、发展速度、市场占有率、适应能力和承受能力均好于国有企业。它们面向市场，经营灵活，根据市场需求自我调整生产经营活动，经济效益良好，承受能力较强，具有承受利率市场化改革的能力，即使放开利率导致短期利率剧烈变动，这些企业也是可以承受的。

长期以来，国有企业是影响利率市场化改革的一个重要的约束因素。这主要是因为：一方面国有企业产权不明晰、政企不分、治理结构不合理，国有企业不以利润最大化作为经营目标，对利率的敏感性很低，利率市场化并不能促进投资优化；另一方面，国有企业资产负债率高，企业资金来源对银行贷款的依赖程度高，经营效益低下，推进利率市场化会使国有企业融资困难和融资成本上升。

十几年来，国有企业的改革和发展取得了巨大的成就，预算约束逐渐强化。一是绝大部分国有企业已经改制完毕，国有企业的数量持续下降。国家采取“抓大放小”策略，对于国有大中型企业按照“产权清晰、权责明确、政企分开和管理科学”的要求推进现代企业制度建设。当前，50%以上的国有重点企业进行了投资主体多元化的股份制改革，一批大型国有企业通过在境内外资本市场上市，促进了机制转换、体制创新以及法人治理结构的完善。国有中小企业按照出售、MBO、股份合作等多种形式放开搞活，全国国有中小企业改制面已达85%以上，其中县级以下国有企业已经基本改制完毕，地市级改制面达80%～90%，2003～2007年，共有95家（次）中央企业参与了47次重组，中央企业户数已由196家调整为150家。二是国有企业的收入和资产收益不断上升，2007年，全国国有企业累计实现销售收入18万亿元，同比增长20.1%；实现利润1.62万亿元，同比增长31.6%①。

（三）金融市场逐步完善

目前我国已经建成了比较齐全的包括货币市场和资本市场在内的金融市场。货币市场分为银行间市场和交易所市场。银行间市场包括银行同业拆借市场、银行间债券回购市场、现券市场和贴现市场。银行间市场的交易主体不断扩大，交易品种和交易方式不断丰富，交易量逐年增加。银行间市场成员主要有存款类金融机构、部分非银行金融机构、市场化发行债券的政策性银行以及在银行间市场发行短期融资券的少数大企业。

货币市场的发展对于利率市场化有重要意义：一是为形成基准利率和完整的市场化的收益率曲线奠定了基础；二是银行间市场已经成为中央银行实施货币政策间接调控的重要场所。资本市场十余年来也得到长足的发展，截至2007年年底，境内上市企业1 550家，境外上市企业148家。沪、深两市总市值32.71万亿元（约合4.44万亿美元），增长265.91%；流通市值9.31万亿元，增长272.2%。A股市场全年累计筹资7 728亿元，增长217.8%。境外上市公司筹资额合计1 075.08亿美元（2007年当年筹资126.16亿美元）②。资本市场已经成为企业融资、居民投资的重要场所，是我国金融市场的重要组成部分。

目前，我国金融市场存在的主要问题是：直接融资比例较低；资本市场股权分置问题尚未完全解决；市场结构不合理③；上市公司的治理结构不完善和投资价值不高；没有形成有效的基准利率和合理的收益率曲线。所有这些都严重影响了金融市场功能的有效发挥。

（四）金融调控和监管日益成熟

---

①　资料来源：2008年3月13日《证券日报》对国务院国资委主任、党委书记李荣融的采访内容。

②　资料来源：《中国金融年鉴》（2007年）。

③　例如，重视股票市场发展而轻视债券市场发展，重视国债市场发展而忽视企业债市场发展，股票市场只有现货市场而缺乏期货市场，衍生品市场不发达等。

1. 金融调控。我国中央银行的宏观调控能力有了较大提高。主要表现在：一是灵活调整利率水平和结构，即根据宏观经济、金融形势变化和货币政策需要，运用利率杠杆，调整金融机构存贷款利率。2008 年上半年，为对冲多余流动性，中国人民银行先后于 1 月 16 日、3 月 18 日、4 月 16 日和 5 月 12 日宣布上调存款类金融机构人民币存款准备金率各 0.5 个百分点，分别于 1 月 25 日、3 月 25 日、4 月 25 日和 5 月 20 日实施；于 6 月 7 日宣布上调存款准备金率 1 个百分点，于 6 月 15 日和 6 月 25 日分别按 0.5 个百分点缴款。一般金融机构人民币存款准备金率达到 17.5%。同时，为加强对"三农"的信贷支持，对全国 1 379 个县（市）涉农贷款比例较高、资产规模较小的农村信用社实行较低的存款准备金率，目前其存款准备金率已比正常水平低 5.5 个百分点。汶川地震发生后，为加大对灾后恢复重建的支持力度，在上调存款准备金率时，对重灾区的地方法人金融机构也没有上调。二是充分发挥公开市场操作的预调和微调作用。2008 年上半年，中国人民银行密切关注国内外经济金融形势变化，加强流动性管理，灵活开展公开市场操作。2008 年上半年，银行体系短期流动性需求波动较大，中国人民银行按照货币调控要求，针对银行体系流动性状况及金融机构资金配置需求变化，搭配使用中央银行票据和以特别国债为工具的正回购操作，尽可能地多收回银行体系过剩流动性。上半年累计发行央行票据 2.94 万亿元，开展正回购 2.35 万亿元。2008 年 6 月末，中央银行票据余额为 4.24 万亿元，正回购余额为 1 756 亿元。在科学分析预测流动性供求形势的基础上，中国人民银行合理把握公开市场操作的力度和节奏，灵活安排各操作工具期限结构，形成央行票据和正回购在期限上的互补，有效熨平了季节性因素导致的市场波动①。三是保持公开市场操作利率平稳，合理引导市场预期。同时中央银行还通过改革再贴现利率和贴现利率形成机制、建立再贷款（再贴现）浮息制度和优化存款准备金利率结构来完善间接调控。这表明我国中央银行的间接调控水平逐步提高，但由于存贷款利率尚未完全放开，中央银行宏观调控还主要是通过调整存贷款利率水平的直接调控方式，随着利率市场化的推进，中央银行应该实现由直接调控为主向间接调控为主的转变。

2. 金融监管。2003 年我国设立中国银行业监督管理委员会（以下简

① 资料来源：中国人民银行：《2008 年第二季度中国货币政策执行报告》，2008 年 8 月。

称“银监会”），专门对银行业金融机构进行监督管理。银监会成立伊始，就明确提出了“管法人、管风险、管内控和提高透明度”的监管理念①。在短短的两三年时间内我国的监管工作取得了明显成效，主要表现在：一是金融监管法规建设不断完善。在《银行业监督管理法》和《商业银行法》的框架下，系统规划和科学设计银行监管的规章和指引。2003 年以来，先后出台了《商业银行资本充足率管理办法》和《商业银行内部控制评价办法》等几十项监管规章，涉及监管的各个环节和各个方面。二是严格督促商业银行加大不良资产管理，实现不良资产余额和比率逐年下降。三是审慎监管思路进一步落实。审慎监管的核心是对收益的估计要审慎，对损失的估计要充分。要求各银行“提高贷款五级分类的准确性、提足拨备、做实利润、资本充足率达标”②。四是监管合作机制得到加强。银监会、保监会和证监会三方建立了联席会议制度，定期就金融监管和金融运行中的重大问题进行磋商。可以说，中国的银行监管水平有了较为明显的提高，监管方式不断完善，监管法规建设取得重大进展，监管体制逐渐成熟。但由于种种原因，中国银行业监管还存在一些需要解决的问题。从监管手段和监管效果上看，仍停留在检查层面上，缺乏深度和广度。同时，技术手段落后也是一个严重问题，导致效率低下，统计不规范、信息失真，分析监测仍以主观判断为主，缺乏应用高技术手段的定量分析。审慎监管法规的系统性和完整性还不够。这些问题的存在，在一定程度上影响了银行监管的有效性。

综上所述，可以将影响我国存贷款利率市场化的条件分为三类：第一类是基本符合要求的，主要是宏观经济环境和企业；第二类是需要继续完善的，主要是金融市场、宏观调控和金融监管；第三类是还存在一些问题的，主要是商业银行。商业银行的发展也是不平衡的，股份制商业银行的情况要好一些，存在问题的主要是城乡信用社和城市商业银行和部分国有商业银行。尽管很难说目前我国完全符合存贷款利率市场化的所有条件，但是基本上可以认为我国推进存贷款利率市场化的条件日趋成熟，更重要的是我们应该用动态的眼光来看待这些条件，看这些条件是否朝着好的方向发展。基于此，我们认为中国存贷款利率已具备市场化条件。

---

① 唐双宁：“中国银行业及其监管的改革与发展”，《金融与保险》2005 年第 3 期。

② 唐双宁：“中国银行业及其监管的改革与发展”，《金融与保险》2005 年第 3 期。

其实，存贷款利率市场化的过程在某种意义上就是创造存贷款利率市场化条件的过程，两者相互依存，相互促进。不能机械地等待条件完全具备时再推进存贷款利率市场化改革。事实上，某些因素和存贷款利率市场化是互为条件的，不推进存贷款利率市场化，某些条件永远也无法满足。例如，不推进存贷款利率市场化，商业银行的利率风险管理能力和利率定价能力就无法提高，因为商业银行没有机会灵活地开展利率风险管理和利率定价。所以，我们在条件大体具备时，就要适时推进存贷款利率市场化，在推进存贷款利率市场化的过程中逐步完善各方面的条件。

5.2　稳步推进我国存贷款利率市场化的相关制度安排

经过多年的坚持不懈的努力，我国存贷款利率市场化改革取得了一定的进展，尤其是 2004 年 10 月 29 日我国利率市场化顺利实现了“贷款利率管下限、存款利率管上限”的阶段性目标。但是我国存贷款利率至今仍然实行比较严格的管制，利率市场化改革显得滞后。存贷款利率市场化是建设社会主义市场经济体制的重要内容，是实现与国际惯例接轨的必然要求。根据我国经济体制改革和对外开放的总体战略，进一步推进存贷款利率市场化改革显得极为必要。

存贷款利率市场化改革是一项系统工程，牵涉面广，改革进程既影响到其他领域，也受制于其他领域。根据前述关于我国存贷款利率市场化的条件分析可以看出，我国的商业银行体制、金融市场体系、中央银行和金融监管等方面还存在一些制度缺陷。因此，我们可以把创造存贷款利率市场化条件与推进存贷款利率市场化改革结合起来，有步骤地稳定地双向推进。实际上，存贷款利率市场化作为一种制度创新，不可能离开相关制度，缺乏系列相关制度的重新安排，可能会造成存贷款利率市场化改革受挫。

存贷款利率市场化改革关键在于相关的制度安排。积极推进商业银行经营体制改革是存贷款利率市场化改革的重心，完善金融市场体系是推进存贷款利率市场化改革的基础，健全中央银行宏观调控机制是存贷款利率市场化的前提，建设审慎的金融监管制度是存贷款利率市场化的保障。做好相关制度安排工作可以为存贷款利率市场化提供良好的制度环境，存贷款利率市场化的进程就会大大加快。

5.2.1　改革商业银行经营体制

积极推进商业银行经营体制改革是存贷款利率市场化改革的重心。我国的商业银行是进一步推进存贷款利率市场化改革的最为关键的约束因素，改革商业银行经营体制必须贯穿于存贷款利率市场化改革的全过程。从目前我国银行业的整体状况看，银行自身市场化经营的程度仍有待提高，主要表现在三个方面：一是银行业的公司治理结构不完善，银行对自身经营成果尚未做到真正负责任。二是利率风险管理能力不强。三是业务单一的局面没有根本改变，传统的存贷款业务仍占主导地位。为此，要进一步加快商业银行经营体制改革，为存贷款利率市场化创造条件。

（一）完善商业银行的公司治理结构

公司治理是指协调股东和经营者等其他利益相关者相互之间关系的一种制度，公司治理结构主要包括产权结构、制衡机制和激励机制。完善商业银行公司治理结构就是要理顺商业银行内部利益关系，促使各个利益相关方为了各自的利益规避风险和追求银行利润最大化，形成科学高效的决策、执行和监督机制。总结国际先进银行的成功经验，立足我国银行的现实，应该着重在以下几个方面进行努力。

1. 要加快推进银行业的产权改革。通过积极引进战略投资者、发债、上市等途径形成多元化的产权结构。根据不同银行的不同特点，分别采取不同的对策。（1）国有商业银行股份制改革不断深化。中国工商银行、中国银行、中国建设银行和交通银行四家已改制银行的公司治理、业务转型和经营绩效得到持续提升。2009年1月，中国农业银行股份有限公司成立大会在京举行，宣告农行漫长股改路正式收官，中国国有四大商业银行全部改制功成，实现上市交易。国有商业银行上市显然可以提高银行公司治理的有效性：上市后股价的波动会在一定程度上反映银行的经营业绩，银行的经营管理者的目标是明确的，即为银行的所有者创造更多的利润，可以建立市场化的监督评估体系。（2）加快包括城市商业银行在内的中小商业银行的股权改革和资产重组。（3）采取股份制、股份合作制等多种产权形式推进城乡信用社产权改革，转换经营机制，完善治理结构。

2. 建立职责清晰、功能健全的决策与监督机构。健全董事会及各专门委员会，董事会要增加外部董事的数量，强化监事会的职能，以财务监督和防范风险为核心对商业银行的财务活动及经营管理行为进行监督。

3. 形成有效的激励机制。实行董事会领导下的行长负责制，赋予经营班子充分的经营自主权，高级经理人员的产生要实现市场化，形成通过市场行为实现优胜劣汰的机制，并建立干部能上能下、收入能高能低和员工能进能出的人力资源管理制度。

4. 实现充分的信息披露。充分的信息披露可以增强银行经营管理的透明度，使银行的经营管理者接受利益相关者和整个社会的监督。

（二）提高商业银行的利率风险管理能力

面对渐行渐近的存贷款利率市场化，我国商业银行迫切需要采取有效措施控制利率风险、减少损失。

1. 建立利率风险管理的组织机构。我国商业银行的机构设置还不够完善，即便是公司化改革领先、组织建设较好的银行，其内部职能分工也不是非常明确。有的银行的风险管理的重点还是信用风险，利率风险在日常经营和风险管理中也未被充分考虑。为了管理利率风险，应该设立专门的资产负债管理委员会或利率风险管理委员会，专司利率风险的日常监控，预测市场利率变动走向，分析利率变动对银行经营的影响以及选择最佳的规避风险措施。其他部门按照资产负债管理部的要求定期将本部门金融产品内含的利率风险汇报至该部门，由该部门对全行利率风险进行监控和管理。

2. 建立利率风险管理的信息系统。目前我国商业银行的统计方法和信息管理系统还不适应存贷款利率市场化的需要。要尽快建立与利率风险管理相适应的分类统计方法，修改业务操作软件，加强和提高商业银行管理信息系统采集和处理基础性数据的能力。建立利率信息管理系统，用于分析和研究商业银行资产负债结构和利率期限结构，从而把涉及全行资金成本、价格和风险收益的存贷款利率纳入电子化管理，实现利率信息的适时监控，确保利率风险管理手段的顺利实施。及时了解和掌握国际金融市场的利率行情和走势以及宏观经济状况、国家货币政策、资金供求等国际国内信息，科学准确地预测利率的变化。

3. 运用先进的风险管理技术识别和管理利率风险。我国商业银行的利率风险管理目前仅限于对资产和负债的头寸差额管理，国外利率风险管理技术已经发展了几十年，识别和控制利率风险的技术种类繁多。主要有缺口分析法、持续期分析法、动态模拟分析法。不同的方法在实施过程中所需的条件和成本也不同，目前我国应该按照“强化缺口管理、完善持续期分析、引入计算机动态模拟”原则进行利率风险管理①。我国商业银行一般是实行总分行制的组织形式，多数银行只是对资产负债头寸的差额进行管理，对资产负债的期限结构无法进行配比。商业银行应根据资产负债业务的期限结构进行精细化配比，使缺口分析能够真正取得实效；在期限配比的基础上，根据市场利率的预测，完善持续期管理，灵活调整资产和负债的期限结构；各银行还应根据自身数据支持程度，建立资产负债的计算机自动化管理系统。因为缺口分析和持续期管理需要的数据量大，准确性高，时效性强，必须借助于计算机自动化系统的支持。

（三）鼓励商业银行发展中间业务

我国商业银行业务单一，主要经营存贷款业务，利润主要来自存贷利差收入。以四大国有商业银行为例，2008 年其净利息收入占营业收入的比重为 86.61%（见表 5-3、图 5-1）。存贷款利率市场化会导致利差缩小，净利息收入下降。商业银行必须实现收入结构的战略性调整，从主要依靠净利息收入的发展模式转到以净利息收入和非利息收入并重的发展模式。要积极探索和发展不受利率波动影响又不占用资金的非利差型产品的创新，培植新的利润增长点。商业银行可以通过大力拓展中间业务和表外业务，如国际结算、结售汇、票据贴现、电子银行、网上银行、代理结算、咨询、财务顾问、贷款担保承诺等，增加新的利润来源，提高中间业务利润的比重，减少利率变动对银行盈利能力的影响。

表 5-3　　2008 年四大国有银行的收入结构

名称	净利息收入（亿元）	营业收入（亿元）	净利息收入的比重（%）
工行	1 131.49	1 266.9	89.3
农行	551.13	637.55	86.44
建行	730.05	815.25	89.55
中行	849.85	1 047.37	81.14
合计	3 262.52	3 767.07	86.61

资料来源：根据《中国金融年鉴》（2008 年）整理。

① 陈新跃、张文武：“利率市场化条件下我国商业银行资产负债管理技术研究”，《金融论坛》2005 年第 3 期。

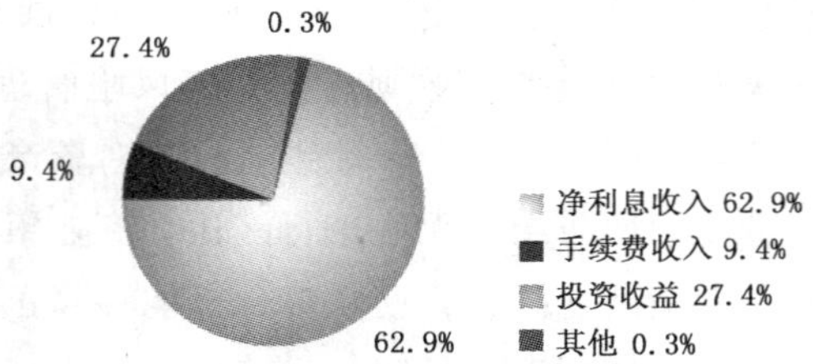

图 5－1 银行业金融机构利润结构图（2008 年）

5.2.2 完善金融市场体系

完善高效的金融市场是存贷款利率市场化改革的基础。存贷款利率市场化改革不是单纯的利率改革，实际上是整个金融自由化改革的重要组成部分，是和包括货币市场和资本市场在内的金融市场建设密切相关的。利率市场化的过程实质上就是一个培育金融市场由低水平向高水平、由简单形态向复杂形态转化的过程，一旦这一过程完成，存贷款利率市场化也就容易实现。为了顺利推进存贷款利率市场化改革，应该在以下几个方面完善和发展我国的金融市场。

（一）促进基准利率和收益率曲线的形成

完善的金融市场的一个重要功能是形成有效的基准利率和合理的收益率曲线。存贷款利率市场化后，中央银行能否有效地调节包括存贷款利率在内的市场利率，关键是能否形成有效的基准利率，中央银行通过货币政策工具操作调节基准利率，并通过基准利率引导存贷款利率相应变化。在整个利率体系中，基准利率是处于关键地位并起主导作用的利率，它应该是利率体系中一种典型而又具体的利率，也是决定其他利率的最为重要的参考利率。凡是已经实现利率市场化的国家无不形成有效的基准利率。已经实现利率市场化的成熟市场大多选择国债利率作为基准利率。温彬根据基准利率的四个标准进行实证分析，结论是国债市场回购利率更适合作为我国的基准利率[①]。收益率曲线是指在某一时点上一组可交易国债的到期年收益率与其剩余到期期限之间的数量关系的曲线，即在直角坐标系中，以国债到期期限为横坐标、以国债到期年收益率为纵坐标绘制的曲线。收

① 温彬："我国利率市场化后基准利率选择的实证研究"，《国际金融研究》2004 年 11 期。

益率曲线是商业银行中长期贷款、特别是中长期固定利率贷款的重要参考。我国国债利率的基准利率地位尚未形成，收益率曲线也不够合理①，这已经成为我国存贷款利率市场化改革的一个障碍。

促进有效的基准利率和合理的收益率曲线的形成，为金融机构及各个金融市场运作提供有效的利率基准，应该从以下四个方面入手发展国债市场：一是发行基准债券。基准债券是指实现了发行经常化、品质同质化的债券。基准债券对基准利率的决定意义在于通过经常性的发行不断强化国债利率引导市场利率的作用。结合我国国情，加紧设计和推广这类国债，使之形成规模，为国债利率充分发挥基准利率作用奠定基础。二是优化国债品种体系和期限结构。适当控制凭证式国债等不可流通债券的发行规模和比重，扩大和发展记账式国债。优化发行期限，适当增加长期和短期国债，形成长中短期的合理结构，使长、中、短期都有良好的、充足的债券产品，逐渐增加市场深度。三是促进国债产品创新。积极创造条件尽早恢复国债期货，国债期货具有价格发现的功能，能够促进市场远期均衡利率的形成，为投资者提供套期保值的手段，分散和规避中长期债券的系统性风险。四是统一国债市场，提高市场流动性，积极创造条件打通银行间国债市场和交易所国债市场。进一步完善全国统一的国债托管结算体系，加强中央国债登记结算公司作为中央托管机构的地位，为统一市场奠定基础。

（二）不断完善货币市场

货币市场是一个包括票据市场、同业拆借市场、债券回购市场和短期国债市场在内的有机整体。只有不断完善货币市场，扩大其规模和覆盖范围，通过引进新的市场参与者、增加交易品种、扩大交易规模、建立统一的支付清算体系，提高其运行效率，增加其影响力，才有可能形成真正反映市场资金供求状况的利率信号，将之培育成中央银行能够有效调控又能对其他金融市场和信贷市场的利率产生影响的核心金融市场。一要扩大同业拆借市场。中央银行要有步骤地增加同业拆借市场的交易主体，在进行资信审查合格后，让资金实力雄厚的具有法人资格的金融机构和大型企

---

① 目前我们的基准收益率曲线存在的问题是，期限品种结构不够健全，收益率的市场化决定程度不够高。例如，短期债券品种相对较少，长期收益率理性化不够，看来显得偏低（周小川："稳步推进利率市场化改革"，《财经》2004 年第 1 期）。

业，根据其所在地和资产规模标准入网拆放资金，提高同业拆借市场交易的广度，扩大市场交易规模，增加市场交易的活跃度，促进合理的货币市场批发利率的形成。二要加快发展票据市场。票据市场是我国货币市场的重要组成部分，在资金配置、流动性管理、风险分散以及缓解中小企业融资瓶颈等方面发挥着举足轻重的作用。发展票据市场，修订《票据法》迫在眉睫，要适应经济的发展和科技的创新，确立融资性票据、电子票据的法律地位。改善票据市场品种结构，以发行短期融资融券为契机，研究试行商业本票。建立全国统一的票据市场[①]，提供全国统一的交易清算服务平台，提高票据市场效率。

（三）充分发挥资本市场功能

正常运行的资本市场提供长期利率的形成机制，同时也是短期利率形成的重要制约因素。它对于利率市场化的重要性与货币市场同样重要。资本市场的最基本的功能是提供长期投融资的场所，但是我国资本市场的投融资功能尚未得到很好发挥。

完善和发挥资本市场的功能，一是要加快股权分置问题的解决。股权分置扭曲资本市场定价机制，严重制约资源配置功能的有效发挥，公司股价难以对大股东和管理层形成市场化的激励和约束，公司治理缺乏共同的利益基础。股权分置改革试点工作已于2005年顺利完成，股权分置改革要积极稳妥、循序渐进。二是要提高上市公司质量，促进上市公司业绩增长。只有作为资本市场稳定与发展基石的上市公司业绩能够稳定增长，资本市场才能健康发展。当前我国上市公司质量不高，业绩不佳，必须完善上市公司治理结构，尤其要增强权力制衡机制，严格约束大股东控制操纵行为。同时还要完善退市机制，真正做到优胜劣汰，强化市场约束。三是要加大监管力度，保护投资者尤其是中小投资者的利益，提高资本市场的投资价值。

（四）大力发展企业债券

企业债券是与银行存贷款相竞争的替代品，发展企业债券市场可以从外部对存贷款利率市场化施加一定的压力。一方面，大力发展企业债券市场会引起存款分流，迫使存款利率市场化。近年屡屡出现的居民排队抢购

① 在我国的金融市场体系中，唯独票据市场没有统一的交易清算服务平台，导致票据市场效率低下，功能不全，创新跟不上市场发展的需要。

大企业债券已对当地的存款资金形成压力。另一方面，企业通过发行债券融资，可以减少对银行贷款的需求，改善融资结构，一些资质好的企业的债券融资成本往往会低于银行优惠贷款利率，迫使放开贷款利率下限①。加快发展企业债券市场，一是要放松企业债券发行限制，比如扩大发债主体范围、放宽债务募集资金用途和企业债券的担保形式。二是要改善企业债券的期限结构，使长中短期债券合理搭配，活跃企业债券交易市场。三是修改《企业债券管理条例》，取消企业债券利率不得超过同期银行存款利率40%的规定，逐步实现企业债券利率市场化。

（五）开发金融衍生产品

伴随存贷款利率市场化的推进，商业银行等相关市场主体的利率风险凸显。从理论上讲，控制利率风险的策略是调整资产负债的持续期缺口以缩小资产负债缺口或保持对自身有利的持续期缺口。在现实中，完全消除资产负债的持续期缺口是不可能的，但可以通过金融衍生品交易来对冲已有的风险缺口。金融衍生产品交易，一是可以把金融风险分散化；二是可以把金融风险有限化，通过衍生产品交易把风险控制在愿意承担的范围内；三是可以把内部金融风险外部化，即把不愿意承担的风险转移出去。因此，要积极开发以规避利率风险为主要内容的金融衍生产品，如远期利率协议、利率互换②、利率期货和利率期权等，为防范和规避利率风险提供手段和支持，以有效降低利率波动可能带来的金融风险。

5.2.3　健全中央银行宏观调控机制

健全中央银行宏观调控机制是存贷款利率市场化改革的前提。存贷款利率市场化意味着中央银行放弃对存贷款利率的直接管制，中央银行只能通过间接手段调控银行存贷款利率，实现利率的平稳运行。这要求中央银行有较强的调控能力，能够灵活有效地运用公开市场业务、再贷款、再贴

① 例如，2005年5月24日，央行颁布《短期融资券管理办法》，截至12月13日，在银行间债券市场发行的企业短期融资券达1 305亿元，其发行利率在2.92%～2.95%之间，比现行同期银行优惠贷款利率5.022%低大约2.1个百分点（资料来源于李倩、苑德军："短期融资券：2005年货币市场耀眼的亮点'八大效应'凸显企业短期融资券市场功能"，《金融时报》2005年12月16日）。

② 2006年2月9日中国人民银行发布《关于开展利率互换交易试点有关事宜的通知》，推出人民币利率互换交易试点，国开行与光大9日完成首笔名义本金为50亿元人民币、期限10年的人民币利率互换交易（资料来源：《金融时报》2006年2月10日）。

现和存款准备金率等间接调控工具，准确分析和预测金融市场利率的变动情况，适时合理地调整基准利率，并以此来影响全社会的市场利率水平，引导社会资金流向。

（一）完善中央银行利率调控体系

我国利率水平的调整以对物价走势、投资、消费和国际收支状况等的监测分析为决策依据，综合考虑物价总水平、宏观政策和社会资金供求状况以及政府、银行、企业和个人的利益。确定利率水平要求着重处理好三方面的关系：一是处理好利率与物价的关系，保持实际利率为正。实现正利率是利率改革的前提条件，这已被许多国家的利率改革的实践所证明[①]。为了保证利率改革顺利进行，应避免在负利率基础上放开利率，否则，利率水平骤升将影响经济发展。二是处理好利率水平与银行利差的关系，不能从政策上造成商业银行亏损。三是处理好利率与企业利润率的关系，利率水平要考虑企业的承受能力，贷款利率水平不能超过企业平均利润率。目前我国企业融资以贷款为主，在确定利率水平时，必须考虑这一情况。

为了提高中央银行利率调控的有效性，一方面，要求中央银行加强对经济形势的动态分析和调查研究。随着我国经济对外开放和市场化程度的不断提高，影响经济运行的不确定性因素增加，货币政策决策和调控的难度加大。同时货币政策的传导机制也日益复杂，并且有较长的时滞。因此，加强和改进利率调控，关键在于增强经济金融运行的分析和预测能力。另一方面，中央银行要改进货币政策调控方式。中央银行的利率调控分为两种形式：一是直接调整金融机构存贷款利率水平；二是通过公开市场操作引导市场利率。随着存贷款利率市场化的深入，中央银行利率调控体系也将逐步完善。利用货币政策工具引导市场利率，并通过市场利率引导金融机构存贷款利率的间接调控方式应该逐步成为中央银行利率调控的主要形式。另外，还要注意发挥“预期引导”在宏观调控中的作用，增加中央银行利率决策的透明度。

（二）调整利率结构和确定方法

商业银行存贷款利率、中央银行利率和其他金融市场利率构成一个有机的利率体系。由于现行的利率体系还不太合理，为了进一步推进存贷款

---

① 邵伏军：《利率市场化改革中的风险及控制》，中国金融出版社 2005 年版。

利率市场化改革，加速利率体系的市场化改革，调整长期存贷款利率确定方法，已具有相当的紧迫性。

1. 中央银行利率。除存贷款利率之外，我国中央银行控制的利率主要包括法定准备金利率、超额准备金利率、再贷款利率和再贴现利率。虽然历经多次调整，但仍然存在两个明显的缺陷。一是中央银行仍然向金融机构支付法定准备金利息；二是再贷款利率低于同期银行的贷款利率。今后要逐步下调直至最终取消商业银行在中央银行的准备金存款利率和超额准备金利率，恢复整个利率体系的零利率底线①。目前我国金融机构在中央银行的准备金存款年利率为1.89%，超额准备金存款年利率为0.99%。金融机构在中央银行存款的目的不是赚取利息收入，而是应付支付结算的需要。商业银行在中央银行的存款利率应该低于商业银行平均筹资利率，甚至可以无息，也不必分期限档次，这可以鼓励商业银行在满足法定准备金后，尽量少保留超额准备，将多余头寸拆放到同业市场上，促使商业银行加强流动性管理和成本核算，争取最大盈利。相反，如果中央银行存款利率高于商业银行筹资成本，就会鼓励商业银行将资金上存，而不是积极放款，降低整个社会资金的运用效率，同时也弱化了中央银行货币政策的效率。考虑到目前我国的准备金利率较高，商业银行的盈利能力较弱，尚不能立即对准备金实行零利率，可以逐步向活期存款利率靠拢，逐渐过渡到准备金存款零利率。

2. 商业银行利率。现行商业银行利率结构存在种类繁杂、档次设置不合理等问题，有必要改变存款利率按来源分类、贷款按用途或投向分类的做法，改为按期限划分利率种类和设置利率档次。存款利率可以简化为活期、定期、定活两便、通知存款和大额存单等五类。定期存款分为一个月、三个月、六个月、九个月、一年、二年、三年等七个期限档次，取消五年期档次，由长期债券等投资工具代替。贷款利率目前已简化为短期贷款利率和中长期贷款利率两大类，共五个档次，可以根据信贷业务发展的需要，简化贷款基准利率期限种类，首先取消五年期以上的贷款基准利率。

3. 长期存贷款利率确定方法。改革长期存贷款利率确定方法，向国际惯例靠拢。目前，我国存贷款长期利率基本上是用短期利率进行复

① 李扬、殷剑峰："中国利率体系：现状及其改革"，《中国金融》2005年第6期。

利推算形成，国际上确定利率的方法与我国有很大的不同，大都是盯住金融市场上的单利水平，以市场同期限利率为基准根据需要稍加调整。根据市场利率水平确定存贷款利率，有利于金融机构灵活调整，加强金融机构成本和收益核算，尽量降低筹资成本，增加收益，而用短期利率复利推算出的长期利率则容易偏离不断变化的市场利率，增加利率风险。进一步改革的方向是，在放松利率管制的前提下，改变长期利率形成机制，长期存贷款利率要与市场利率挂钩。

（三）加强利率管理制度建设

随着存贷款利率市场化改革的深入，中国人民银行在逐步放开对存贷款利率的直接干预的同时，仍要加强利率秩序的管理。利率市场化与市场利率秩序二者相辅相成：利率市场化本身是一种市场秩序，而这种市场秩序需要维护。加强利率秩序管理，要着重做好以下几个方面：一是完善对利率的监测体系，建立市场化利率水平的定期监测和分析报告制度，加强对市场利率和金融机构存贷款利率走势的引导，为制定利率政策提供参考依据。二是对金融机构法人利率定价制度和利率风险防范机制的建设情况进行分析和评估，作为进一步推进存贷款利率市场化的参考。三是定期公布市场利率水平，提高市场化利率的透明度，引导金融机构理性确定产品价格，维护利率竞争秩序。四是加强对民间借贷利率的调查和研究。由于民间借贷在我国广泛存在，并且具有一定的规模，加强对民间借贷利率的监测和反馈，有利于加强中央银行宏观调控，保持金融市场体系稳定。

5.2.4　建设审慎的金融监管制度

建设审慎的金融监管制度是存贷款利率市场化的保障。存贷款利率市场化的过程充满着风险，在利率市场化过程中和之后的一段时间内，会出现存贷款利差收窄、利率水平变动不居等不稳定因素。由于金融部门风险的集中性和广泛性，如果控制不好，难免引起社会经济的波动。在存贷款利率市场化的过程中，随着政府直接管制存贷款利率水平手段的弱化，其他非直接管制手段必然要予以强化，在金融监管体系尤其是对银行行为的监管方面应给予极大关注，建设审慎的金融监管制度。

（一）实现监管方式的转变

存贷款利率市场化代表一个国家金融自由化进程，对应于金融自由化，监管理念与方式必须做出与之相适应的变革。一是在监管内容上由合规性监管为主转向基于风险的审慎监管为主。审慎监管是银行监管的最基本要求，基于风险的审慎监管的核心内容是对收益的估计要审慎，对损失的估计要充分①。它通过资本充足率和其他资产负债比率，对银行面临的信用风险、市场风险和流动性风险进行全面严格的监管，关注银行如何度量和管理风险及其管理能力，包括审查银行风险管理体系是否合理、完善和有效，是否建立完善的风险管理政策和程序，是否对风险进行及时准确地度量、监测和控制，是否有充足的资本金来抵御银行面临的风险以及是否建立了完善的内控机制。二是实现由机构监管向功能监管的转变。机构监管是指以机构的类型为基础来划分监管部门和监管责任。而功能监管则是以金融产品和服务（功能）为基础来划分监管部门和监管责任，较之传统金融监管，它能够实施跨产品、跨机构和跨市场的协调，且更具连续性和一致性。由于存贷款利率市场化促进金融创新，产生大量的交叉性金融业务，机构监管日益显示出局限性。功能性金融监管主张设立一个统一的监管机构来对金融业实施整体监管，监管机构的注意力不仅限于各行业内部的金融风险，能有效地解决金融创新产品的归属问题，避免监管真空和多重监管现象的出现。三是在监管手段上实现由现场监管为主向非现场监管为主的转变。把非现场监管作为今后实施银行监管的主要方式和重要任务。为了强化非现场监管，着力提高非现场监管能力和水平，需要建立科学的非现场监管指标体系，颁布实施非现场监管指引，建立非现场监管统一框架和流程，实行动态和静态的监测，建立信息分类和风险分类自动化网络系统，建立规范化的信息报告制度。现场监管原则上要根据非现场监测分析和监管评级的结果，提高现场监管的有效性和针对性。

（二）强化资本充足率监管

巴塞尔委员会 2004 年颁布的新资本协议代表了银行监管的新方向，资本充足率监管是当今世界监管当局对银行实施监管的核心内容之一，有助于提高银行体系的稳健性，促进金融市场公平竞争。在存贷款利率市场化的过程中，督促商业银行建立健全以资本金管理为核心的约束机制极为必要。我国很少有商业银行存款利率下浮，而国际上很多银行的

---

① 唐双宁："中国银行业及其监管的改革与发展"，《金融与保险》2005 年第 3 期。

存款利率低于中央银行调控利率。我国存款利率之所以不易下浮，原因之一是我们的金融监管还不能严格执行巴塞尔协议，吸收存款的金融机构的资产负债表的过度膨胀似乎还没有受到有效的约束，如果放开存款利率，越是高风险的商业银行，越有可能高息揽存，导致财务负担越沉重，往往使问题变得越来越严重。因此，"在资本充足率监管得到严格执行之前和及时校正措施①有效建立之前，存款利率上浮是需要谨慎的"②。

我国于2004年3月实施《商业银行资本充足率管理办法》，规定商业银行资本充足率不得低于8%，核心资本充足率不得低于4%，要求商业银行最迟于2007年之前达到最低资本充足率要求。中国银监会2008年5月公布的《银监会2007年年报》透露，截至2007年年底，我国银行业金融机构整体加权平均资本充足率8%，首次达到国际监管水平。商业银行加权平均资本充足率8.4%，达标银行161家，比上年增加61家；达标银行资产占商业银行总资产的79.0%（见图5－2）。

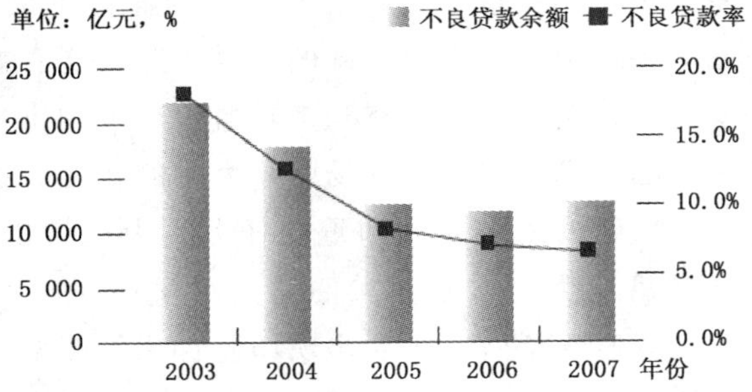

图5－2 主要商业银行不良贷款余额和比率（2003～2007年）

商业银行应制定资本充足率达标规划，通过发行股票、可转债和次

① FDICIA（《联邦存款保险公司修正法案》）第38条对不同资本充足等级，提出了相应的及时校正措施（prompt corrective action，PCA）。针对"资本不充足"等级，校正措施包括补充资本金和限制资产增长等。针对"资本相当不充足"等级，校正措施更为严厉，一方面以兼并或重组的方式，调整其资本结构；另一方面如果状况未能明显改善，则准备实施强行清算（资料来源：谢平、易诚："美国银行资本充足率监管和及时校正措施"，《金融时报》2003年9月22日）。

② 周小川行长2003年12月3日在中国银行、欧洲货币、汇丰银行联合举办的"中国：有效运作金融市场"会议上的讲话。

级债等多种形式提高资本充足率。监管当局要为银行提高资本充足率创造条件，鼓励各类投资主体向银行投资入股，在有效控制道德风险的前提下，国家承担部分改革成本，帮助商业银行消化历史包袱。监管当局要严格执行《商业银行资本充足率管理办法》，在对商业银行的风险评价中，资本充足率应该占有较大的比重，资本充足率应该作为监管当局审批商业银行增设机构、开办新业务、合并重组等合规性监管时所考虑的因素，也是监管当局评估商业银行风险状况，采取监管措施的重要依据。对于资本充足率达不到最低要求的商业银行，监管当局可以采取迅速纠正措施，督促商业银行尽快恢复资本；情况严重者，监管当局可以采取接管甚至兼并和关闭手段，防止风险进一步扩大。

（三）加大利率风险监管力度

存贷款利率市场化给商业银行带来较大的风险压力，要求监管部门加大利率风险监管力度。借鉴西方先进经验，对我国商业银行进行利率风险管理的监管，应该着重加强以下几个方面。

1. 指引商业银行建立资产负债管理体系。资产负债管理是商业银行利率风险管理的主要实现形式，注重银行资产负债的期限配比，保证资产负债期限长短和利率敏感性的合理搭配。我国商业银行存款趋向短期化，贷款趋向长期化，存贷款期限严重不匹配，监管部门要督促商业银行通过对资产负债期限结构的调整，尽量降低以短期负债支持长期资产所蕴含的风险。商业银行还应运用国际先进技术和经验，建立适合本银行的资产负债模型，精确计量利率变动对银行收益的影响。

2. 密切关注商业银行债券投资的利率风险。我国银行持有的国债、政策性金融债占全部资产的平均比例接近20%，这些债券期限长、收益低、流动性差[①]。在推进存贷款利率市场化改革的下一阶段，随着存款利率水平的升高和波动幅度加大，债券资产内含的风险必将首先暴露出来，分析债券投资的利率风险，并通过对债券投资期限结构的调整、债券投资和资金来源的匹配降低利率风险，已经成为商业银行利率风险管理的迫切任务。

3. 加大对利率衍生产品的监管。在存贷款利率进一步放开的情况下，各商业银行开展与利率有关的金融衍生工具业务也将成为一种趋

① 邵伏军：《利率市场化改革中的风险及控制》，中国金融出版社2005年版。

势。这要求监管部门一方面要为银行进行金融创新提供政策支持；另一方面又要加大对金融衍生工具的监管。对于风险较高、形成或有资产和或有负债的衍生工具适用审批制，要求金融机构建立完善的内部风险控制体系，提高风险管理的透明度，从质和量两个方面提供金融衍生产品相关风险的信息，并加强非官方的行业自律管理。

4. 研究外币存贷款利率市场化的影响与风险。我国外币存贷款利率市场化先于人民币，渐进式利率市场化改革已经推进到外币存贷款利率放开阶段，这为商业银行模拟未来风险管理提供了局部的市场化环境。我国商业银行在这一市场化环境下加强对利率走势和衍生交易的研究，可以为未来管理人民币利率风险积累宝贵经验。

（四）建立存款保险制度

存贷款利率市场化给银行带来很大的收益压力和风险压力，容易引发银行危机。银行危机极具扩散性和破坏性，容易威胁金融体系和社会的稳定，因此危机处理是金融监管的重要内容，而存款保险制度是银行危机处理的重要一环，为金融机构顺利退出创造良好的外部环境。存款保险机构还可以在银行运行的过程中进行监控，对投保银行进行实力、清偿能力、信贷质量、盈余状况及风险规避能力等方面监督，各投保单位必须定期向其报送报表，并无条件接受检查，从而起到金融监管的作用。存款保险制度是一种事后补救措施，属于“事后监管”。存款保险制度可以为储户提供比较安全的保护网，维护整个银行业的安全。提高公众对银行的信心，为存贷款利率市场化改革带来宽松的外部环境，减轻存贷款利率市场化对金融体系带来的负面影响。存款保险制度不仅保护陷入困境的商业银行，而且可以防止或限制某一金融机构出现风险后对其他金融机构的消极影响，从而降低整个银行体系连锁反应的可能性。存款保险制度还可以促进中小银行在相对公平的竞争环境中发展，打破少数大银行的垄断局面，因为存款保险制度在一定程度上可以淡化大银行的某些优势，存款人无论将存款存入大银行还是小银行，其受到保护的程度都是基本相同的。建立存款保险制度是存贷款利率市场化改革的现实需求。

积极稳妥地推动存款保险制度建设，要注意在机制设计时体现强制加入、差别费率和风险共担的原则。存款保险应覆盖包括四大国有商业银行在内的所有存款类金融机构，强制加入既有助于防止风险较小商业银行拒绝加入，也有助于避免被承保者都是风险较大的银行。实行与风险挂钩的差别保险费率，对高风险机构实行高费率，对低风险机构实行低费率，有利于形成正向激励，起到辅助监管的作用。不为任何存款提供全额保险，损失由银行、存款者和保险机构三方共担，既可以激励存款者在存款之前对银行风险进行考察，也可在一定程度上制约存款银行的冒险经营行为。

5.3　我国商业银行推行现代利率定价管理方法的配套措施

5.3.1　建立以市场为导向的FTP曲线

前面提到，在银行的利率定价管理工作中，内部资金转移定价是核心。在内部资金转移定价工作中，内部资金收益曲线，即FTP曲线又是基础和核心，它是全行协商一致的市场利率参照。有了FTP曲线后，再根据每种产品的现金流特性确定适当的方法后，就可以确定该种产品的内部资金利率。根据资金转移定价体系的方法论，对银行的资产，资金转移定价体系将分配给它一个虚拟的在公开市场上借入资金的价格，该价格被称作资金成本（COF）；对银行的负债，资金转移定价体系将分配给它一个虚拟的在公开市场上卖出资金的价格，该价格被称作资金收益（VOF）。中国银行业对内部资金转移定价的理论研究和实际操作远远落后于西方银行同业。而且由于金融市场的发达程度不同，中国银行业不能完全照搬西方银行业内部资金转移定价的做法，因此今后一段时间，中国银行业如何结合中国实际，建立内部资金转移定价体系是中国商业银行利率管理工作的重点和难点。

（一）FTP曲线参照利率的选择方案

在金融市场发达和利率市场化的情况下，西方商业银行通常采用市场利率来作为本行内部的FTP曲线。在我国当前金融市场尚不完善、缺乏统一的市场利率的情况下，如何确定曲线是内部资金转移计价的关键。现阶段，我国商业银行建立FTP曲线有以下几种备选方案：

1. 直接采用内部资金利率确定FTP曲线。在西方商业银行管理实践中，内部转移价格与内部资金利率是一致的，都是银行资产负债管理部门和有关业务部门之间买卖资金的内部价格。但是，在我国商业银行经营管理实践中，只有内部资金利率，没有内部资金转移价格。有的银行内部资金利率能够较为合理地反映全行资金供求关系，但大部分银行内部资金利率期限档次少，而且一定一年，不能反映市场利率和全行资金供求关系。因此，在外部资金市场尚不十分完善、利率尚未市场化的情况下，目前拥有完善内部资金利率的银行以内部资金利率为基础，并做适当调整后确定 FTP 曲线不失为一种简单、易行的替代选择。但是对于大多数银行来说，这种方法不适用。

2. 取现有存贷款利率的中间点构造 FTP 曲线。由于商业银行内部资金转移价格的主要作用是平衡资金来源部门和资金运用部门的利益，因此，在存贷款利率都受管制的情况下，取现有存贷款利率的中间点构造 FTP 曲线不失为一种现实的选择。但是，这种方法需得到资金来源部门和资金运用部门的一致同意。

3. 参考国债收益率、同业拆借市场利率等外部市场利率构造 FTP 曲线。在我国金融市场尚未完全开放的情况下，国债收益率、同业拆借市场利率基本是代表我国金融市场无风险利率的最好指标，因此，参考国债收益率、同业拆借市场利率构造内部资金收益曲线可能是最能反映市场无风险利率真实情况的选择。

根据我国银行业利率管理水平的现状和今后利率管理改革的发展方向，我们认为第三种方案即参考国债收益率、同业拆借利率等外部市场利率构造商业银行的内部资金收益曲线是目前商业银行的最合理的选择。

（二）选择合适的外部资金市场

为了构建 FTP 曲线，我们必须首先对银行面对的各外部资金市场分析，特别是其流动性和风险性的分析，以确定银行可以使用的外部市场利率。

1. 人民币。目前，银行面对的货币市场包括银行间同业拆借市场和银行间债券市场，两大市场的基本情况如表 5－4 所示：

表 5－4　　　　中国银行间货币市场概况表

	同业拆借市场	债券市场	
		现券交易	回购交易
交易主体	商业银行（国有、股份制、城市商行）、外资银行、商业银行授权分行、农村信用联社、保险公司、证券公司、财务公司、基金管理公司、政策性银行	各商业银行总行及其授权分支机构，经营人民币业务的外资金融机构和保险公司、证券公司、基金公司等非银行金融机构	
交易品种	四个月范围内自行商定拆借期限，交易中心按 1 天、7 天、20 天、30 天、60 天、90 天、120 天七个品种计算和公布加权平均利率，即全国银行间同业拆借利率（CHIBOR）	国债和以市场化形式发行的政策性金融债券	回购期限为 1 天到 1 年，交易系统按 7 天、14 天、21 天、1 个月、2 个月、3 个月、4 个月、6 个月、9 个月、1 年共十个品种来统计公布债券回购的成交量和成交价。回购的债权包括国债、中央银行融资融券和政策性金融债。
清算系统	全额直接清算，7 天以内（含 7 天）T+0，7 天以外 T+1	“见券付款”，“见款付券” 和 “券款对付” 三种清算方式，清算速度为 T+0 或 T+1	
最活跃品种	最活跃的是 7 天品种，约占 70% 的交易量，其次是 1 天和 20 天品种，约占 17% 和 8% 的交易量		最活跃的是 7 天品种，约占 83% 的交易量，其次是 14 天品种，约占 12% 的交易量
2008 年前三个季度交易量（亿元）	23 300	7 452	175 655
货币市场交易量占比	12.2%	4.2%	88%

注：数据来自中国人民银行：《2008 年第三季度中国货币政策执行报告》，2008 年 11 月。

从交易品种来看，债券市场的交易包括债券回购和现券交易，其中，债券回购交易占债券市场交易的绝大部分，约为 95%。针对风险性和流动性，我们对两市场的市场功能、信用风险、成交方式、交易价格的波动程度等方面进行了考察，结果如表 5－5 所示：

表 5－5 银行同业拆借市场与债券市场比较

考察角度	拆借市场	债券市场
市场功能	短期资金市场，7 天以下交易占 87%	短期资金市场，7 天以下交易占 83%
信用风险	交易对手参差不齐，存在信用风险	以债券为抵押，基本没有信用风险
成交方式	网下协商，网上成交，在交易金额较大时，寻找适当的交易对手以适当的价格成交需要花费相当的成本	
交易价格的波动程度	122%（最高价 4.2%，最低价 1.89%）	21%（最高价 2.35%，最低价 1.94%）

注：交易价格的波动程度以 7 天期的银行同业拆借利率和 7 天期的债券回购利率为例，根据两品种在2008 年 1 月至12 月的最高价和最低价计算波动度，波动度＝（（最高价－最低价）/最低价），数据来自中国货币网。

从分析结果看，信用拆借和债券回购在市场功能上具有同质性，是银行运用短期资金，特别是 1 个月以内资金的主要市场。虽然从交易的成交方式分析，我国的银行间信用拆借市场和债券市场均处于起步阶段，但是两者在风险性和流动性方面仍存在着较大的差别。债券回购在违约风险、交易价格的波动性、交易主体的参与程度等各方面均远远优于信用拆借。

鉴于此，建议现阶段商业银行的人民币 FTP 曲线以债券市场为参照，其中，短期利率应以债券回购利率为基础；长期利率以国债利率为基准，并考虑根据银行的信用评级进行适当调整。

2. 外币（以美元为例）。从实际操作上看，对银行经营的各外币品种，均需建立相应的各币种 FTP 曲线，但考虑到目前银行经营的各外币大多是可自由兑换外币，其资金市场是一个充分自由和发展完善的市场，在性质上较为接近。所以，这里只以美元为例，来说明外币 FTP 曲线的建立。

从美元业务来看，美元资金的主要运作市场是国际上的同业拆借市场和美国国债市场，由于国际同业拆借市场上的参与者主要是一些大银行，所以它与美国国债市场一样信用风险均较低，同时还具有高度的流动性。考虑到目前我国银行业的外币资金管理与国外先进银行的操作基本接近，因此美元 FTP 曲线可参照国外同业的做法，以美国国债市场作为主要基准；另外，考虑到银行外币资金的短期头寸主要是在国际同业拆借市场上进行运作，因此短期利率可以同业拆借市场利率为基准。所以，银行的美元FTP曲线可包括两部分：一年以内的以同业拆借市场利率为基准，一年以上的以美国国债利率为基准。

（三）对原始市场利率进行调整

虽然我们的FTP曲线建立是以市场利率为基础，但是市场利率并不总是银行在外部资金市场交易的利率，如银行的信用评级和准备金的交纳要求，会影响银行实际的借入资金成本，我们还须根据这两个因素对原始市场利率（raw market rate）进行调整以得到转移利率（transfer rate）。

1. 信用风险调整。信用风险调整的含义是根据银行的信用评级确定银行在市场上融出融入资金的实际利率。我们以外币为例来说明信用风险调整的做法。首先找出本行的标准普尔或穆迪评价，然后根据本行的评级与美国国债评级的差额对原始利率进行调整。如我四大国有商业银行的评级为BB+，而美国国债相当于AAA级，所以我国商业银行对外发行中长期外债的利率会远远高于美国国债利率，因此在制定中长期转移利率（长于一年）时应根据这一差异进行调整。

调整的方法是：选取市场上同期限的美国国债和BB+债券，将两者的利率进行比较，差异即为信用风险调整系数。由于信用评级仅影响银行的借入资金成本，不会影响银行融出资金的收益，所以信用评级调整仅对资金成本利率进行。

2. 存款准备金调整。由于银行吸收的存款必须按照要求上缴一部分准备金，对贷款发放部门而言，发放相同金额的贷款必须获得大于这一金额的资金来源，相当于提高了资金成本，所以还需据此进行调整以得到最终用以计算资金成本的转移利率，调整公式如下：

$$\frac{\text{进行信用评级调整后的市场利率} - \text{准备金比率} \times \text{准备金利率}}{1 - \text{准备金比例}}$$

需要强调的是，这两项调整均仅针对计算资金成本的转移利率，而计算资金收益的转移利率就是原始的市场利率。

3. 流动性溢价调整。得到转移利率后，还须考虑流动性溢价的因素，主要原因有二：一是从资产负债结构看，负债期限小于资产期限，即存在流动性风险缺口。流动性缺口所关注的是资产负债的真实期限，而不是再定价期限。如果银行的资产持续用较短期、相对来说较便宜的资金来源，则会造成全行的资产负债流动性缺口越来越大。为了避免这些情况，西方银行往往在计算资产的COF中加入流动性溢价，以反映流动性缺口的成本。二是从银行的现实情况来看，由于转移利率是以市场利率为基础的，而存贷款利率还是管制化利率，形成机制的不同造成存款的转移利率可能小于存款利率，以此计算存款部门的NIR可能为负。这实际上是在市场利率不变的情况下，仅仅因为存款利率管制与市场利率的部分脱节造成的，所以不应将这一管制成本全部由存款部门承担。所以，在计算存款的VOF时应当在转移利率基础上加上流动性溢价。对贷款的COF也应进行流动性溢价调整，如每年再定价的五年期贷款，使用的是一年利率作为其COF，但需对其融资五年，实际成本会高于一年利率，所以也应该加上一些流动性溢价。

在建立了适当的FTP曲线后，须根据各产品的现金流和再定价特性确定各产品应用的处理方法，按相应的方法计算出各产品的资金成本（COF）或资金收益（VOF）。有了各产品的资金成本和资金收益，在全面分摊成本费用和信用风险评价、确定风险升水的基础上，就可以制定银行存贷款的利率了。

5.3.2 建立和完善相应的应用系统

（一）建立精确合理的内部资金转移定价系统

商业银行有效管理利率风险的基本前提是对利率的准确预测。商业银行无论是采取主动策略还是防御策略，都会保持一定的利率风险敞口，而利率水平的有利变动会使商业银行从利率风险敞口中受益，利率水平的不利变动会使商业银行从利率风险敞口中受损。此外，不论是利率敏感性缺口分析还是存续期分析和模拟分析，都涉及对未来利率波动的合理假设。因此准确预测利率走势是最大限度减少损失、有效管理利率风险的前提。我国银行业必须从现在开始加强对利率预测的研究。利率预测包括利率变动方向预测和利率波动幅度预测两部分内容，从方法的角度包括定性分析和定量分析两种方法。定性分析只能预测未来利率的走势方向，不能预测利率的具体波动幅度，定量预测则可以实现预测方向和幅度两个目标。根据利率决定理论、利率期限结构理论和利率风险结构理论，我们知道一般利率水平的决定因素有储蓄、投资、货币供给和货币需求等因素，同时长期利率和短期利率水平也不相同。利率作为调节经济的杠杆，越来越成为各国中央银行实施货币政策、调控宏观经济的重要工具。同时，利率作为资金的价格，还受市场资金供求关系的影响。实际工作中，商业银行利率管理人员应定期对宏观经济中的主要变量进行监测，根据国际国内经济形势的变化，预测市场利率的走势，为合理安排利率风险敞口方向提供依据。

合理确定资金成本是贷款定价的先决条件。银行必须有能力对部门间的成本进行准确核算，并以此为基础对各类资金来源的价格进行综合分析，从而确定合理的资金转移价格，有效引导内部资金的流量和流向，使得处于不同经营环境中的具有不同经营能力的分支机构合理处理上存资金和发放贷款的关系。从战略层面看，建立内部资金转移定价系统的主要优势在于，当资产负债管理委员会进行定价决策时，可把利率风险与信用风险分离，贷款决策可集中分析贷款资产的质量，而资金管理部门则可决定资产的负债期限及搭配问题，可以进行资产负债的对称性管理。

（二）建立相对完善的银行内外部数据库

该方法得以顺利实施的重要前提是银行具备强有力的支撑平台。这个支撑平台由商业银行多个相关子系统构成，主要包括内部信用评级体系、全功能的数据采集和处理系统、成本核算系统。其中，信用评级体系负责借款人的信用评级以及信用等级转移概率矩阵的估算；数据采集和处理系统是储藏和运用数据的过程，采用基于数据仓库技术的处理系统可以把内、外部数据源产生的有价值数据转化成贷款定价必须的支持信息。在这些平台支撑的基础上，才能够更好地构建贷款定价信息系统。

（三）管理会计系统的开发和应用

商业银行比较理想的财务管理体系需要具备涵盖账户信息、客户关系信息、人力资源信息的能力管理会计系统就是这样一种财务管理体系。它能够清楚地提供在上面贷款定价体系中经营成本率和税负成本率，使商业银行能加强对自身贷款定价中的成本分析，有利于各商业银行正确确定自身在同业中的竞争地位，从而达到使制定的贷款价格更加具有竞争力的目的。

5.3.3　在科学定价的基础上合理运用定价策略

商业银行贷款定价不仅要有合适的贷款定价方法，还必须把握好贷款定价策略，贷款定价策略把握得恰当与否，直接关系到商业银行贷款盈利水平。商业银行在贷款定价过程中必须主要把握好以下策略。

（一）知己知彼：积极主动地管理市场策略

所有的定价策略都应该是一种事前的、系统的和基于价值的，比如与对客户价值的认真细致的评估及对自身成本、竞争对手价格等联系在一起的知己知彼的策略。

价格是决定市场份额和盈利率的最重要因素之一。因此商业银行应很好地处理贷款价格，积极主动地管理市场。所定价格不能过分地以成本为导向，应依据市场变化及时经常地加以修改，价格的制定应被看成是市场定位战略的内在要素，与营销组合的其他部分相结合。

此外，各商业银行在对大客户或重要项目贷款定价“博弈”中，要根据对其竞争对手的最佳反应预测来决定坚持通过降价获得市场份额是否符合自己的最高利益。在多数情况下，相互降价证明是一种支配战略，这种战略对背信打折者的侵犯起到保护作用，但却失去了为所有商业银行保持高价所形成的利润，这就是“囚徒两难”的情况。

根据以上分析我们可得出，在价格对抗过程中，率先行动者和快速跟进者会形成优势，前者能够做出可信的威胁或可信的事前承诺，因此抢先获取某种结果；后者做出应答，能够决定最终博弈中的最佳回应。哪一个更具优势取决于具体的策略和战略环境。

（二）市场细分：差别产品定价策略

差别产品定价策略也称作价格歧视，是指商业银行按照两种或两种以上价格销售某种产品或服务。商业银行采取该定价策略必须具备的条件：(1) 市场可以细分，且各个市场部分须表现出不同的需求程度；(2) 以较低价格购买某种产品或服务的顾客，没有可能以较高的价格将该产品或服务倒卖出去；(3) 竞争者无法在以较高价格的市场上进行低价竞争；(4) 差别定价不会引起顾客的反感。特别值得注意的是单一价格的单一产品销售于不同的细分市场，切不可采用不同的定价体系。

通常商业银行在营销贷款过程中，不是制定一种单一的价格，而是根据客户情况，细分市场，建立一种价格结构，即为不同的客户、产品、地区和时间等细分市场差别定价。商业银行根据客户对商业银行的利润贡献度、产品需求、合作前景等方面情况，实施不同的定价策略。对利润贡献度小、服务成本较高的一般客户实施标准化的定价策略，即根据标准化产品的现金流、风险、成本等各项特性确定产品价格；对利润贡献度大、合作前景广的优质重要客户，按照客户的需求定制产品和服务，同时根据定制的产品和服务的各项特性参照产品定价方法，考虑客户的利润贡献度进行综合定价。

商业银行在对大客户提供差别化定价过程中，还可采取“关系定价”方法，即当银行能够交叉销售高利润服务和产品来提高某一关系的总体利润时，可能会以很低的利润率或甚至于在亏损条件下提供产品和服务。商业银行为了使总体关系的收益达到最优化，愿意接受某一特定产品的低利润或亏损。“关系定价”有以下方面优点：

1. 提供交叉销售能力。
2. 树立客户对银行的心理忠诚度。
3. 吸引价格敏感性低于交易客户的关系客户。
4. 随着客户使用更多产品和服务提高转换成本。

（三）整体发展：产品组合定价策略

对于许多商业银行来说，向所有客户提供所有产品的传统战略已不再奏效，随着潜在客户和产品数量的增加，具备选择服务于某个市场的产品，并利用机构竞争优势的能力已越来越重要。发现盈利市场或产品组合非常重要，有利于发展整体，因此，在营销组合中，商业银行必须很好地运用好“产品组合定价策略”，即把价格放在一个产品系列中进行考虑。出于对每个产品系列的利润考虑，个别产品的价格可能必须定在等于或低于成本的价位上，因为这样做对于整个系列产品来说是必需的，如果以提高系列中其他产品的价格来填补系列中的差距，或是将其定位在一个已被接受的种类的价位上，可能会有额外的利润。“产品组合定价策略”的理由是：努力使单个产品的利润最大化，总的产品利润应该能通过定价达到最多。

（四）竞争优势：为更有利的定价策略打好基础

所谓竞争优势是指当一些企业处在同一市场中，面对类似顾客群，其中一个企业能够赢得更高的利润率，或能够赢得潜在的更高利润率时，这个企业就拥有某种竞争优势。这里用利润率这一根本的企业目标作为衡量的标准，有时市场占有率或其他目标也至关重要。

金融竞争市场上，商业银行总是处于不同的竞争地位。大银行以市场领导者的形象出现，占据了有利的市场地位，而中小银行则以市场挑战者和跟进者的形象对大银行的竞争优势展开攻击。大银行由于其雄厚的资金实力，良好的社会形象和完善的服务体系，丰富的产品功能，往往会比中小银行收取较高的价格，而中小银行为了开拓更大的市场空间，往往不惜成本，制定较低的竞争价格。事实上不仅是大银行与中小银行之间，大银行之间提供的即使是同质产品，由于客户转换成本，品牌的知名度，服务质量、效率等的不同，有时价格也不同，有优势的银行其价格可略高。如中国银行的一般外汇贷款，建设银行的建筑业流动资金贷款等。

随着我国经济的进一步发展，企业财务核算的加强，信贷市场形势发生了根本的变化，买方市场全面形成。来自市场供求两方面的压力，促使银行必须不断发展和丰富其竞争策略，产品竞争不仅包括了价格的竞争，而且也包括了建立在市场研究基础上的产品开发、服务质量、品牌建立等一系列竞争策略和技巧。只有保持竞争优势，各商业银行才能在贷款产品的定价中获得较有利的地位。

（五）价格谈判：讨价还价策略

讨价还价策略可以被界定是为实现谈判目标的良好机会而采取的全面探讨的一种约定，在讨价还价时可采用故弄玄虚、最后报价、强硬的最初报价等战术。在知名的“哈佛谈判项目”的研究中，罗杰·费希尔和威廉·尤里总结出了“有原则的谈判”这种能使谈判双方非常可能成功地达成一致意见的四个要素：

1. 将人与问题分开：各方都应设身处地地理解对方观点的有力论据，双方之间必须有真正的信息沟通，主动听取对方发言，并且有所反应。

2. 集中在利益上而不是在立场上：立场与利益的区别在于一个人的立场是其进行决策的基础，而一个人的利益则是促使其采取某种立场的根源。所以，在利益关系问题上进行调和，常会收到更好的效果。

3. 创造对双方都有利的交易条件：创造对双方都有利的交易条件就是要设法找到一个更大的馅饼，而不是争论切开的馅饼每一块该有多大。

4. 坚持客观的标准：如果持反对意见的谈判者不愿妥协，而且争的是坚持自己的立场，并不是为了自己的利益，最好的战略就是坚持协议中必须体现不受哪一方单方面立场左右的公正的客观标准。这有助于原则问题获得解决，靠压力则不行。

此外，商业银行还可以考虑应用薄利多销、厚利限销、阶段定价、折扣定价、心理定价、随行就市定价等策略。总之，谈判中商业银行应分析客户及竞争对手情况，区别对待，并尽可能促使客户与银行双赢。

第6章
全球金融危机影响下我国的利率市场化改革与金融监管

6.1 席卷全球的金融危机

2007年以来发生的由美国次贷“多米诺骨牌”倒塌所引发的全球金融危机，其波及面之广、破坏力之大、性质之严重，是20世纪30年代大危机以来所未见。2008年第四季度，美国经济为负增长3.8%，创下了27年来单季降幅最大的纪录；英国皇家苏格兰银行在2008年亏损280亿英镑，创下英国企业史上最大亏损纪录；花旗银行与美林公司在2008年第四季度分别出现82.9亿美元和153.1亿美元的巨额亏损，花旗银行面临被肢解命运；美国房地产市场继续大幅下跌，2008年12月，美国20个大城市标准普尔房价指数较上年同期下跌18.2%，该房价指数已连续28个月下跌，较其2006年高峰时已经跌去25%，显示全球金融危机仍没有任何的缓解迹象。如果说次贷危机第一阶段是从产品危机转化为产业危机、行业危机进而形成世界范围金融大海啸的话，那么次贷危机第二阶段的最主要特点则是由金融危机转化为全面经济危机，并给世界经济带来重大和持续的破坏性影响。由于这次金融危机具有颠覆性、全面性和长期性的特点，因而它对未来的经济发展将产生无法估量的负面影响，它对世界金融体系与经济发展方式的影响甚至可能会持续相当长的时间。

6.1.1 金融危机及其影响概述

这次全球金融危机的直接导火索是美国的次贷危机，美国次贷危机的本质是华尔街金融机构违反了国际金融领域一贯奉行的审慎原则，在“居者有其屋”的“美国梦”的驱使下，向没有信用证明、没有固定收入来源却有大量其他负债的购房者提供大量贷款，并通过金融衍生工具，把这些贷款层层打包出售，进而形成了一个近乎完整的金融链条：专业机构提供次级信用贷款，投资银行发行金融衍生产品，评级机构提供信用评级保障，保险公司进行风险安全担保，投资银行、专业银行、保险资金、企业年金和其他社会资金则蜂拥而入，以平均 1∶30 的杠杆比例极大地放大了次贷产品的盈利水平与投资风险。在这个过程中，整个金融业笼罩在一个巨大的金融幻觉之中：全球经济会持续繁荣，美国经济会持续低利率，房地产价格会只升不降，次贷产品也会只有高收益而不会有高风险，而如果有风险，也会有别人扛着而不可能轮到自己。这种相互关联、相互依存、相互依托但却谁也不愿意也不能够承担风险的金融链条本身就极为脆弱，一旦金融幻觉破灭，整个链条就会立刻崩断，产品风险、产业风险、行业风险甚至系统风险就会不期而至，整体经济也就会面临难以抵御也难以把握的巨大风险。而这恰恰就是此次次贷危机演化进程的一个完整图景。

全球金融危机颠覆了过度泛滥的金融创新模式。金融的本质是信用，金融创新的泛滥导致信用的滥用。在金融创新的旗帜下，金融衍生产品泛滥无度，与经济本体发生了重大偏离。创新的红利被拿走了，创新的风险却留给了市场。过度金融化、过度证券化、过度全球化给社会经济种下了一个个无法割舍的毒瘤，最后出来收拾残局的却只能是政府和纳税人。次贷危机不仅导致了美国投行甚至华尔街的毁灭，也给整个世界的金融生态环境带来了难以修复的重大灾难，这种灾难的最直接承受者不仅是美国，而且是整个世界。

全球金融危机颠覆了过度放松的市场监管模式。在自由市场、自由金融的“华盛顿共识”下，美国政府在 20 世纪 80 ~ 90 年代以后大大放松了对金融企业和金融市场的监管，而金融机构本身就天然存在着规避监管的动力与手段，这两种因素与美联储连续 27 次降息导致利率大幅走低从而整个社会的流动性泛滥且找不到资金出路等因素结合在一起，使得次贷产品等金融创新有了内在的动力与源泉，并形成了无法考量也无法控制的系统性风险源。正是由于政府监管体制的缺位和漏洞，使得整个华尔街处于创新泛滥的状态，除了设计者本人，其他参与者实际上都已经无法准确把握产品的风险与市场的风险。这样，笼罩在金融幻觉下的金融创新的实质就成了让别人用别人的钱来为自己买单的过程，信用关系也在这个过程中逐步演变为信用陷阱。在危机发生后，整个世界都低估了它所隐含的巨大风险，以至于最终酿成了世纪性金融大海啸。

全球金融危机颠覆了过度消费的经济发展模式。如果说中国经济中内需不足的一个重要原因是过度储蓄的话，那么美国经济的更大隐患是过度消费。在 20 世纪 70 ~ 80 年代，美国储蓄率一直在 8% ~ 10% 左右，进入 90 年代后期，美国的储蓄率开始大幅下降，至 2005 年首次成为负数，2006 年达到 -1%，花明天的钱来过今天的日子不仅已经成为一种时尚，而且已经成为一种趋势。这种过度的消费模式本身就导致金融体系的严重脆弱，再加上金融系统内外部各种因素的叠加效应，就使得危机的负面影响迅速扩大并逐波蔓延，以至最终危及了实体经济乃至整个世界经济。

信用危机导致信心危机，信心危机导致发展危机。全球金融危机不但对世界经济造成了巨大冲击，而且还将深刻影响和改变整个金融体制与机制，深刻影响和改变虚拟经济与实体经济的相互关系，深刻影响和改变经济全球化的发展进程与发展机制。虽然美国与世界各国的政府都在不遗余力地救市，但大患已经酿成，从全球金融危机向全球经济危机的转化已经是一个很难逆转的进程。

金融体系的重建将是一个长期、复杂和艰巨的任务，需要一个漫长的过程才能完成。这次全球金融危机所摧毁的不仅是一两个产品和几个或几十个机构，而是整个世界范围内的金融重建与重构过程，是一个切切实实的推倒重来过程。在这个过程中，重建的不仅是金融机构，而且还有金融理念和金融机制，是整个金融体系的浴火重生过程；重树的也不仅是企业信用，而且还包括市场信用与国家信用，是整个社会信用的重置与重构过程。这是一个世纪性工程，要完成这样一个复杂而又艰难的重大工程，没有一定的时间和机制是不可能的。由于世界银行与国际货币基金组织在这次危机中几乎完全没有应对准备与应对措施，并且在整个危机中几乎无所作为，因而这些机构也将在国际金融体系的重构中面临巨大挑战，这也会加大世界新金融体制的重建难度。金融制度的重大难题与重大挑战无疑都会加剧世界经济走出困境的难度与复杂程度，使得世界经济前景在一个相当长的时期中都很难乐观。

6.1.2 全球金融危机的启示

（一）在市场失灵、集体失去理性时，政府必须及时出手积极干预

现代史上，几乎没有哪次金融危机离得开政府的干预。这次美国金融危机及其所酿成的世界金融动荡也是如此。如美国证交会（SEC）采取临时紧急措施，暂时禁止卖空799家金融股，以保护证券市场品质、强化投资人信心。英国金融监管部门采取了暂时禁止建立新的空头做空29家金融公司股票的干预措施，要求持股超过25%的空头每日进行披露。俄罗斯政府为遏制金融市场暴跌暴涨、防范银行倒闭，数次下令市场暂停甚至停止交易。这种政府出台禁令，避免市场环境急剧恶化的举措，对我们应对极端情形下的市场危机，不无借鉴意义。

（二）金融监管亟应更多地强化功能监管和贴近市场第一线

此次危机体现出的监管理念变化，对中国来说有多处值得借鉴。首先，金融监管亟须更多强化功能监管，监管体系有必要从过去强调针对机构进行监管的模式向功能监管模式过渡，即对各类金融机构的同类型的业务进行统一监管和统一标准的监管，以减少监管的真空和盲区。其次，金融监管应更贴近市场第一线，从金融机构业务末梢上出现的小问题抓起，以防从个别向普遍演变，形成大范围的经营隐患，使监管更具前瞻性和有效性。此外，加强监管机构之间的职能协调也尤为必要。在金融市场全球化、金融创新和衍生产品日益复杂的今天，传统金融市场之间的界限日趋模糊，跨部门的监管协调和监管合作显得日趋重要。

（三）应正确认识把握金融创新和风险控制的平衡关系

有一种看法认为美国这次金融危机是由于金融创新走得太快，以金融为代表的虚拟经济繁荣远远超过了实体经济，因而美国经济摔了个大跟头，并由此反对进行金融创新。显然，这是一种因噎废食的思维。尽管美国这次金融危机与大量衍生工具的推出不无关系，但这绝非是禁锢国内金融市场改革和推动金融创新的理由。事实上，金融创新是一把双刃剑，它能够发挥活跃交易、转移和分散风险的功能，也能凭借杠杆效应掀起金融波澜。因此，创新是推动金融业发展的动力之源，没有创新就没有效率。但在推动金融创新的同时，必须注重风险管控机制的配套建设，“管得住，才能放得开”。只有结合我国金融业的现实发展水平和承受力，审慎推进各项创新，金融市场上各种风险和收益组合的工具越来越多，投资者

用以避险或投资渠道增加，整个金融系统效率提高，安全性增强，中国经济才能获得持久发展的动力。

6.2　金融自由化、金融脆弱性与金融监管：国际经验与我国的实践

20 世纪 70 年代以来，金融管制日趋松弛，金融自由化程度不断深入。金融自由化在促进金融发展的同时也加剧了金融脆弱性，传统金融监管手段的不足与落后进一步凸显，加强金融自由化进程中的金融监管成为此次全球金融危机中各国形成的共识。因此，我们有必要借鉴国际经验，回顾我国的实践，分析在金融自由化进程中如何进行金融监管，以防止由金融脆弱性引发的金融海啸甚至经济危机，而改革金融监管模式与手段也是我国金融业在金融全球化与一体化道路上的必然选择。

6.2.1　金融自由化与金融脆弱性的内在联系

1997 年亚洲金融危机爆发后，金融自由化受到了不同程度遣责，而金融监管则备受青睐。对于金融自由化与金融体系脆弱性之间的关系，20 世纪 90 年代以来一些国外学者进行了大量研究。古普塔和伦辛克（1994）认为，在金融监管体系不完善条件下的金融自由化往往会与金融体系的不稳定性相关联[①]。韦勒（Weller，1999）进一步对 27 个新兴市场国家和地区的金融自由化与金融危机进行了实证研究，其结论是：金融自由化以后的新兴市场经济体更容易受到金融危机的冲击，金融体系有可能趋于更不稳定，金融危机爆发的可能性增强。仅从逻辑上来推导金融自由化与金融脆弱性的关联是不够的，有越来越多的经济学家开始引入各种数学模型来检验这种关联是否存在以及关联的紧密程度，其中以 Asli Demirg – Kunt 和 Enrica Detragi – Ache 的研究最为出色。根据 Asli Demirg – Kunt 和 Enrica Detragiache（1998）的多元 Logit 似然函数模型，我们可以观察到当其他因素不变时金融自由化对金融脆弱性产生的影响。而且 Logit 回归分析发现，金融自由化虚拟变量与金融危机概率之间存在显著正相关。

① ［印］古普塔、伦辛克：《金融自由化与投资》，经济科学出版社 2000 年版。

这表明，即使在宏观经济十分稳定的情况下，金融自由化仍会增加金融脆弱性[①]。金融自由化是影响一国金融体系脆弱性的重要因素之一。

金融自由化是一把双刃剑，既有改善金融资源配置，增加金融机构及金融市场的竞争力，促进资本流动等功能，但同时也削弱了一国货币政策的自主性，将金融机构置于高风险的竞争环境之中，加剧了银行乃至金融体系的脆弱性。尤其是在发展中国家，由于缺乏金融体系良好运行所必需的制度环境，金融自由化过程中金融脆弱性积累到一定程度，就会暴露出金融体系内在的不稳定性和风险，促使金融危机更经常地发生，并对世界经济产生普遍影响。

6.2.2 金融自由化与金融监管

（一）金融自由化与金融监管的关系

关于金融自由化与金融监管的关系，经济学界大致有三种看法：第一，是以劳伦斯·怀特、罗尔尼克、韦伯等为代表的经济自由主义者的观点。他们认为，金融自由化就是金融体系高度放松监管的过程[②]。经济自由主义学者明确倡导自由银行业制度，旗帜鲜明地主张放弃金融监管与管制。第二，是以麦金农、肖为代表的金融抑制与金融深化论的观点，他们认为，要实现经济的迅速增长，就必须实行金融自由化政策，因为一个受市场经济调控的金融体系的效率要远远高于受人为干预的金融体系，但在金融自由化进程中必须加强金融监管。麦金农还通过对全球金融风暴成因的分析，指出自由化改革的失败主要在于缺乏严谨的监管和不正确的自由化顺序[③]。第三，是以泰勒为代表的新结构主义经济学家的观点，新结构主义学派对金融自由化持否定态度。他们认为，麦金农和肖对金融自由化的论述是有缺陷的。因为他们没能正确地构造发展中国家金融体系的模型，特别是未能考虑不受管制的场外市场的作用。因此，从本质上讲，金融自由化是一种理论错误，与发展中国家金融市场的客观条件无关（泰勒，1998）。

---

① 罗纳德·麦金农：《经济自由化的顺序——向市场经济过渡中的金融控制》，中国金融出版社 1993 年版。

② 密尔顿·弗里德曼：《弗里德曼文萃》，首都经济贸易大学出版社 2001 年版。

③ 凯文·多德：《竞争与金融——金融与货币经济学新解》，中国人民大学出版社 2004 年版。

（二）传统金融监管在金融自由化趋势下的困境

1. 机构型分业监管模式与金融混业经营趋势的不协调。现行的金融监管仍是机构型监管体制，即不同的金融业务分别由不同的机构进行监管。机构型监管的优点是专业性强，但它越来越不能适应金融机构业务相互交叉的新形势。金融创新的发展使得同一种经济功能可通过不同的金融机构或金融工具来实现。经验表明，在当今混业经营成为金融发展趋势的情况下，为了防范金融危机的发生，需要更加灵活、更加综合、更加统一的监管制度，以提高金融监管的有效性。分业监管机制显然无法适应这种要求。

2. 国家化监管与金融活动全球化的不协调。传统的监管机构基本是国家化的，各国政府一般都是从本国的利益出发制定金融政策与法规，因此，各国金融监管的法律法规不甚统一，与国际接轨难度很大。由于各国金融政策与法规之间缺乏有效地协调，大规模的投机资本为了寻求套利、套汇而频繁地进出各国的金融市场，从而引发金融动荡。金融自由化条件下，资金可以在更大的空间范围内流动，金融机构在更大的地域范围内开展业务。而随着金融全球化和国际化的进程，金融风险的国际传递速度和传染性也会进一步加强。这些变化在客观上都要求各国走国际化的金融监管，统一金融监管制度，加强协调与沟通。

3. 传统的金融监管范围与跨国银行业务引致风险的不协调。传统金融监管体制下，母国为保护本国银行，对在外国的分支机构限制很少。东道国出于吸引外资的需要，对外国银行在本国境内设立的分支机构给予优惠。这种母国与东道国双方的宽容，使跨国银行处于金融监管的相对真空地带。而跨国银行的发展会使金融资本的流向呈现出多向性和纵横交错的特征，尤其是发达国家之间金融资本的相互渗透和竞争、银团贷款的发展、银行业对证券业的渗透及其国际化，使一国金融当局对跨国银行业务的监管显得力不从心。

（三）西方国家金融自由化进程中有益的金融监管经验

1. 金融自由化与金融监管存在典型的正向激励关系——以墨西哥为例。墨西哥于 20 世纪 80 年代后期开始金融部门的自由化。墨西哥在 1989 年以前采取渐进式方法，始终没有全面放开金融服务市场，保持了本国的金融稳定。1989 年后，随着经济的好转以及加入北美自由贸易协定的需要，墨西哥的金融服务自由化突然加速。在墨西哥政府放宽金融管制政策后，私有金融资本将资金投向股票交易和金融炒作活动，并在高利率政策下任意发放贷款，银行出现大量坏账，整个金融系统不堪一击，传统的金融监管受到巨大冲击，加上监管立法严重滞后，导致金融监管严重混乱，最终出现了1994年的金融大危机。墨西哥金融危机是典型的由于缺乏监管的金融自由化造成的恶果。墨西哥政府在危机后认识到金融监管的重要性，迅速清理、修改相关的金融法规，废除旧法律，颁布新法律，并对股市监管进行了调整，全面加强金融监管。与此同时，墨西哥政府也并未放弃金融自由化的探索，资本市场正式对外国资本全面开放，大量地引进外资与管理经验，恢复本国金融系统的综合能力，最终实现了依靠金融监管从危机走向重生。

从墨西哥金融危机以及其后的1997东南亚金融危机我们可以看出，金融自由化与金融监管两者是一种相容的正向激励关系，金融自由化强化了金融监管的基础，金融监管成为金融自由化推进的前提条件，两者相互促进，才能真正实现金融自由化的金融发展目标。

2. 金融监管体制由分业向混业监管的变迁趋势——以英国、美国为例。20世纪70年代以来，西方发达国家金融自由化不断发展，原来对金融业实行分业经营的国家，政府管制和法律限制被不断突破，混业经营趋势不断增强，许多国家为此修改了原有的监管体系。英国政府于1997年将银行业监管与投资服务业监管并入当时的“证券与投资委员会”（后更名为“金融服务局”，简称FSA），负责对所有的金融机构和市场进行审慎性监管。这一法案是在英国银行大量倒闭凸显自律监管难以应付金融超市的经济背景下出台的。1984年，英国约翰逊·马修银行（Johnson Matthey）倒闭、1991国际信用与商业银行（BCCI）倒闭、1995年引人注目的巴林银行倒闭，不但显示了英格兰银行过于依赖基于信赖的自律监管的弊端，而且认识到国内监管者对复杂的跨国银行集团进行监管的困难。20世纪60年代以来，美国银行业、证券业、保险业、房地产金融业相互融合，金融创新迅猛发展。然而，在其后的几十年里，美国对金融体系的监管却是相对分离的。但是，金融混业经营的现实使得金融案件不仅层出不穷，而且由此引起的争议在美国法院也是久拖难决。为应对金融一体化以及国内的金融创新，美国于1999年11月4日通过了《金融服务现代化法案》（GLBA），对金融监管框架进行了改革。该法案是美国金融业从分业经营转向混业经营的标志，新监管由个别监管转向了统一监管。

3. 金融监管的国际协作化趋势——以亚洲金融危机为例。金融监管体系的国际协作是对全球金融自由化进程的必然反映，也是国际金融监管的趋势。随着金融自由化的深入，金融风险在国家之间相互转移、扩散的趋势也不断增强。1997 年 7 月 2 日泰国放弃泰铢与美元挂钩，引发金融危机。随着危机的迅速扩散，亚洲一些国家和地区，如菲律宾、马来西亚、印度尼西亚及我国台湾的外汇市场、资本市场相继出现了大幅波动，当年 11 月 24 日，日本第四大证券公司——山一证券破产，随后东京股市大跌，许多企业、金融机构纷纷申请破产，破坏力极大的区域性金融风暴终于爆发。众多学者认为此次金融危机的启示之一便是金融监管的多边协作问题，只有加强协作，才能避免危机的扩散。加强金融监管的国际合作和协调就显得格外重要，而监管应从一国的监管向跨境的监管转变。

除上述三大趋势之外，在金融自由化过程中，全球金融监管还出现了市场导向化，金融监管手段现代化、监管内容标准化，注重风险性监管和创新业务的监管，重视金融机构的内部控制制度和同业自律机制等新的发展趋势。

6.2.3　西方经验对我国金融监管的启示

（一）我国金融监管体制现状

中国银监会设立前，我国实行的是由中国人民银行、中国证监会、中国保监会分别对银行业、证券业和保险业进行监管的分业监管模式，而中国人民银行兼具监管银行和制定货币政策的双重任务（见图 6－1）。随着金融形势的发展，传统的金融机构性监管模式已经不能适应新的发展要求。以中央银行对银行业的监管为例。在新的金融格局背景下，中央银行监管银行业面临两难选择：一方面，中央银行要负责货币政策的稳定，要密切关注商业银行的贷款规模与通货膨胀指数；另一方面，中央银行又要注意商业银行的证券交易风险，保证商业银行具有充足的流动性，防止商业银行陷入流动性危机。由于中央银行的主要职责在于制定适当的货币政策，以保证币值的稳定，因此，客观上存在着中央银行只注意货币政策而忽视监管银行金融业务的可能。

根据我国《商业银行法》、《证券法》、《保险法》及其他相关法律和法规的规定，我国实行金融业分业经营，银行、证券、保险三大业务互不兼营。与此相对应，金融监管也实行分业监管。2003 年 3 月 10 日，十届全国人大一次会议举行第三次全体会议，通过了关于国务院机构改革方案的决定。方案将中国人民银行对银行、资产管理公司、信托投资公司及其他存款类金融机构的监管职能分离出来，并与中央金融工委的相关职能进行整合，成立中国银行业监督管理委员会（以下简称“银监会”）。由此，我国形成了以中国人民银行为核心，银监会、证监会和保监会三大机构并立，共同负责金融监管的格局（见图6－1）。银监会的成立标志着我国金融监管的体制、机制向着市场化和国际化方向又迈进了新的一步。在这一体制下，三者分别集中统一监管银行业、证券业和保险业，有利于集中专门人才，提高监管水平，更好地贯彻分业经营原则。但从现阶段发达资本主义国家金融发展趋势来看，金融混业经营已经成为一个大的趋势，我国分业监管体制可能会在一定阶段后发生较大变化。

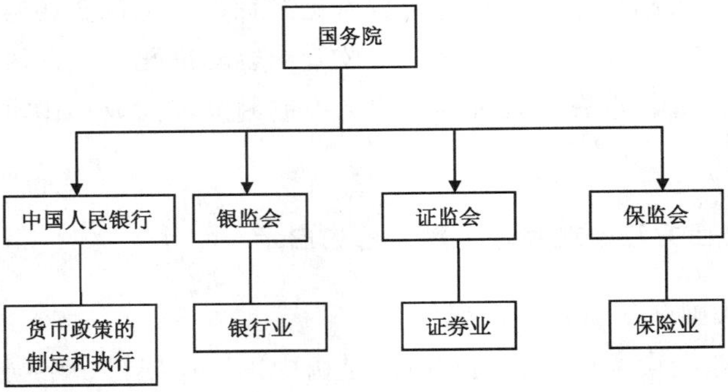

图6－1　我国现行的分业监管模式

（二）金融危机给我国金融监管体系的启示

源自美国的金融危机的爆发引发我国对金融监管模式的进一步思考，在金融混业经营的大背景下，按照银行、保险和证券划分的分业监管模式显然已不能适应日新月异的金融创新。为及时疏导和控制混业经营过程中累积的系统性风险，对旧有的分业金融监管模式的改革势在必行。

1. 西方金融混业经营及监管模式的总结与反思。在微观企业层面，当今西方发达国家的混业经营主要存在两种模式：综合银行模式和金融控股公司模式。综合银行模式是指允许在一个公司实体内从事银行和所有的非银行金融业务，典型代表为德国综合银行模式。该模式优势主要有公司内部各个部门之间可以共享各种资源，实现规模经济和范围经济。但是这种模式不利于协调利益集团间的利益冲突，也不利于加强金融安全网。金融控股公司模式是指控股公司拥有银行和证券等金融业务子公司，各金融业务之间建立“防火墙”，控股公司与子公司组成了金融控股集团，典型代表为美国金融控股公司模式。金融控股公司模式与综合银行模式相比，其优势为减少了同业务部门之间的利益冲突，扩展了金融各部门之间的安全网；增加了控股公司在市场和分销网络上实现协同效应；由于控股公司对资本投资的责任是有限的，控股公司旗下的子公司经营失败对母公司及其他子公司影响不大；这种模式的透明度比较高，利于金融业监管。其缺点在于金融控股公司模式一般限制了信息、人力资源或其他投入要素在集团内的流动，削弱了金融开发和利用信息优势获得协同效应的能力。根据我国金融业发展的现状，以及改革进程中对金融风险的防范，在政府的推动下，国有性质的金融机构投资、控股的混业经营得到快速发展，主要模式为金融控股公司形式。

在宏观监管层面，从理论上讲，金融监管最主要的目标无疑是尽可能地防止或抑制系统性金融风险，防范金融危机甚至金融市场崩溃发生，从而尽可能地保护投资者的合法权益。鉴于全球各主要经济体的金融业已经基本实现混业经营，在探讨我国金融监管模式改革之前考察全球其他主要经济体的监管模式是很有必要的。

（1）英国式统一监管模式。这种模式对于不同的金融行业，金融机构和金融业务，不论是审慎监管还是业务监管，均是由一个统一的超级监管机构负责，这个机构由中央银行或单独成立的金融监管局来担当。英国于 1998 年进行金融监管体制改革，在合并原有的 9 个金融服务业监管机构的基础上成立新的金融监管服务局（FSA），成为集银行、证券和保险等监管职责于一身的一元化金融监管机构。目前，采用这一监管模式的国家或地区还有：日本、韩国、中国台湾等。

（2）美国式伞形监管模式及其缺陷。1999 年《金融服务现代化法案》颁布以后，美国改进原有的分业监管体制，形成一种介于分业监管和统一监管之间的新的监管模式。在这种模式下，金融控股公司的各子公司根据业务的不同接受不同行业监管机构的监管，而联邦储备理事会为金融控股公司伞状监管者，负责评估和监控混业经营的金融控股公司整体资本充足性、风险管理的内控措施和程序的有效性以及集团风险对存款子公司潜在影响等。另外，美国的州政府在银行业、保险业和证券业方面也具有一定的监管权限，尤其是对保险机构享有全面的监管权。然而，这次美国金融危机的爆发说明，这种监管制度的安排显然无法有效监管高度混业经营的金融市场，并化解其运行过程中的潜在风险。也就是说，美国介于分业监管与统一监管之间的监管模式，在金融企业混业经营高度发展的情况下，不但无法进行有效监管，甚至有可能因为其内部的协调和分工不明确而延误化解金融风险的时机，并导致金融体系风险的进一步累加而形成系统性风险，最终导致了系统性风险以危机的形式爆发。

具体来看：首先，这种“双重多头”的监管模式容易出现监管真空，而最大的真空就是各部门的监管标准不统一。不仅如此，美国的监管机构太多，如美联储（FRS）、货币监理署（OCC）、存款保险公司（FDIC）、证券交易委员会（SEC）等近10个机构，监管机构之间权限多有重叠。其次，在监管重叠的同时，监管盲区也不鲜见，例如，像CDO（债务担保证券）、CDS（信用违约掉期）这样的金融衍生产品，到目前为止仍然没有一个监管机构宣称对其进行监管。最后，多头监管的存在使得没有任何一个机构能够得到足够的法律授权来负责整个金融市场和金融体系的风险，在金融业快速发展的今天，极有可能导致风险的持续累积，在目前这场金融危机当中，正是由于监管不到位，导致金融衍生产品的价值链条愈拉愈长，市场风险不断叠加，终于在房地产按揭贷款环节发生断裂，引发了整个衍生产品市场的崩溃。

（3）不完全统一监管模式。这类监管模式介于统一监管和分业监管之间，主要包括牵头监管模式和双峰监管模式。牵头监管模式是在实行分业监管的同时，由几个主要监管机构建立及时磋商协调机制，为防止混业中的监管真空和监管机构相互扯皮，指定某一监管机构为主监管机构或作为牵头监管机构，负责协调工作。巴西是典型的牵头监管模式；双峰监管模式是设置两类监管机构，一类负责对所有金融机构进行审慎监管，控制金融体系的系统性金融风险；另一类负责对不同金融业务监管，澳大利亚和奥地利是这种模式的代表。

2. 我国应借鉴伞形监管模式。虽然美国金融危机的爆发也暴露出美国当前金融监管模式存在的巨大问题，但是，鉴于当前我国金融混业经营尚未形成规模和分业监管模式相对固化的事实，建立类似美国的伞形监管模式仍然是我们目前比较现实的选择。在混业经营发展的初期，理想的监管模式应该是有统有分，统分结合的监管模式。具体来讲，我们可以采用在统一监管的框架下实行监管机构内部专业化分工的方式构建中国的监管模式，即成立中国金融监督委员会作为一个集中统一的监管框架，内部构建由银监会、证监会、保监会组成的专业分工的“三合一”的功能型监管体系；鉴于伞状监管模式在此次金融危机中暴露出来的问题，我们尤其要注意明晰对于金融衍生产品的监管责任，并通过制度的形式加强各监管部门之间的沟通和协调；随着我国金融业的进一步发展，在条件成熟时，可以逐步将机构性监管模式转化为功能性监管模式，最终形成人民银行负责金融政策，金融监管委员会负责金融监管，两者紧密协调的金融监管框架。

在金融监管的改革进程中，我国可以首先建立综合性金融管理机构——中国金融监督委员会，成为全国金融行业监管的总牵头人，负责统一制定我国金融业的发展规划，通盘考虑和制定金融法律法规，协调监管政策和监管标准，监督和评估金融部门的整体风险，集中汇总各种监管信息，统一调动监管资源。这一阶段，银监会、证监会、保监会依然要分别在各自监管领域加强监管。经过一定时期的发展，我国的金融机构必然走向全面混业经营。一旦金融市场发展成熟，金融监管积累了一定经验，可以考虑将证监会、银监会和保监会合并到国家金融监管委员会，由后者成为金融业统一的监管机构，从而使我国的金融监管制度更好地适应金融业混业经营的大势所趋。

（三）我国金融监管体制的发展方向——功能性金融监管

1. 我国金融监管体制的发展趋势。20 世纪 80 年代以后，在金融自由化与全球化的影响下，混业经营渐渐得到了不少国家金融界的青睐，成为全球金融业发展的趋势之一。继英、日之后，美国也于 1999 年通过了《金融服务现代化法案》，彻底结束了银行、证券、保险分业经营与监管的历史。

我国加入 WTO 后，金融市场逐步全面开放，金融业面临着发达国家金融机构的强大冲击，全球金融业的发展潮流对我国金融监管体制提出了新的挑战。从促进本国金融业发展和抵御国外金融机构冲击的两方面来说，我国都存在着实行混业经营的必要性。分业经营更注重整个金融体系的安全与稳定，混业经营更注重效率。从我国金融发展的现状来看，也逐渐出现了金融混业经营的现象。金融全球化对我国金融的影响日益深远，随着全球混业的趋势，国内金融机构与国外大型金融集团的合作，使我国监管的难度更加凸显。从国内的情况来看，不同金融部门间的业务合作和交叉在增加，金融集团的发展已经初露端倪。例如，中信集团、光大集团、中国建设银行控股中金公司等。从内部因素看，分业经营一定程度束缚了我国金融业的发展。银行、证券、保险分业经营，互相不充许进行业务交叉与渗透，大量资金得不到充分利用，降低了有效资金的使用效率。从外部因素看，加入世贸组织后，国内金融业必将面临外资金融机构的严峻挑战，分业经营会使得银行、证券、保险业各自面临的经营风险加大，客观需要通过混业经营来提高自身的综合竞争能力。众所周知，美国的金融业十分发达，但即使是美国金融机构，在金融市场上也无法抵御欧洲全能银行的强大冲击，不得不游说国会通过《金融服务现代化法案》以扭转劣势。

就我国金融业的现状而言，要立即实行混业经营的确存在着较大的困难。但混业经营是我国金融业经营发展的趋势，相对应实行统一金融监管也是发展趋势。我国管理层也已经认识到了这一趋势，近几年如光大集团集银行、证券、保险业务于一身，构造出了一个符合国际潮流的金融集团的雏形。这可以视为中国金融界自身对于冲破分业经营限制的努力。

2. 我国金融监管体制的发展方向：功能性金融监管。在全球金融业混业经营的发展趋势下，我国现有的金融监管体制还无法适应混业经营的要求，制约了我国金融业向混业经营的转变。目前，我国金融监管体制依然采取的是根据既定金融机构的形式和类别，进行监管的传统方式。在金融机构业务界限日趋模糊的情况下，这一监管方式已经出现弊端。因此，我国金融业要实行混业经营就必须对现有的金融监管体制加以变革，而功能性金融监管体制是新形势下我国金融监管体制的发展方向。功能性金融监管概念是由哈佛商学院的罗伯特·默顿最先提出的。所谓功能性金融监管是指依据金融体系基本功能而设计的监管，较之传统金融监管，它能够实施跨产品、跨机构、跨市场的协调，且更具连续性和一致性。其优点主要是：

（1）功能性金融监管关注的是金融产品所实现的基本功能，并以此为依据确定相应的监管机构和监管规则，从而能有效地解决混业经营条件下金融创新产品的监管归属问题，避免监管“真空”和多重监管现象的出现。

（2）功能性金融监管针对混业经营下金融业务交叉现象层出不穷的趋势，强调要实施跨产品、跨机构、跨市场的监管，主张设立一个统一的监管机构来对金融业实施整体监管。这样可使监管机构的注意力不仅限于各行业内部的金融风险。

（3）由于金融产品所实现的基本功能具有较强的稳定性，使得据此设计的监管体制和监管规则更具连续性和一致性，能够更好地适应金融业在今后发展中可能出现的各种新情况。鉴于功能性监管的诸多优点，美国《1999 年金融服务法》即是依据功能性监管的思想对其监管体制进行全新的设计。

建立功能性金融监管体制，逐步取代传统的机构监管体制，对于将来我国金融业在混业经营条件下的持续发展有着重要意义，主要表现为：

（1）功能性金融监管体制更能适应新形势下我国金融业发展对监管体制的要求。混业经营条件下，跨行业的金融创新产品将会层出不穷。由于传统体制对存在交叉的金融创新产品的监管划分缺乏科学的标准和权威的部门，出现监管重复或交叉，势必将影响监管效率和监管效果。而功能性金融监管体制则是根据金融产品所实现的特定金融功能来确定该产品的监管机构，通过专门的裁定原则和机构，对新涌现的金融产品的功能进行分析定性，适时解决该金融产品的监管归属问题。因此，功能性金融监管体制更适应混业经营对监管体制的要求。

（2）功能性金融监管体制能够有效地防范金融风险的积聚。金融业从分业转向混业经营，跨行业的金融产品日益增多，可能引发的金融风险将不仅限于个别行业，很有可能会危及整个金融业。这时，依然实行传统监管体制会使得各监管机构仅关注本行业的风险问题，而不能建立有效的协调监管机制，对金融业的风险问题给予整体上的把握。功能监管体制强调的是跨产品、跨行业、跨市场的监管，要求管理层必须设立专门机构对金融业实行整体监管，从维护整个金融业安全的角度，来关注市场风险，从而有利于维护金融业的安全。

（3）功能性金融监管体制较之传统体制更有利于促进我国的金融创新。金融创新的不断涌现是目前全球金融业发展的主要特征之一。金融创新的发展水平已经成为衡量一国金融业发达程度的重要标志。混业经营对金融业发展的一大贡献即是能更好地促进金融创新产品的涌现。传统监管体制无法对跨行业的金融创新产品实施有效监管，致使管理层不得不通过行政手段来限制金融创新的发展。实行功能性金融监管体制，能够较好地解决各种金融创新产的监管问题，管理层不必再通过限制金融创新产品的发展来维护金融业的安全，可将精力放在如何完善功能监管体制，以实现对金融创新产品的有效监管上，将为我国金融创新产品的大发展创造一个宽松的环境。

（4）功能性金融监管体制，是网络金融监管的必然选择。在网络金融时代，技术与制度的整合与扩散，使得金融机构业务界限日趋模糊，按照既定金融机构进行监管的传统方式已经很难奏效，因而向功能性监管过渡就成为一种必然的趋势。功能性金融监管关注的是金融机构的业务活动所能发挥的基本功能，这对于我国建立有效的金融监管体系有很大的启发与借鉴作用。可以看出，功能性金融监管体制有着传统监管体制无法比拟的优势，能够更好地促进我国金融业在新形势下的发展。因此，我们应积极探索我国建立功能性金融监管体制的途径。

（四）我国实现功能性金融监管体制框架的设计

功能性金融监管体制相对于传统金融监管体制有着根本上的区别。建立功能性金融监管体制，要求对现有金融监管体制进行大手术。如美国就对其金融监管体制进行了全新的设计。功能性金融监管体制的最大优势即是能够顺应混业经营的趋势，实行跨行业、跨市场、跨产品的金融监管。就我国目前情况而言，为了适应功能性金融监管体制的内在要求，可设立国家金融管理局实行全面监管，可以将金融业的监管权力集中统一起来，避免监管权力分散化，为我国金融业向混业经营转变提供有力的保障。1997 年亚洲金融危机中，中国香港的金融管理局制度即表现出了令世人瞩目的监管能力。基于上述看法，对我国功能性金融监管体制的建立提出以下的设想：

1. 设立国家金融管理局，由国家金融管理局履行中央银行制定和执行货币政策、监管各类金融机构的全部职能。该局可设立专门的货币政策委员会，制定和执行货币政策。在金融监管方面，国家金融管理局从维护整个金融业的安全与稳定出发，对各类金融业予以全面监管。银监会、证监会、保监会将集中置于该局的统一领导之下，由此构架一个有层次、有分工的监管体系。作为一个仲裁者和协调者，国家金融管理局将依据金融产品所实现的金融功能来确定对应的监管机构，由此解决跨行业金融产品监管权限模糊不清的难题。在国家金融管理局的统一协调下，如果监管机构之间发生意见分歧，则可由国家金融管理局予以仲裁。

2. 国家金融管理局应由下设的银监会对金融机构所从事的银行业务

予以监管。随着金融业分业限制的逐步取消，证券、保险业必将涉足传统的银行业务。针对这些现象，银行监督管理委员会必须突破传统监管范围的束缚，将监管范围限定为各金融机构所从事的银行业务。实际运作中，凡从事银行业务的金融机构都要在银监会登记注册，以便于实施监管。同时，银监会应针对银行业务对于金融风险控制的要求，制定适用于金融机构的风险性监控指标体系，如资本充足率、资产流动性等，依据这一指标体系对从事银行业务的金融机构实行检查，由此防范金融风险的聚集。

3. 国家金融管理局应由下设的证监会、保监会来实现对证券业及保险业的监管，将证监会和保监会也纳入国家金融管理局的统一领导之下。从证券、保险业的发展来看，对于发展跨行业金融创新产品都有着强烈的冲动，而且在实际运作上也有着较高的可行性，由此可能导致的金融风险相对较小，因此证券业、保险业可以作为我国实行混业经营的突破口。国家金融管理局应积极引导证监会、保监会转向实行功能性监管，针对特定金融机构的监管转为针对特定金融产品的监管。在进行功能性监管的尝试过程中，应注意总结和积累必要的监管经验，为我国监管体制最终向功能性金融监管体制转变创造良好的条件。

4. 国家金融管理局还应当根据我国金融业的发展不断完善监管体制。主要从几方面：（1）随着金融创新产品的不断涌现，国家金融管理局必须对该类金融产品在国民经济中的重要性、发展趋势加以分析，以决定是否需要建立新的下辖监管机构，以更好地实现对金融业的监管；（2）针对我国出现的金融集团的趋势，国家金融管理局要督促和协调下辖的银监会、证监会等机构拟定各自的监管规则，并在此基础上制定对金融集团予以监管的一般原则以及总体要求；（3）国家金融管理局还必须积极采取行动，以应付外资金融机构涌入所带来的监管问题。国家金融管理局要依据国外监管的成功经验，结合我国的具体国情，制定出行之有效的监管制度，以防范由此可能引发的金融风险。上述关于建立功能性金融监管体制框架的设想，是我国由分业经营向混业经营转变时期金融监管体制的一种理想选择。随着我国金融体系的逐渐完善，金融创新产品的不断涌现，管理层还应积极向着建立真正意义上的功能性金融监管体制的目标而继续努力，以在最大程度上促进混业经营趋势下我国金融业的健康发展。

6.3　金融危机形势下我国利率市场化改革的推进

6.3.1　金融危机形势下各国的利率政策选择

（一）全球主要经济体的降息举措

在美国金融危机蔓延、全球金融动荡的背景下，各国央行相继出台了一系列降息措施来应对这场史无前例的危机，提高市场流动性，以有效提振金融市场信心，促进经济稳定健康发展。

1. 美国：美国联邦储备委员会2008年10月29日在决策例会上决定，将联邦基金利率即商业银行间隔夜拆借利率下调0.5个百分点，从现有的1.5%下调到1%。这是美联储为应对金融危机在2008年11月8日紧急降息0.5个百分点之后再次降息，且该次降息是1958年以来的最低点。

对于此次降息，美联储并没有指望能产生立竿见影的效果，只希望降息以及增加流动性和巩固金融系统的一系列措施能随着时间的推移发挥作用，改善信贷形势，从而促使经济恢复温和增长。

2. 日本：日本中央银行日本银行2008年10月31日宣布，将银行间无担保隔夜拆借利率从现行的0.5%下调至0.3%。这是日本央行自2001年3月以来首次降息。同时，日本央行还决定将基准贷款利率下调0.25个百分点，降至0.5%，并决定为商业银行的存款准备金支付利息，实施期限为2008年11月至2009年3月，年利率为0.1%。

日本央行在当天的货币政策决策会议后发表声明说，源于美国的金融危机正使全球经济形势日益严峻。受此影响，日本的出口下降，商业景气指数恶化，经济低迷状态还将持续。因此，日本央行有必要放宽货币政策，以刺激经济增长。

3. 欧洲：在2008年10月8日的西方六大央行联合降息行动中，欧洲央行已经将欧元区主导利率从4.25%降至3.75%。而在2008年10月27日，欧洲中央银行行长特里谢曾暗示，欧洲银行可能在下周举行的货币决策会议上再度降低欧元区主导利率，以应对日益严重的金融危机。欧盟及欧元区第二季度GDP数据显示欧洲经济正在加速恶化。国际货币基金组织日前发布的欧洲地区经济展望报告说，2008~2009年两年欧洲经济将显著放缓，预计欧洲发达经济体短期内将经历“温和衰退”，2008年实际经济增长率预计为1.3%，2009年进一步放缓至0.2%；欧洲新兴经济体经济增速也将明显放缓，预计今明两年增长将分别为5.7%和4.3%。而2008年10月24日公布的数据显示，英国第三季度GDP环比下跌了0.5%，这是1992年第二季度以来首次出现萎缩，降幅也达到了1990年以来的最高水平。外界普遍认为，英国已经在事实上成为第一个进入衰退的主要发达经济体。英国央行前副行长Howard Davies表示，深度经济衰退将持续12到18个月，之后几个月英国央行需要降息1至2个百分点。

（二）中国央行的降息举措

在全球再次酝酿降息行动的同时，中国人民银行2008年10月29日宣布，自2008年10月30日起下调金融机构人民币存贷款基准利率。其中，一年期存贷款基准利率分别下调0.27个百分点，调整后，一年期存款基准利率由现行的3.87%下调至3.60%，一年期贷款基准利率由现行的6.93%下调至6.66%，其他各档次存、贷款基准利率相应调整。个人住房公积金贷款利率保持不变。此次降息距2008年10月8日的上次降息不到一个月时间，连同当年9月16日的降息之举，一年期贷款基准利率一个多月来已下降0.81%，力度之大实属罕见。此次降息是在2008年9月份经济增速下滑较快、全球主要经济体很可能再度降息的背景下发生的，是我国当前实施灵活审慎宏观经济政策的具体体现。经济学家普遍认为，如此密集地降息，凸显了央行实现“保增长”目标的决心。同时，选择此时降息也可以看作与全球央行的一致行动，体现了中国负责任的态度。

（三）降息政策的作用

从世界各国协同开展的救助行动，到亚欧首脑会议达成的携手应对金融危机的共识以及各国采取的降息措施，无不表示全球携手应对危机，恢复市场信心，稳定金融市场，促进全球经济增长的共识正在不断扩大。

1. 有利于维护市场信心。由美国次贷危机引发的全球金融危机，其本质是一场信用危机。从这个意义上讲，加强对金融交易的监管，重振各国民众、企业、政府的信心，防止恐慌心理加剧恐慌气氛，这是摆脱这场金融困境的关键所在。全球性的联手降息不大可能使金融危机立即出现转机，但至少进一步强调了各国政府克服金融危机、支持经济增长的决心，应该有助于支撑市场信心。而在第七届亚欧首脑会议上，胡锦涛主席提出了："在此关键时刻，坚定信心比什么都重要。只有坚定信心、携手努力，我们才能共同渡过难关"，温家宝总理在会上也表示，在这场危机面前，信心与合作比黄金和货币更重要，信心是战胜危机的力量源泉，合作是战胜危机的有效途径。在会后通过的《第七届亚欧首脑会议关于国际金融形势的声明》中，亚欧会议领导人对通过共同努力克服危机充满信心，并呼吁国际社会继续加强协调合作，综合运用有效可行的经济和金融手段，恢复市场信心，稳定全球金融市场，促进全球经济发展。

2. 有利于增强货币流动性，刺激经济发展。降息是货币政策的一种，对美国而言，降息意味着银行间拆借成本下降；对中国而言，降息则意味着企业、个人信贷成本降低。这都意味着实体经济借贷成本在下降。由于企业贷款、房贷、消费信贷都直接与利率挂钩，降息将从消费和投资两方面起到提振经济的作用。降息的目的在于增强货币的流动性，使资金有效地运转起来。

除降息外，各国政府仍需继续采取多种措施向市场注入流动性，在积极调整货币政策的同时，继续放宽财政政策，出台新的经济刺激计划，唯有货币和财政政策同时出击，才能抵御金融风暴带来的各种影响，引导经济健康良性发展。

6.3.2 相机抉择的利率政策与利率水平的理性调整

我们看到，在来势汹汹的金融风暴影响下，各国央行不约而同地都采取了降息策略，这是典型的"相机抉择"的利率政策。在西方货币金融理论中，对于"相机抉择"和"单一规则"的利率政策都有其忠实的学派拥趸。其实利率政策规则本身没有优劣之分，关键在于哪一种更适合于本国经济的实际特点，尤其是在目前的经济形势下，更要根据我国的实际情况来选择适合于我国的利率规则。

（一）我国的利率政策特点分析

从 1978 年党的十一届三中全会以来，我国的计划经济逐步向市场经济转变，利率体制也不可避免地朝市场化方向转变，央行逐渐认识到利用相机抉择的利率政策对经济进行调整的重要性。根据利率走势，可分为四个时期：1979 ~ 1989 年为利率上调时期；1990 ~ 1991 年间，利率下降阶段；1992 ~ 1995 年，利率上升阶段；1996 ~ 2003 年利率下调阶段。2004 年到 2008 年 10 月，我国逐步对一年期存款利率作小幅上调，进入了一段加息周期，人民币一年期名义存款利率由 1.98% 上升至 4.14%。金融危机发生后，截至 2008 年年底，央行先后四次降低人民币存贷款利率，一年期名义存款利率调整为 2.25%。从根本上来说，利率水平能否真实地反映资金的供需状况和经济形势才是更为关键的。

在此次全球金融危机发生后，各国央行联手降息，这种相机抉择的利率政策有力的拯救了全球经济颓势，在一定程度上控制住了危机的蔓延。相机抉择主要是指利率调整与宏观经济周期保持逆向的关系。虽然 GDP 指数和物价指数都不是很恰当，但一般仍使用它们衡量宏观经济的景气情况。图 6－2 是 1978～2007 年，我国 GDP 指数和名义利率水平的变化情况。由图 6－2 可以看出，1979 年之后，我国的 GDP 指数与名义利率之间呈现出一种大致的反向对应关系。但这种反向关系并非因果关系，利率政策多是事后被动适应的。

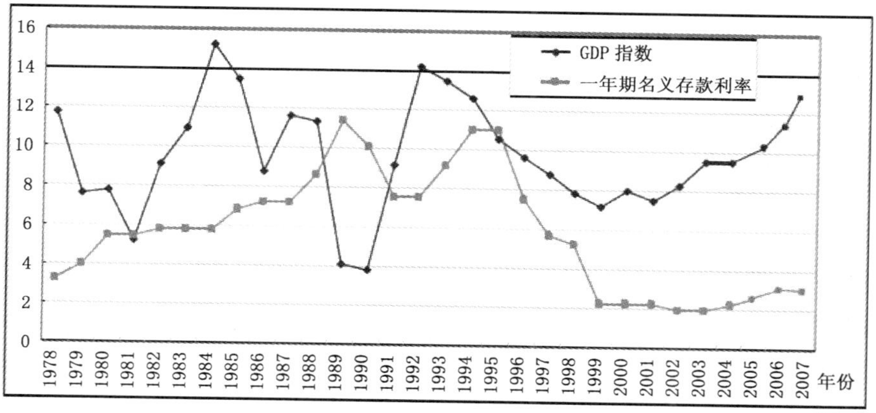

图 6－2　1978～2007 年我国一年期名义利率与 GDP 增长指数

资料来源：根据国家统计局网站和《中国统计年鉴》（2007 年）（中国统计出版社 2008 年版）相关数据绘制而成。

从各个阶段利率政策的具体背景来看，逆向操作的意图是非常明显的。如对应 1978～1986 年间名义利率的上升，我国所面临的是改革开放初期拨乱反正和总供给严重不足的局面，提高利率一是纠正前期利率的需要，二是控制投资和消费需求膨胀的需要。1986～1989 年间利率的上升，则是针对当时高涨的投资热情和居高不下的通货膨胀率而进行的。1991～1992 年的利率下降，对应的是 1989 年和 1990 投资增长率的急剧下降。1993～1995 年的利率上升，对应的是经济的再度过热。而 1996 年以来的大幅下降，则对应着经济增长自1993年以来的连续下滑和物价下跌。1996年之后，利率的操作不但是逆风向的，而且具有了一定的超前性，但GDP指数没有出现明显的回升。2008年之前的几年里，流动性过剩和CPI指数的持续攀升使得央行持续采取加息政策，2007年全年我国GDP实际增长率更是达到了11.5%，创下1995年以来的13年新高。这一阶段的利率政策仍然体现了逆向操作的原则。2008年金融危机发生后，央行仍然贯彻了这一原则，面对下滑的经济形势采取降息策略。

有人批评这种利率政策要么力量不足，要么造成超调现象，但可以肯定的一点是，如果不实施这样的利率政策，情况将会更糟。并且，经济增长还受到其他因素的影响，在当前存贷款利率还未市场化、经济体制还存在诸多管制的情况下，经济主体对利率的弹性不高也是利率政策效应微弱的一个重要原因。

（二）相机抉择应作为我国的利率政策规则

从西方国家的实践来看，虽然凯恩斯理论在西方国家出现其无法解释的滞胀后曾一度遭到怀疑，但随着后凯恩斯主义的发展，相机抉择并没有被抛弃，而是得到了修正和发展，其在当今发达国家的宏观经济管理当中仍被广泛运用。从上述我国的利率政策实践来看，带有明显的“相机抉择”特点，这为我们采用相机抉择手段积累了一定的经验。有的学者通过研究认为相机抉择在我国运用的效果不明显，这并不意味着凯恩斯的相机抉择就一定不适用于中国。众所周知，凯恩斯的利率理论是以完善的市场经济和信息完全为假设前提的，在这种假设条件下市场利率的确定和传导作用十分清晰明确，但我国尚处在市场经济的完善过程中，尤其是我国的利率市场化尚未完成，缺乏一定的客观条件，使得该理论的运用不能明显奏效。鉴于我国市场经济尚不成熟，同时又身处经济全球化浪潮中，经济发展难免会遇到各种问题，经济周期的特点也不够明晰、规律性不强，相机抉择的方式正好能够针对这样的特点，其优点有利于我国的渐进式改革。因为它能保持机动灵活性，通过采取适当的措施适应经济情况的紧急变化，如果经济存在多重均衡，而且经济经常向不利的均衡移动，采取“逆风向”操作来引导经济的相机抉择方式优于目标既定的单一规则①。黄先开在对我国1988~1997年间货币政策的非对称性进行实证检验后也

① 王永茂、张斌：“我国利率市场化与泰勒规则”，《商界》，http://www.shangjie.com。

提出，我国最优的货币供应规则宜采用相机抉择的原则，而不是单一规则。原因是我国货币供给扰动对产出的效应接受对称性的假设，进而可以证明期望的长期产出不会因货币供给的扰动而改变，但又可以充分利用相机抉择的办法，通过调节货币供给的增减变化，使短期产出朝着希望的目标波动①。

6.3.3　金融危机形势下我国的利率市场化改革

此次全球金融危机颠覆了过度泛滥的金融创新模式，颠覆了过度放松的市场监管模式，也颠覆了过度消费的经济发展模式。它在给我们诸多启示的同时也引发我们思考：为了避免危机在我国的蔓延和银行危机的发生，是否应延缓我国的利率市场化进程？还是应该抓住机遇，快速推进利率市场化进程？

（一）观点的争议：金融危机形势下我国是否还应推进利率市场化改革

一种观点认为，在全球金融危机和经济衰退的大背景下，继续推进利率市场化改革尤其是存贷款利率市场化将威胁我国的金融安全。尽管我国目前宏观经济稳定，利率水平低，是开放利率管制的好时机，我们应该密切注意利率市场化改革过程中威胁我国金融安全的不稳定因素，严防由此可能导致的银行危机。

持这种观点的学者认为，利率市场化是金融自由化的核心，其旨在通过加强金融市场的竞争机制，有效地动员和分配资金，以实现资源的优化配置，增进金融体系和国民经济的运行效率。然而，虽然理论上实行利率市场化的利远大于其弊，但实践的结果却并非完全如此。据 IMF 统计，在自由化浪潮盛行的 20 世纪 90 年代，全世界发生了 100 多起银行危机事件；在 IMF 组织的 181 个成员国中，有 130 个发生过程度不同的银行危机。因而，利率市场化一方面可促进金融发展进而促进经济发展；另一方面，也可能加剧金融体系的脆弱性，并进而导致银行危机甚至经济危机的发生。因此，我国的利率市场化应放缓推进，但并不是利率不要市场化，只是利率市场化改革目标的实现需要一个相当长的时间延续过程，事实上

① 黄先开：《金融数学模型——多维动态》，世界图书出版公司 2000 年版，第 174 ~ 181 页。

西方国家的利率市场化也经历了一个相当长的历史时期。

但很多专家学者认为，金融风暴正是我国推进利率市场化的良机。中国人民银行原副行长、全国人大财经委员会副主任委员吴晓灵指出，在这样的国内外的金融新局面下，中国的利率下降空间并不大，我们也无需模仿欧洲国家实行极端的零利率政策。反而，这一段时期正是推行利率市场化的良好机会。推进中央银行利率改革能够有效地传导至市场，使得市场做出良性反应，从而又指导利率的自主调控，促进银行提高风险定价能力。我们应该大步、稳步地推进利率市场化，只有要素价格市场化以后，才能够发挥市场配置资源的作用。资金是重要的要素，而我们现在还没有将资金的价格市场化。没有利率的市场化就没有宏观的货币政策的机制和实施的环境，就不可能建立一个货币政策的传导机制，也不可能实现完全的间接调控。间接调控并不意味着不可以在非常时期使用行政手段，有形的手和无形的手在任何时候都是需要的，不过在不同时期重点不同、搭配不同而已。中国的中资银行应该在这次世界金融危机的风暴中学会定价，因为很多人不同意现在放大商业银行定价的幅度，认为这样会造成商业银行的恶性竞争。如果在世界上其他国家的金融机构都忙着为它的生存而奋斗的时候，我们还不把我们的商业银行放开，让他们学会定价的话，难道当他国金融机构都调整好了自己，总结了经验教训，在原来的机制上更好发展的时候再让我们的商业银行来学习吗？到那时候我们的商业银行将处于更加不利的状况，别人不利的时候正是我们的好时候，因此，现在正是推进我国利率市场化，放开商业银行手脚，让商业银行在市场中学会游泳的最好时机①。

（二）抓住机遇推进利率市场化改革

就利率市场化环境本身而言，应该说金融危机发生前后我国宏观环境没有本质的变化。2001 年中国加入 WTO 之后，中国经济和经济全球化步伐迅速加快，使得中国宏观经济越来越明显受到国际经济环境动荡的影响。尽管如此，对中国利率市场化改革而言，这种环境是没有太大的冲击。全球化进程的不断加快是我们理解国际经济问题的出发点。随着中国对外开放的不断深入，中国经济与世界经济的联动效应越来越大。这场全球性的金融危机对中国的影响主要体现在外需放缓影响出口方面。金融危

① 资料来源：吴晓灵在中国经济体制改革研究会主办的“中国改革论坛”上的发言。

机已经使美国、欧洲国家、日本等发达国家的实体经济受到冲击。我国对美国和欧洲的出口占我国对外出口总额的 40% 左右，受这些国家和地区经济衰退的影响，中国经济已经开始下滑。尽管不能低估美国金融危机对我国经济的影响，但是中国经济基本面仍保持良好状态，最为困难的 2009 年已经过去。站在年终岁末的关口，回首 2009 年，在实施两年新增 4 万亿元的投资计划、十大产业振兴规划、汽车家电下乡补贴政策等的刺激下，投资和消费组成的国内需求的扩大，较好地弥补了外需的急速收缩，中国经济增速从一季度的 6.1% 回升至三季度 8.9%，核心数据工业增速从前两个月的 3.8%，反弹至 11 月份的 19.2%。四季度，随着稳外需各项政策措施取得明显成效，中国外贸呈现出了进出口规模逐步扩大，大宗商品进口量继续增加。中国经济不但全年“保八”无悬念，而且回升远远领先于发达国家和其他新兴经济体，成了全球经济的“领头羊”。

因此，我们认为在宏观经济形势向好的情形下，我国必须继续加快推进利率市场化改革。值得注意的是利率市场化的进程不宜过快，改革力度应当适应中国基础经济的发展、通货膨胀的程度以及中小企业的生存状况。目前，中国仍处在经济的调整过程，产业结构的转型过程，是体制改革的重要阶段。一直以来的高通胀率和较低的名义利率使得老百姓忍受负利率之苦，因此，当前利率不宜快速僵硬地下调。在当今受金融危机拖累而深陷泥潭的全球经济形势下，我国继续推进利率市场化改革应采取一些针对性的必要措施。

（三）金融危机形势下推进利率市场化改革的必要措施

1. 在利率市场化改革中化解金融体系风险。一是进一步简化贷款利率的管理档次和种类，扩大金融机构贷款利率定价权。二是研究存款利率市场化的有效形式，存款利率市场化是整个利率市场化的攻坚问题，是金融机构运用价格手段主动开展资产负债管理的前提条件，要加快研究协议存款的标准化和流动性问题，放宽起存金额限制，推进存款利率市场化。三是调整利率结构和水平，理顺利率关系，改革计结息方式，逐步向国际惯例靠拢。四是加快完善金融市场。建立完善的、高效的金融市场，特别是货币市场，是利率市场化改革的重要基础。我国目前金融市场各子市场发育不平衡且相互割裂，导致利率功能扭曲，生成的市场利率缺乏代表性，急需做一些链接，把各个市场分割的利率连通成一个整体，这样利率信号才能更好地发挥作用。五是大力研究推出利率衍生产品，在利率互换等利率风险管理工具试点的基础上，建立健全利率互换市场，放宽市场准入，让承担利率风险的市场主体都有适合的手段和方式来管理风险，增强市场主体的风险控制能力。六是尽快建立健全存款保险制度和征信制度，使其发挥作用，为利率市场化保驾护航。存款保险制度既有利于保证金融机构的安全和存款人的利益，也有助于实现银行体系自担风险，加快其市场化进程。征信制度有助于改变我国不容乐观的社会信用状况，优化市场竞争环境，防止利率市场化后的过度竞争局面。

2. 注重金融机构利率定价机制建设，提高利率风险管理能力和水平。一是完善金融机构公司治理结构。公司治理结构是保证金融机构进行科学经营管理的基础，是建立健全利率定价所必需的基础设施和必要的技术支持体系。二是要建立利率定价管理及利率风险管理体系。细化利率定价、风险管理和绩效考核的专业分工，建立按产品、客户以及业务经营单位进行成本核算和业绩考核的管理会计制度，为贷款定价提供基础数据，逐步提高利率定价能力。三是建立风险溢价测评体系。按照风险与收益对称的原则科学确定风险溢价。金融机构还应建立健全各项业务经营的管理信息系统，利用内部评级法和已收集积累的有关数据对各种风险的损失概率和损失大小进行科学合理的测算，提出每笔业务的风险溢价参考值和潜在风险管理方案。四是建立内部资本约束制度和转移价格制度，培育正向激励机制。金融机构应建立内部资本预算和分配制度，以资本约束资产、负债及表外业务的总量和结构，同时明确各项业务经营管理的内部专业分工和业务流程，通过内部转移价格调节各环节利益的再分配，形成收益激励与风险约束平衡下的正向激励机制。

3. 推进企业特别是国有企业改革，提高其应对市场利率风险的能力。一是完善国有企业公司治理结构，增强企业应变能力。建立现代企业制度，完善公司治理结构，增强企业的应变能力是企业规避利率风险、提高风险管理水平的关键。利率市场化要求企业市场化，企业必须成为真正的市场主体，即必须具有内部的所有权约束和外部的市场竞争约束，这样企业才能有追求利润最大、成本最小的激励，才能对包括利率在内的市场价格反应灵敏，才能根据包括利率在内的市场价格变动及时调整自己的生产经营活动，采取有效措施来管理防范利率风险。二是扩大直接融资比重，优化企业的资本结构。根据我国企业特别是国有企业银行信贷负债率过高，间接融资比重偏大，资本结构不合理的风险隐患，应着力发展我国资本市场，完善企业融资方式，分散化解企业市场利率风险。三是拓展企业利率风险管理的方式和手段，提高企业利率风险管理水平。培养市场利率风险管理的专门人才，注重吸收借鉴国外先进的利率风险管理理念及风险测度、评价、合理规避的科学方法和手段。

4. 提高外部监管水平和配套的法律规范、行业自律约束能力。利率市场化对金融监管提出了更高的要求，一是对监管方式变革的要求。巴塞尔委员会的"资本协议"代表了银行监管方式的一次重大变革，即从传统的合规性监管转向"审慎监管"。这种"基于风险的审慎监管"（risk - based supervision）更加注重银行度量和管理风险的方法是否科学，能力是否合乎要求。这给监管的实施带来了更大灵活性，特别是在其新协议中允许被监管者自行设计风险管理模型，从而鼓励银行自行控制风险的创新，这其实不仅使监管者的监管行为更依赖于被监管者，而且对其监管能力提出了的更高要求。二是利率市场化后监管领域扩大的要求。利率市场化后，发展利率衍生工具以有效管理利率风险是利率市场化的自然要求和必然趋势。利率衍生工具的增加、交易技术和市场的发展必将拓展金融机构的业务范围，从而扩大金融监管的范围和领域，不断给金融监管提出新的课题。因此，必须提高外部监管水平，建立健全各项金融法律法规，辅之以行业自律建设，保障利率市场化改革的顺利进行。

5. 加强和完善宏观调控机制。一是完善中央银行的利率调控体系。利用货币政策工具引导市场利率，并通过市场利率引导金融机构存贷款利率。建立健全货币政策工具引导市场利率的制度体系，理顺货币政策传导机制，提高货币政策的有效性。二是强化财政控制，发挥财政对国民经济的稳定作用，从控制财政风险的角度，适当缩减财政赤字和债务规模，将政策目标从以经济增长为中心转向以科学发展为中心，政策重点从以扩大国内需求为主转向扩大内需与支持结构调整和产业升级并重。政策实施方式从直接投资为主转向财政资金引导社会投资为主。三是加强外汇风险的管理，使"双率"改革配合进行，在浮动汇率体制下，中央银行不但需要考虑实体经济的直接影响，还应考虑其通过汇率对实体经济的间接影响，在安排利率市场化进程时充分考虑汇率体制改革对利率市场化的催化作用，防范风险。

结　论

本书在总结利率市场化的理论和我国实践的基础上，对我国商业银行利率定价管理进行了研究和探索，分析了利率市场化改革对商业银行经营管理和利率定价管理的影响，考察我国银行业现阶段利率定价管理水平和在利率市场化改革特定阶段的利率定价管理特点，分析了商业银行内部资金转移定价的技术与方法，对实现存贷款利率市场化后我国商业银行如何进行存贷款利率定价管理进行了重点研究，提出我国商业银行在利率定价管理方面的对策和建议，并探讨了金融危机大背景下金融监管的特点与我国利率市场化改革的推进措施。本书得出的主要结论有：

1. 内部资金转移定价是商业银行在资产负债管理领域里的一项重要创新，它已成为大型商业银行进行资产负债管理的一项重要工具，它为生息资产和付息负债业务定价提供了测算依据，分离了银行面临的市场风险和信用风险，为商业银行建立了专业、高效的风险管理机制，并为商业银行推行全面财务管理，综合分析产品、客户和部门的效益创造了条件。而内部资金转移定价是目前我国银行业利率管理的最薄弱环节，我国商业银行应基于当前的金融环境，设计一个适合我国商业银行的过渡型内部资金转移体系，更有效地进行资产负债管理，更好地应对利率市场化后面临的各种风险。

2. 存贷款利率市场化是利率市场化的重要组成部分，是利率市场化的核心、重点、难点和目标，也是利率市场化完成的标志。目前我国利率市场化改革已经演变为存贷款利率市场化改革，存贷款利率市场化改革已实现了“贷款利率管下限、存款利率管上限”的阶段性目标。实践证明，渐进的利率市场化是控制风险的有效方式，合理的存贷款利率市场化次序很重要。目前我国宏观经济运行状况良好，商业银行和企业基本成为合格的市场经济主体，金融调控和监管日益成熟，金融市场逐步完善，进一步推进存贷款利率市场化的条件日益成熟。我国商业银行应该在借鉴西方商业银行的现代存贷款定价方法的基础上，制定和运用适合我国商业银行的存贷款定价方法，确定科学的存贷款定价模式和流程。从可操作性的角度出发，提出我国实行利率市场化后的存款定价模型——客户关系定价模型。在贷款定价方面，我们可以运用实物期权对商业银行贷款的利率风险进行定价，用信用期权对商业银行贷款的信用风险定价，运用资本资产定价模型对由于市场的变动给企业带来的风险进行贷款定价。存贷款利率市场化改革要求做出相应的制度安排，应逐步改革商业银行经营体制，完善金融市场体系，健全中央银行宏观调控机制，建设审慎的金融监管制度，为存贷款利率市场化改革提供良好的制度环境。

3. 2007 年以来席卷全球的金融危机逐步转化为全面经济危机，给世界经济带来重大和持续的破坏性影响。它颠覆了过度泛滥的金融创新模式，颠覆了过度放松的市场监管模式，也颠覆了过度消费的经济发展模式。金融自由化是一把双刃剑，既有改善金融资源配置，增加金融机构及金融市场的竞争力，促进资本流动等功能，但同时也削弱了一国货币政策的自主性，将金融机构置于高风险的竞争环境之中，加剧了银行乃至金融体系的脆弱性。在金融混业经营的大背景下，我国按照银行、保险和证券划分的分业监管模式显然已不能适应日新月异的金融创新，必须对现有的金融监管体制加以变革，而功能性金融监管体制则是新形势下我国金融监管体制的发展方向。金融危机形势下利率政策的选择凸显其特殊性，我国应抓住机遇彻底推进存贷款利率市场化改革。

参考文献

1. 艾伦·加特：《管制、放松与重新管制》，经济科学出版社 1999 年版。

2. 爱德华·S. 肖：《经济发展中的金融深化》，上海三联书店 1988 年版。

3. 安东尼·桑德斯：《信用风险度量——风险估值的新方法与其他范式》，机械工业出版社 2001 年版。

5. 安东尼·G. 科因、罗伯特·A. 克兰、杰斯·莱德曼：《利率风险的控制与管理》，经济科学出版社 1999 年版。

4. 巴曙松："商业银行外汇贷款定价问题"，《上海金融》1999 年第 7 期。

5. 白洋："我国同业拆借市场发展历程"，《商业现代化》2006 年第 9 期。

6. 保罗·米克：《美国货币政策和金融市场》，中国金融出版社 1988 年版。

7. 彼得·S. 罗斯：《商业银行管理》（第三版），经济科学出版社 1999 年版。

8. 陈银娥：《凯恩斯主义货币政策研究》，中国金融出版社 2000 年版。

9. 陈雨露主编：《现代金融理论》，中国金融出版社 2000 年版。

10. 邓黎明："试析商业银行风险管理职能在内部资金转移定价机制中的实现"，《南方金融》2003 年第 1 期。

11. 菲利普·乔瑞：《VAR：风险价值——金融风险管理新标准》，中信出版社 2000 年版。

12. 菲歇尔：《利息理论》，上海人民出版社 1999 年版。

13. 冯晓伟、郑循刚："简论西方商业银行内部资金转移价格"，《财会月刊》2005 年第 5 期。

14. 戈德史密斯：《金融结构与金融发展》，上海三联书店、上海人民出版社 1990 年版。

15. 古普塔、伦辛克：《金融自由化与投资》，经济科学出版社 2000 年版。

16. 国际清算银行编：《巴塞尔银行监管委员会文献汇编》，中国金融出版社 1998 年版。

17. 亨利·考夫曼：《利率、市场与新的金融世界》，中国金融出版社 1990 年版。

18. 胡佳："基准利率的选择对同业拆借利率的分析"，《金融观察》2005 年第 6 期。

19. 胡维熊：《利率理论与政策》，上海财经大学出版社 2001 年版。

20. 华红梅："我国利率市场化进程中基准利率的选择"，《金融经济》2006 年第 10 期。

21. 黄达：《货币银行学》，中国人民人学出版社 1999 年版。

22. 黄建锋：《利率市场化与商业银行利率管理》，机械工业出版社 2001 年版。

23. 黄金老：《金融自由化与金融脆弱性》，中国城市出版社 2001 年版。

24. 黄丽："同业折机市场作为市场基准利率的可行性分析"，《集团经济研究》2005 年第 12 期。

25. 吉晓辉："国有商业银行人民币贷款定价机制研究"，《上海社会科学院学术季刊》1999 年第 1 期。

26. 姜瑶英：《20 世纪 90 年代美国银行业的改革与实践》，经济科学出版社 2002 年版。

27. 蒋东明："现代商业银行资金内部转移计价机制初探"，《金融论坛》2002 年第 4 期。

28. 劳埃德·托马斯：《货币、银行与金融市场》，机械工业出版社 1999 年版。

29. 劳伦斯·哈里斯：《货币理论》，中国金融出版社 1989 年版。

30. 李茂生：《中国金融结构研究》，山西人民出版社 1987 年版。

31. 李社环：《利率自由化：理论、实践与绩效》，上海财经大学出版社 2000 年版。

32. 李扬：《中国金融改革研究》，江苏人民出版社 1999 年版。

33. 刘刚领："内部转移价格在商业银行中的应用"，《金融会计》2004 年第 4 期。

34. 刘利：《利率市场化问题研究》，经济科学出版社 2001 年版。

35. 刘义圣：《中国利率市场化改革论纲》，北京大学出版社 2002 年版。

36. 刘永生："利率市场化进程中的贷款定价管理"，《西南金融》2004 年第 6 期。

37. 陆晓峰："现阶段我国市场基准利率的比较选择"，《财经界》2006 年第 4 期。

38. 罗纳德·I. 麦金农：《经济市场化的次序——向市场经济过渡时期的金融控制》，上海三联书店、上海人民出版社 1997 年版。

39. 《马克思恩格斯全集》第 23、24、25、26 卷，人民出版社 1974 年版。

40. 米什金：《货币金融学》，中国人民大学出版社 1998 年版。

41. 倪遥遥："浅议商业银行内部资金转移价格的确定"，《经济师》2002 年第 6 期。

42. 彭建刚：《现代商业银行资产负债管理研究》，中国金融出版社 2001 年版。

43. 平狄克·鲁宾费尔德：《微观经济学》，中国人民大学出版社 2000 年版。

44. 闫素仙：《利息理论与利率政策研究》，中国经济出版社 2002 年版。

45. 施兵超："衍生性金融工具与金融风险管理"，《财经研究》1998 年第 5 期。

46. 王爱俭主编：《金融创新与风险管理》，中国金融出版社 1996 年版。

47. 王春峰：《金融市场风险管理》，天津大学出版社 2001 年版。

48. 王国勇："商业银行内部业务转移定价探讨"，《现代金融》2006

年第 7 期。

49. 王建斌、王大军："管理会计与商业银行业绩考评"，《农村金融研究》2001 年第 2 期。

50. 王柯："商业银行内部资金转移定价体系浅析"，《金融教学与研究》1999 年第 5 期。

51. 王松奇主编：《中国向不良资产宣战》，中国经济出版社 2000 年版。

52. 魏青："试析内部资金转移定价在我国的运用"，《理论月刊》2006 年第 7 期。

53. 希克斯：《价值与资本》，商务印书馆 1982 年版。

54. 肖德庄："完善商业银行内部资金计价机制的探讨"，《福建金融》2005 年第 1 期。

55. 谢平：《中国金融制度的选择》，上海远东出版社 1996 年版。

56. 谢平：《中国商业银行改革》，经济科学出版社 2002 年版。

57. 许建忠：《西方银行财务定价》，企业管理出版社 2003 年版。

58. 许涛："浅谈内部资金转移价格制定问题"，《金融会计》2002 年第 5 期。

59. 亚当·斯密：《国民财富的性质和原因的研究》，商务印书馆 1994 年版。

60. 杨健："利率市场化及商业银行的应对策略"，《经济师》2006 年第 8 期。

61. 杨谨："从利率风险谈我国商业银行内部资金管理"，《金融会计》2004 年第 7 期。

62. 杨菌："对我国银行间同业拆借市场发展的几点思考"，《西安金融》2006 年第 5 期。

63. 杨韶辉："浅析利率市场化下的内部资金转移定价"，《新金融》2003 年第 9 期。

64. 杨文华："资本约束风险自律与金融安全——对中国银行业改革的思考与建议"，《东北财经大学学报》2006 年第 5 期。

65. 杨雪峰："银行内部资金转移价格的确定"，《内蒙古财会》2002 年第 9 期。

66. 杨亚南："中国市场化利率定价机制探讨"，《商业现代化》2006

年第5期。

67. 伊曼纽尔·N. 鲁萨基斯：《金融自由化与商业银行管理》，中国物价出版社1992年版。

68. 佘永定、张宇燕、郑秉文：《西方经济学》，经济科学出版社1997年版。

69. 约翰·G. 格利、爱德华·S. 肖：《金融理论中的货币》，上海三联书店1988年版。

70. 约翰·梅纳德·凯恩斯：《就业、利息和货币通论》，商务印书馆1983年版。

71. 约瑟夫·F. 辛基：《商业银行财务管理》，中国金融出版社2002年版。

72. 曾华："我国国债市场化改革与市场基准利率"，《东北大学学报》2006年第8期。

73. 曾康霖、邓映翎：《利息论》，西南财经大学出版社1990年版。

74. 张金鳌主编：《二十一世纪商业银行资产负债管理》，中国金融出版社2002年版。

75. 张维迎：《博弈论与信息经济学》，上海三联书店、上海人民出版社1996年版。

76. 张卫东、杨秀云："面向市场化的商业银行内部资金转移价格机制"，《当代经济科学》2005年第3期。

77. 张幼文、干杏娣：《金融深化的国际进程》，上海远东出版社1995年版。

78. 赵晓菊：《银行风险管理——理论与实践》，上海财经大学出版社1999年版。

79. 郑先炳：《利率绪论》，中国金融出版社1991年版。

80. 中国人民银行货币政策司编：《利率实用手册》（1999～2002），中国经济出版社2002年版。

81. 中国人民银行银行监管一司编译：《新巴塞尔资本协议（征求意见稿）》，内部资料，2001年。

82. 周雪平："对城市商业银行内部资金转移定价模型构建的探讨"，《重庆工商大学学报》2005年第2期。

83. 周延军：《西方金融理论》，中信出版社1996年版。

84. 朱秋霞、徐燕："利率市场化与商业银行利率风险管理"，《理论月刊》2006 年第 8 期。

85. 朱子云："论二级分行内部资金转移定价模型与调整机制"，《金融论坛》2002 年第 8 期。

86. 朱子云："试论适度内部资金转移价格"，《上海金融》1998 年第 7 期。

87. 庄乾志：《银行发展：市场化与国际化》，北京大学出版社 2001 年版。

88. Ali Murat Ersoz, "Adjustments to the base FTP rate index curve", The Journal of Bank Cost & Management Accounting, Volume13, Number 1, 2000.

89. Basle Committee on Banking Supervision: "Principles for the Management of Interest Rate Risk", September, 1997.

90. Breeden, D., S. Viswanathan: " Why do firms hedge ? An asymmetric information model", 1996, working paper.

91. Chen, Lin: "Interest Rate Dynamics, Derivatives Pricing, and Risk Management", New York, 1996.

92. Cole T. Whitney, Alexander Woody, "Funds Transfer Pricing : A Perspective on Politics and operations", Journal of Bank Cost & Management Accounting, Volume 8, No. 2, 1995.

93. Dennis G. Uyemura, Donald R. Deventer: "Financial Risk Management in Banking: The Theory & Application of Asset &Liability Management", Chicago, IL: Bankers Publishing Company, 1993.

94. Deville, Christopher C.: "Using Funds Transfer Pricing to Support Business Decisions", Bank Accounting & Finance, Summer, 2001.

95. DonaldR. Fraser, Jeff Madura, Robert A. Weigand: "Sources of Bank Interest Rate Risk" . The Financial Review, 37 (2002) .

96. Eitan Gurel, David Pyle: "Bank Income Taxes and Interest Rate Risk Management: A Note", The Journal of Finance, September, 1984.

97. Ernst&Young: Performance Measurement for Financial Institutions, Chicago, IL: Probus Publishing, 1995.

98. HenriPages: "Interbank Interest Rates and the Risk Premium", IMF

Working Paper, 1999.

99. Jeff Madura, Emilio R. Zarruk: "Bank Exposure to Interest Rate Risk: A Global Perspective", The Journal of Financial Research, Spring, 1995.

100. JoelBessis: "Risk Management in Banking", John Wiley & Sons, Inc., 2002.

101. Johnson, L. T., R. Swieringa: "Derivatives, hedging and comprehensive income", Accounting Horizons, Volume10, No. 4, 1996.

102. Katz, Eugene M.: "Interest – Rate – Risk Management Under Proposed OTS Thrift Bulletin 13A", Banking Accounting & Finance, fall1, 1998.

103. Kimball, Ralph C.: "Innovations in Performance measurement in banking", New England Economic Review, May/June, 1997.

104. Maleolm Knight: "Developing Countries and the Globalization of Financial Markets", IMF Working Paper, 1998.

105. Payant. W. Randall.: "Making A/L Management Performance Count", Bank Accounting & Finance, Fall, 2000.

106. RandallT. Kawano, "Funds Transfer Pricing", The Journal of Bank Cost Management Accounting, Volume3, Number 1, 1990.

107. The Federal Reserve Board: "Profits and Balance Sheet Developments at U. S. Commercial Banks in 2001", Federal Reserve Bulletin, June, 2002.

108. Weiner. Jerry: "Funds Transfer Pricing: Cost Accounting for the Net Interest Margin", Bank Asset /Liability Management, Volume10, Number 4, 1994.

109. William B English: "Interest rate risk and bank net interest margins", BIS Quarterly Review, December, 2002.

后　记

本书得到山东财政学院学术专著出版基金资助和山东财政学院金融学院泰山学者科研基金的资助，在此深表谢意！

本书是我在博士论文的基础上经过修改、完善而成。论文从资料收集至成文历时一年半多，论文的最终完成，离不开我的导师中国人民大学财政金融学院朱毅峰教授的关心帮助和悉心指导。从论文的选题，分析框架的建立，直至论文的修改和定稿，无不透露出朱老师对问题深邃的洞察力和严谨的治学态度。一直以来，恩师广博的知识、严谨的治学态度给在我心中留下了深刻烙印，鞭策着我在今后的治学道路上继续努力前行；恩师对我学习和生活上的关心照顾，将使我铭记终身。

三年的学习生活，有幸得到中国人民大学财政金融学院诸多老师的指导和帮助，在此向张洪涛教授、任淮秀教授、吴晶妹教授、张杰教授、汪昌云教授、陈雨露教授、吴晓求教授、赵锡军教授、林清泉教授、沈伟基教授等所有指导过我的老师一并献上我诚挚的感谢，并感谢姬冰老师的帮助。

感谢山东财政学院金融学院院长黄磊博士、宿玉海博士、安起光博士及金融学院同事们给予的大力支持和诸多帮助，并感谢中国财政经济出版社和山东财政学院科研处老师们为本书顺利出版付出的辛勤劳动！

深深感谢我的父母，是他们给予我温暖的家庭环境和良好的教育条件，也是他们在我求学的道路上始终陪伴着我，给我无尽的关怀与鼓励，支持我取得一个又一个的成功。父母之恩，高于泰山，深于大海，何以报之，唯从唯德。谨以本书献给我亲爱的父母，今后我将以更好的成绩来回报他们的养育之恩与深情厚望。同样感谢我的爱人，因为有你，我生命中的每一天都阳光灿烂！

我们期待着本书能为有志于利率管理研究的人士提供一些有益的启示，也希望今后有更多的人参与这一领域的研究。

吴 琼

2010年1月